全国高等职业教育示范专业规划教材

国际金融

主　编　唐宋元

副主编　凌　慧　黎文峰

参　编　邹克俭　查伟伟　田艳平

机械工业出版社

本教材共分为国际金融基础知识、外汇交易、国际融资和风险防范四个部分。第一部分基础知识（第一章至第三章），主要介绍国际货币、国际银行业务和国际金融机构等基础知识；第二部分外汇交易（第四章至第七章），主要介绍外汇、汇率和外汇市场知识，以及传统外汇交易与外汇衍生品交易，同时从微观角度分析了企业外汇风险的种类、特点与防范手段；第三部分国际融资（第八章、第九章），主要介绍国际金融市场的概念、构成及特点，还介绍了国际贸易融资业务等内容；第四部分风险防范（第十章），从宏观角度分析了国际金融风险与国际金融危机及其防范问题。

本教材力求通俗易懂，突出应用性、实践性与创新性，既可作为高职高专经管类专业的教学用书，也可供企事业单位管理干部培训、金融机构员工培训及成人高校使用，还可作为广大渴望了解国际金融知识的朋友们的参考读物。

图书在版编目（CIP）数据

国际金融/唐宋元主编．—北京：机械工业出版社，2012.1
全国高等职业教育示范专业规划教材
ISBN 978-7-111-36439-9

I．①国… II．①唐… III．①国际金融—高等职业教育—教材
IV．①F831

中国版本图书馆 CIP 数据核字（2011）第 232403 号

机械工业出版社（北京市百万庄大街 22 号 邮政编码 100037）
策划编辑：孔文梅 责任编辑：孔文梅 刘 畅
封面设计：马精明 责任印制：乔 宇

三河市国英印务有限公司印刷

2012 年 1 月第 1 版第 1 次印刷
184mm×260mm・13 印张・321 千字
标准书号：ISBN 978-7-111-36439-9
定价：26.00元

凡购本书，如有缺页、倒页、脱页，由本社发行部调换

电话服务
社服务中心：（010）88361066
销 售 一 部：（010）68326294
销 售 二 部：（010）88379649
读者购书热线：（010）88379203

网络服务
门户网：http://www.cmpbook.com
教材网：http://www.cmpedu.com
封面无防伪标均为盗版

前　言

近年来国际金融教材越来越多，但其内容与侧重点各不相同，这使得从事该课程教学的教师感到无所适从。一本既能反映最新的国际金融知识，又能满足职业教育特点的国际金融教材，是所有从事这门课程教学教师的殷切希望，也是广大学生提升国际金融业务基本技能的迫切要求。

本教材的特色与创新点有：

（1）选取符合职业教育特点和本课程特色的教学内容。本教材既坚持“理论够用”的理念，又注重基础知识与业务技能的传授。与国内现行同类教材不同的是，增加了国际银行业务知识的介绍，更加注重知识的全面性与系统性。

（2）从教学实践中提炼出有益的经验知识。对于学生难以把握的汇率计算问题，作者结合多年教学实践独创一套简便易行的方法，让学生更容易掌握汇率的计算问题。

（3）反映了国际金融领域的最新变化。近年来，国际金融领域的新现象、新问题层出不穷。本教材及时捕捉国际金融领域的动态变化及发展趋势，让学生既能把握时代的脉搏，又能理论联系实际，运用所学知识分析和解决现实问题。比如，新闻导读栏目主要取材于国内外重要报刊及政府网站，内容涉及当前国际金融领域出现的难点、热点与焦点问题，引导学生分析思考国际金融领域出现的新变化与新现象。

本教材由唐宋元担任主编，凌慧和黎文峰担任副主编，参编人员包括邹克俭、查伟伟和田艳平，其中唐宋元编写第二、第四、第七章，凌慧编写第五、第六章，黎文峰编写第一、第八、第九章，邹克俭编写第三章，查伟伟编写第十章，田艳平参与了第一章部分内容的编写工作。

本教材在编写过程中参考了大量文献资料及同类教材，在此对上述文献与教材的作者深表谢意。同时，还要感谢机械工业出版社在本教材出版过程中所给予的支持与帮助。

为方便教学，本书配备电子课件等教学资源。凡选用本书作为教材的教师均可索取，请发送邮件至 cmpgaozhi@sina.com，咨询电话：010-88379375。

由于编者学识与水平有限，书中不当之处在所难免，敬请读者批评指正。

编　者

目　录

第一章　国际货币、国际收支与国际储备

学习目标

了解国际货币体系演变规律和国际储备的作用；理解国际货币与国际收支的含义与特点；掌握国际收支平衡表的结构与内容；掌握国际储备管理的基本原则与方法。

新闻导读

中国的外汇管理难题

新华网北京2011年1月14日电（记者李云路、王建华）央行发布报告称，中国外汇储备在2010年年末已达2.847万亿美元，较2009年增长18.7%。2010年外汇储备高增长反映了中国贸易顺差、外商直接投资及部分海外资金流入的状况。另外，还有相当一部分属于投资回报。

自1994年启动外汇管理体制改革以来，中国外汇储备规模扩增了约55倍。2010年人均外汇储备约占人均GDP的一半，外汇储备已经成为中国国民财富的重要组成部分。

在通胀压力上升、流动性过剩、美元长期走低、人民币日趋升值等国际、国内经济形势下，中国迫切需要控制国家外汇储备规模的过快增长，并为其寻找安全出路，服务于国内建设，实现保值增值。

在当前中国金融业尚处于金融浅化阶段，人民币尚未实现国际化，以及强大的本土金融市场尚未建立之时，通过政策手段控制外汇储备规模，使其保持在合理范围内已是当务之急。多位分析人士认为，中国迫切需要建立发达的本土金融市场，拓展金融市场的深度和广度，理顺投资转化机制，进行国民财富重整，实现“藏富于民，藏汇于民”，巩固债权国的形成基础，同时提高国民的财富效应。

促进国际收支平衡是中国的既定目标。根据中共中央关于制定“十二五”规划（2011～2015年）的建议，中国将改进外汇储备经营管理，逐步实现人民币资本项目可兑换。国家外汇管理局也将在未来五年完善外汇储备管理体制，稳步放宽跨境资本交易限制。

中国人民银行于2011年1月13日公布了《境外直接投资人民币结算试点管理办法》，允许相关境内企业以人民币进行境外直接投资。14日，中国人民银行行长助理李东荣在一次会议上表示，将开展外资企业资本金结汇改革和个人境外直接投资试点，允许更多类型的机构从事合格境内机构投资者业务，有序推进资本项目可兑换。

从2009年开始，中国推出跨境贸易人民币结算试点，并重启汇改并加快人民币国际化步伐，不断扩大跨境贸易人民币结算试点范围，并致力于拓宽境外人民币投资渠道等。

点评：2 万多亿元外汇储备是我国对外开放的重要成果之一，但是外汇储备并非越多越好。过高的外汇储备不但意味着我国资源的大量外流，而且会对本国宏观经济带来冲击。在以美元为主导的现行国际货币体系中，如何使巨额的外汇储备保值与增值的确是一道难题。本章主要分析一国外汇储备的构成与特点，并探讨在现行国际货币体系下中央银行在管理外汇储备时所面临的困境。

第一节 国际货币

货币是社会生产力发展到一定阶段因商品交换的需要而产生的。国家与国家之间由于政治、经济等原因产生债权、债务关系，需要使用某种双方认可的货币进行结算，这种货币就是国际货币。最早用于国际结算的货币为贵金属，后来部分国家的法定货币（如美元）因被国际社会普遍接受作为国际支付手段而成为国际货币。

一、国际货币的演变

（一）货币的演变

在原始社会，人们使用以物易物的方式，交换自己所需要的东西，比如一头牛换两只羊，一匹马换两头猪。有时候受到用于交换的物品种类的限制，不得不寻找一种能够为交换双方都接受的物品作为媒介。这种物品就是最原始的货币，充当其他商品的一般等价物。牲畜、盐、稀有的贝壳、珍稀鸟类羽毛、宝石、沙金、石头等不容易大量获取的物品都曾经作为货币使用过。

由于金属具有易切割、携带方便、不易腐烂等优点，作为货币使用的物品逐渐被金属所取代。数量稀少的金、银和冶炼困难的铜逐渐成为主要的货币金属，某些国家和地区还使用过铁质货币。为了减少称重与鉴别的麻烦，古代希腊、罗马和波斯的人们铸造重量、成色统一的硬币。这样，在使用货币的时候，既不需要称量重量，也不需要测试成色，无疑方便得多。这些硬币上面带有国王或皇帝的头像、复杂的纹章和印玺图案，以防伪造。

中国最早的金属货币是商朝的铜贝。商代在我国历史上也称青铜器时代，出现了相当发达的青铜冶炼业。人们用青铜制作金属货币，但由于制作粗糙，设计简单，形状不固定，没有使用单位，故未能在市场上广泛使用。因其外形很像作为货币的贝币，所以人们大都将其称为铜贝。据考古材料分析，铜贝产生以后，是与贝币同时流通的，铜贝发展到春秋中期，又出现了新的货币形式，即包金铜贝，它是在普通铜币的外表包一层薄金，既华贵又耐磨。铜贝不仅是我国最早的金属货币，也是世界上最早的金属货币。

西方国家的主币为金币和银币，辅币以铜、铜合金制造。随着欧洲社会经济的发展，商品交易量逐渐增大，但金属货币供应有限，到 15 世纪时，经济发达的佛兰德斯和意大利北部各邦国一度出现了通货紧缩的恐慌。从 16 世纪开始，大量来自美洲的黄金和白银通过西班牙流入欧洲，挽救了欧洲的货币制度，并为其后欧洲的资本主义经济发展创造了起步的条件。到 19 世纪末和 20 世纪初，以黄金为基础的国际货币制度逐步形成。

随着经济的进一步发展，商品交换对货币的需求日益增加。如果大宗交易使用黄金，则极为不便。黄金作为货币存在两大不可克服的问题：①黄金在世界各国的分布极不均衡；②黄金储量始终是有限的，不可能满足世界经济日益增长的需要。于是，纸币被现代银行体系创造出来作为对金属货币的替代，并最终将黄金驱逐出一般货币的流通领域。

（二）国际货币的产生与发展

国际货币（international currency）是越出国界流通的货币，它的产生是经济活动从一国之内扩展至一国之外的必然结果。随着生产力水平的不断提高，国家间的商品交换活动也越来越频繁，国际交换活动需要一种被大多数交易者接受的结算手段。在国际贸易发展的早期，金银等贵金属因承担了国际结算的重任而成为国际货币，后来逐渐被少数发达国家发行的纸币所取代。

18～19 世纪英、美、法等国长期采用黄金与白银同时作为本位币的制作材料，金币与银币都具有无限法偿的能力，都可以自由铸造、流通、输出与输入，金币和银币可以自由兑换，这种制度称为金银复本位制（gold and silver bimetallism），它的出现弥补了黄金产量不能满足市场需求的问题。在一国之内，如果有两种货币（金和银），货物的价值由金和银同时衡量，那么商品就会有两种不同的货币计量方式，一种是由金标价，另一种由银来标价。如果金银之间的比价一直保持不变，则这两种价格会稳定。然而由于贮藏量不同、冶炼工艺的变化等许多原因，金银本身的价格会发生变化，金银之间的比价也会发生变化，这种比价变化会给商品交易带来麻烦。

实践证明，尽管在金银复本位制下，金币和银币均为法定本位货币，但在实际流通中起主要作用的往往总是一种货币，银贱则银充斥市场，金贱则金充斥市场，这就是所谓的“劣币驱逐良币”规律。随着社会的发展，金银复本位制已经不能适应商品经济不断发展的要求，从 19 世纪起，英国及各主要资本主义国家先后放弃了这种货币制度，转为单一的金本位制。

金本位制就是以黄金为本位币的货币制度。在金本位制下，每单位的货币价值等同于若干重量的黄金（即货币含金量）。当不同国家使用金本位时，国家之间的汇率由它们各自货币的含金量之比——铸币平价来决定。金本位制于 19 世纪中期开始盛行。在历史上，曾有过三种形式的金本位制，即金币本位制、金块本位制和金汇兑本位制。其中金币本位制是最典型的形式，另外两种则是金本位制的变形，主要为了节约黄金。

金本位制通行了约一百年，最终发生崩溃，原因在于：①黄金生产量的增长幅度远远低于商品生产增长的幅度，黄金不能满足日益扩大的商品流通需要，这就极大地削弱了金铸币流通的基础。②黄金存量在各国的分配不平衡。1913 年年末，美、英、德、法、俄五国占有世界黄金存量的 2/3。黄金存量大部分为少数国家所掌握，必然导致金币的自由铸造和自由流通受到破坏，削弱其他国家金币流通的基础。③第一次世界大战爆发，黄金被参战国集中用于购买军火，并停止自由输出和银行券兑现。

金本位制崩溃之后，以国家发行的纸币作为本位货币的制度成为主流。纸币本位制，亦称“自由本位制”，其特点是国家不规定纸币的含金量，也不允许纸币与金（银）兑换，纸币作为主币流通，具有无限法偿能力。同时，国家也发行少量金属铸币作为辅币流通，但辅币价值与用以铸造它的金属商品价值无关。由于发行纸币是国家的特权，在中央银行国有化之后，国家便委托中央银行发行纸币。中央银行发行纸币的方式是通过信贷程序进行的，所以纸币实际上是一种信用货币。由于该种货币制度不与黄金挂钩，纸币发行量一般由国家根据经济发展的需要来决定，国家要对其实行严格的管理，所以也叫“有管理的通货制度”。当今世界各国的货币制度，几乎都是纸币本位制。

金本位制崩溃之后，黄金不再行使国际货币的功能。因历史原因，一些国家的纸币成为世界范围内的计价货币、结算货币与储备货币。这种越出国界流通的纸币逐渐成为世界各国使用的国际货币。历史上，一国货币要成为国际货币大致有三条途径㊀：

1．英镑与美元由国际货币体系的中心货币演变为国际货币

产业革命之后，英国成为世界上经济实力最强的国家。1821 年英国成为世界上第一个实行金本位制的国家。19 世纪 70 年代后，德国、丹麦、瑞典、挪威、荷兰、法国、意大利、比利时、瑞士、俄国、日本、美国为了稳定币值纷纷效仿英国实行金本位制。到 20 世纪初，形成了一个以黄金为基础、以英镑为中心的国际金本位制，人称“英镑本位制”。英镑之所以能成为当时国际货币体系的中心货币是由英国的经济实力决定的，英国有能力维持英镑与黄金的比价关系从而取得国际社会的信任。

第二次世界大战后，美国一跃成为经济实力最强的国家，全球 3/4 的黄金由美国所持有。1944 年在美国新罕布什尔州的布雷顿森林举行的国际会议，通过了美国提出的建立国际货币基金方案，建立了以“双挂钩”为核心的布雷顿森林体系：一是黄金与美元挂钩，美国政府承诺以每盎司 35 美元的价格无限制兑换黄金；二是美元同其他国家货币挂钩，即其他国家货币与美元维持人为可调整的固定汇率制。布雷顿森林体制确立了美元的国际货币地位，该体制解体之后，美元的国际货币地位依然屹立不倒。

2．欧元取代欧元区内货币成为国际货币

1999 年 1 月 1 日，欧元正式以支票、信用卡、股票和债券的形式流通。2002 年 1 月 1 日，欧元纸币和硬币正式流通，当年 7 月 1 日起欧元完全取代欧元区国家货币。虽然德国马克与法国法郎在欧元发行前已经是国际货币，但欧元区内其他国家货币只是在转换为欧元后才取得国际货币地位。

3．多数国家货币经过货币可兑换的若干阶段成为国际货币

历史上，有些货币如日元等通过逐步国际化最终成为国际货币。一国货币要成为国际货币的前提条件是实现完全可兑换，包括经常项目可兑换和资本项目可兑换。但是货币完全可兑换后不一定就是国际货币，关键要看该货币能不能作为出口商品的报价货币和结算支付货币、资金融通和信用授受货币、外国官方的储备货币。

（三）国际货币的特点

国际货币除了拥有任何货币的职能（即价值尺度、流通手段、贮藏手段、支付手段）以外，它的一个显著的特点是可自由兑换（free exchange）。当一种货币能兑换为任何其他国家的货币而不受限制时，人们将这种货币称为可自由兑换货币。目前，世界上有 50 多个国家接受了《国际货币基金协定》中关于货币自由兑换的规定，也就是说，这些国家的货币被认为是自由兑换的货币。目前主要的国际结算货币分别为美元（USD）、日元（JPY）、瑞士法郎（CHF）、丹麦克朗（DKR）、瑞典克朗（SKR）、挪威克朗（NKR）、港币（HKD）、加拿大元（CAD）、澳大利亚元（AUD）、新西兰元（NZD）、新加坡元（SGD）、欧元（EUR）、英镑（GBP）等。

㊀ 何泽荣．入世与中国金融国际化研究[M]．成都：西南财经大学出版社，2002 年 7 月，第 48 页．

根据《国际货币基金协定》的规定，可自由兑换货币必须具备以下三个条件：①对国际经常往来的付款和资金转移不得施加限制。也就是说，这种货币在国际经常往来中，随时可以无条件地作为支付手段使用，对方也应无条件接受并承认其法定价值。②不施行歧视性货币措施或复汇率。③在另一成员国要求下，随时有义务换回对方在经常往来中所结存的本国货币，即参加该协定的成员国具有无条件承兑本币的义务。

根据一国货币自由兑换的程度和范围，可分成经常项目下的自由兑换和资本项目下的自由兑换。经常项目下的自由兑换是指对国际收支中经常发生的交易项目的自由兑换，资本项目下的自由兑换是指对涉及资本流动而产生的支付转移和汇兑不进行限制。作为国际结算的货币必须是完全自由兑换货币，即在经常项目和资本金融项目下都可以随意兑换。

二、国际货币体系的演变

国际间的贸易往来、债权债务等活动涉及各国货币的兑换、汇率的形成及国际收支的调节和储备资产的供应等问题，对于这些问题的处理，需要国际货币体系作出相应安排。

（一）国际货币体系的含义及内容

1．国际货币体系

国际货币体系（international currency system)，是指国际货币制度、国际货币金融机构以及由习惯和历史沿革形成的约定俗成的国际货币秩序的总和。它既包括有法律约束力的关于货币国际关系的规章和制度，也包括具有传统约束力的各国已经在实践中共同遵守的某些规则和做法，还包括在国际货币关系中起协调、监督作用的国际金融机构，比如，国际货币基金组织和其他一些全球或地区性的多边官方金融机构。通俗地说，国际货币体系是规范国际货币金融活动的制度安排或游戏规则。

国际货币体系形成的一种方式是通过相当长时间的自然演变，当一定的活动程序得到公认，越来越多的参与者能够并愿意遵守这些程序时，这种货币体系就得以形成，国际金铸币本位制就属于这种方式。国际货币体系的另外一种形成方式类似于布雷顿森林体系的产生与发展，是协商的结果，即由一个国家或者几个国家首先起草方案，再由其他国家一起共同协商以达成共识并确定下来。由古及今，经历了三种国际货币体系，即国际金本位制度、布雷顿森林体系和牙买加体系。

2．国际货币体系的主要内容

国际货币体系的内容主要涉及以下方面：

（1）汇率制度安排。因为汇率的变化直接影响到国家（地区）之间的利益分配。因此，不同货币之间汇率的决定，能否成为可自由兑换的货币，选择浮动或是固定的汇率制度安排等，构成了国际货币体系的基本内容。

（2）国际储备资产的确定，即选择何种货币作为国际贸易和金融的支付货币，选择哪些货币作为一国金融管理当局的国际储备资产，以维系国际支付原则和满足储备资产供应的需要。

（3）国际收支调节机制，即需要使世界各国公平地承担国际收支调节的责任和义务，帮助国际收支恶化的国家摆脱困境。

（4）国际货币金融的协调。这个体系应具有协调各国货币金融活动的机制，使国际间的货币金融活动能够在国际经济金融组织制定的、各国认同的游戏规则下进行和协调。

3．国际货币体系的作用

国际货币体系的作用是：①确定国际清算和支付手段来源、形式和数量，为世界经济的发展提供必要的充分的国际货币，并规定国际货币与其他货币的相互关系。②确定国际收支的调节机制，以确保世界经济的稳定和各国经济的平衡发展。调节机制涉及三个方面的内容：汇率机制、对逆差国的资金融通机制、对国际货币（储备货币）发行国国际收支的约束机制。③确立有关国际货币金融事务的协商机制或建立有关的协调和监督机构。

（二）国际货币体系的变迁

1．国际金本位制度

世界上第一次出现的国际货币体系是国际金本位制度。英国于1821年前后采用了金本位制度，成为当时世界上最早采用该制度的发达资本主义国家。随着金本位制度在西方各国的逐渐流行，国际金本位制度也随之建立。1880～1914年是国际金本位制度的黄金时期，这一时期，世界各国物价相对稳定，经济稳定增长。

金本位制度内容如下：

（1）由铸币平价决定的汇率构成各国货币的中心汇率。在金本位制度下，银行券代替黄金流通，可以自由兑换黄金，黄金和银行券都可以对外支付，因此决定两国货币汇率的基础是两国本位币的含金量之比，即铸币平价。

（2）市场汇率受外汇市场供求关系的影响而围绕铸币平价上下波动，波动幅度为黄金输送点。黄金输送点包括黄金输入点和黄金输出点，等于铸币平价加减运送黄金的运费。在金本位制下，黄金可以自由输出输入，当汇率对一国不利时，人们就不用银行券对外进行支付而改用黄金，因而各国货币汇率波动很小。

（3）金币可以自由铸造。当流通中金币不足，人们可以将窖藏的黄金铸造成金币；反之当金币过剩时，人们又将金币镕成金块形式储藏。这种自动调节机制保证了当时商品价格的相对稳定。

尽管国际金本位制度具有令人满意的自动调节机制，但是随着世界经济的不断发展，其局限性也不断暴露。首先，在金本位制度下，本位货币是黄金，货币的供应量取决于黄金，进而价格水平与黄金的供应量相联系。其次，由于经济的发展必然带来政府对经济的干预，从而导致国际金本位制度丧失了存在的前提，即各国政府对经济的自由放任。

第一次世界大战的爆发导致国际金本位制度趋于瓦解，汇率稳定失去了基础。在1929～1933年大危机的冲击下，金本位制度终告崩溃。

2．布雷顿森林体系

布雷顿森林体系是根据布雷顿森林协定建立起来的以美元为中心的国际货币体系。布雷顿森林协定是1944年7月在美国召开的由四十四国代表参加的国际货币金融会议所通过的国际货币基金组织协定和国际复兴开发银行协定的总称。

作为一种国际货币体系，布雷顿森林体系的主要特征有：

（1）可兑换黄金的美元本位。布雷顿森林协定规定了双挂钩原则：美元按照每盎司黄金35美元的官价与黄金挂钩，美国政府承担按官价兑换其他国家政府所持美元的义务；其他国家的货币与美元挂钩，实行可调整的固定汇率，从而间接与黄金挂钩。因此，布雷顿森林体系是一种国际金汇兑本位制，美元充当了国际储备货币，并被广泛用作国际间的计价手段、支付手段和贮藏手段，所以又称为美元本位。美元之所以能代替黄金执行国际货币职能，是由美国强大的政治、经济与军事实力所决定的。

（2）可调整的固定汇率。布雷顿森林体系实行的是人为的固定汇率制度，通过双挂钩原则确定各成员国货币的平价关系，同时国际货币基金组织规定各成员国货币对美元汇率的波动幅度不能超过平价的正负1%，成员国货币当局有义务干预外汇市场以稳定本国货币对美元的汇率。另外，按照国际货币基金组织的规定，一国国际收支发生根本性失衡时可以调整其货币与美元的平价关系，在平价1%以内的汇率变动可以自行决定而无须批准，超过这一数值则需要国际货币基金组织的批准。因此，这种固定汇率又是可调整的。

（3）国际收支的调节。根据布雷顿森林协定，国际收支失衡有两种方法调节：短期失衡由国际货币基金组织提供信贷资金来解决；长期失衡通过调整汇率平价来解决。由于国际货币基金组织通过份额筹集的资金有限，而且这一时期汇率调整并不常见，所以这两种方法的作用都不大。在布雷顿森林体系运行的20多年里，国际收支失衡问题始终没有得到真正的解决。

布雷顿森林体系创造了一个相对稳定的国际货币环境，对世界经济发展起到了积极的作用。但是，布雷顿森林体系本身的内在缺陷——特里芬难题，即维持对美元的信心和保证国际清偿力之间存在不可调和的冲突，决定了其崩溃的必然性。在经历多次美元危机和美国政府的挽救行动之后，该体系于1973年3月彻底崩溃。

3．牙买加体系

布雷顿森林体系崩溃以后，国际金融形势动荡不定，国际社会积极探索国际货币体系改革和重建方案。1976年国际货币基金组织临时委员会在牙买加召开会议，通过了牙买加协定。同年国际货币基金组织理事会通过了国际货币基金组织协定第二次修正案，并于1978年正式生效。我们将牙买加协定签署之后的国际货币体系称为牙买加体系。

牙买加体系的主要运行特征有：

（1）多元化的国际储备体系。国际储备中的货币种类明显增加，包括日元、加拿大元、英镑、瑞士法郎等；美元在国际储备中的地位有所下降，但仍然处于主导地位；欧元1999年启动后进入国际储备货币行列，对美元的未来地位形成有力的潜在挑战；国际货币基金组织于1969年发行特别提款权（又叫纸黄金），希望其能成为主要储备资产，但没有实现；黄金的国际储备功能一直在下降，但各国仍重视黄金的持有。

（2）多种汇率安排并存的浮动汇率体系。在牙买加体系下，各国可以自行安排其汇率制度，形成了多种汇率安排并存的浮动汇率体系。在20世纪80年代以前，发达国家大多采取单独浮动或联合浮动，发展中国家大多是盯住某种主要货币或一篮子货币，实行单独浮动的很少。1990年以后，各国越来越倾向于采取弹性较大的汇率安排。

（3）国际收支的调节。20世纪70年代出现了两次石油危机，使得主要发达国家陷入严重的滞胀，20世纪80年代初又爆发了国际债务危机，这一切都伴随着严重的国际收支失衡。在牙买加体系下，经常账户失衡的调节主要通过汇率机制、利率机制、国际金融市场融通和国际货币基金组织调节等方式进行。国际货币基金组织通过向逆差国发放贷款来帮助其克服国际收支困难，但其贷款往往杯水车薪，并且附有苛刻的贷款条件。

牙买加体系已经运行30多年，对维持国际经济运转和促进世界经济发展起到了一定的积极作用，但是牙买加体系在运行中暴露出许多问题，比如金融危机时有发生、全球国际收支严重失衡等。因此国际社会要求改革现行国际货币体系的呼声从来就没有停止过，但是目前还看不出这一体系在短期内发生重大变革的迹象。

第二节 国 际 收 支

一、国际收支概述

（一）国际收支的概念

国际收支（balance of payment）是由一个国家对外经济、政治、文化等各方面往来活动而引起的。生产社会化与国际分工的发展，使得各国之间的贸易日益增多，国际交往日益密切，从而在国际间产生了货币债权债务关系，这种关系必须在一定日期内进行清算与结算，从而产生了国际间的货币收支。简单说，国际收支是一国居民与非居民在经济交往中发生的货币收支或非货币收支的总称。

（二）国际收支的特点

国际收支的概念产生于 17 世纪初期，早期的国际收支概念是指一国一定时期的对外贸易差额。金本位制度崩溃后，演化为狭义的国际收支概念，即一国一定时期的外汇收支。第二次世界大战后，国际经济交易的内容和范围进一步增加与扩大。

国际货币基金组织对国际收支的定义为：国际收支是一种统计报表，系统地记载了一定时期内经济主体与世界其他地方的交易，大部分交易在居民与非居民之间进行。我们可从三方面来对国际收支进行理解。

1．国际收支既是流量概念又是一个事后概念

流量是变量在一定时期内发生变动的数值。国际收支是一国在一定时期内所发生的对外经济交易的总和，所以它是一个流量的概念。同时，国际收支是事后的概念，是对已发生的经济交易的系统记录。

2．国际收支是系统的货币记录

国际收支反映的内容是以交易为基础而不像其字面上表现的那样以货币收支为基础。这些交易既包括涉及货币收支的对外往来，也包括未涉及货币收支的对外往来，未涉及货币收支的往来需折算成货币加以记录。所谓交易，包括四类：①交换，即一个交易者（经济体）向另一个交易者（经济体）提供一种经济价值并从对方得到价值相等的回报。这里所说的经济价值，可概括为实际资源（货物、服务、收入）和金融资产。②转移，即一个交易者向另一个交易者提供了经济价值，但是没有得到任何补偿。③移居，即一个人把住所从一个经济体搬迁到另一个经济体的行为。移居后，该个人原有的资产、负债关系的转移会使两个经济体的对外资产、负债关系均发生变化，这种变化应记录在国际收支之中。④其他根据推论而存在的交易。在某些情况下，可以根据推论确定交易的存在，即使是实际流动并没有发生，也需要在国际收支中予以记录。在国外直接投资者收益的再投资中，投资者的海外子公司所获得的收益中，一部分是属于投资者本人的。如果这部分收益用于再投资，则必须在国际收支中反映出来，尽管这一行为并不涉及两国间资金与劳务的交流。

3．国际收支记录的是一国居民与非居民之间的交易

判断一项交易是否包括在国际收支的范围内，所依据的不是交易双方的国籍，而是依据交易双方是否有一方是该国居民而另一方不是该国居民。在国际收支统计中，居民是指一个国家经济领土内具有经济利益的经济单位，所谓一国的经济领土，一般包括这个国家所管辖的地理领土，还包括该国天空、水域和临近水域的大陆架，以及该国在世界其他地方的飞地。依照这一标准，一国的大使馆等驻外机构是所在国的非居民，而国际组织是任何国家的非居民。所谓在一国经济领域内具有一定经济利益，是指该单位在某国的经济领土内已经有一年或一年以上的时间从事经济活动或交易，或计划如此行事。对于一个经济体来说，它的居民单位主要是由两大类机构单位组成的：①家庭和组成家庭的个人；②社会的实体和社会团体，如公司和准公司、非营利机构和该经济体中的政府。

二、国际收支平衡表

（一）国际收支平衡表

国际收支平衡表（balance of payments statement）是一国根据国际经济交易的内容和范围设置项目和账户，按照复式簿记原理，系统地记录该国在一定时期内各种对外往来所引起的全部国际经济交易的统计报表。国际货币基金组织的《国际收支手册》，对编表所采用的概念、准则、惯例、分类方法及标准构成都做了统一的规定或说明。国际收支平衡表的基本内容如下。

1．经常账户（current account）

经常账户是国际收支平衡表中最基本最重要的账户，它反映一个国家（或地区）与其他国家（或地区）之间实际资源的转移，包括货物、服务、收入和经常转移四个项目。

（1）货物（goods）。货物包括一般商品、用于加工的货物、货物修理、各种运输工具在港口购买的货物和非货币黄金。在处理上，货物的出口和进口应在货物的所有权在居民与非居民之间转移时记录下来。

（2）服务（services）。服务包括运输、旅游、通信服务、建筑服务、保险服务、金融服务、计算机和信息服务、专有权利使用费和特许费、其他商业服务、个人文化和娱乐服务、政府服务等内容。

（3）收入（income）。收入包括职工报酬和投资收入两项内容。职工报酬是指居民因去国外工作而获得的现金或实物形式的工资、薪水和福利；投资收入是指因资本的国际流动所获取的利润、股息和利息等，包括直接投资收入、证券投资收入和其他投资收入等。

（4）经常转移（current transfers）。经常转移是指发生在居民与非居民之间无等值交换物的实际资源或金融项目所有权的变更，包括经常转移与资本转移，其中资本转移是指以下三项所有权的转移：固定资产所有权的资产转移；与固定资产的收买或放弃有关或以其为条件的资产转移；债权人不要求任何补偿而豁免的债务。转移中除资本转移外均属于经常转移。经常转移包括政府转移和其他转移。

2．资本和金融账户（capital and financial account）

资本和金融账户是指对资产所有权在国际间流动行为进行记录的账户，包括资本账户和金融账户两个部分。

（1）资本账户（capital account）。资本账户包括资本转移和非生产、非金融资产的收买或放弃。资本转移的含义已在经常转移部分进行了说明。非生产、非金融资产的收买或放弃是指各种无形资产如专利、版权、商标、经销权及租赁和其他可转让合同的交易。

（2）金融账户（financial account）。金融账户包括直接投资、证券投资、其他投资三个部分：

1）直接投资（direct investment）的主要特征是投资者对另一经济体的企业拥有永久利益。这一永久利益意味着直接投资者和企业之间存在着长期关系，投资者可以对企业经营管理施加相当大的影响。直接投资可以采取在国外直接建立分支企业的形式，也可以采用购买国外企业一定比例以上股票的形式，《国际收支手册》中规定这一比例最低为百分之十，这成为区分直接投资与证券投资的一条分界线。

2）证券投资（portfolio investment）的主要对象是股本证券和债务证券，后者又可以进一步细分为期限在一年以上的中长期债券、货币市场工具和其他派生金融工具。

3）其他投资（other investment）是指所有直接投资、证券投资或储备资产未包括的金融交易，包括长期和短期贸易信贷、贷款、货币和存款及其他收支项目。

3．储备及相关账户（reserve and related items）

储备及相关账户是指一国货币当局为弥补国际收支赤字和维持汇率稳定而持有的在国际间可以立即得到的或者可控制的对外资产，包括货币黄金、特别提款权、在基金组织的储备头寸、外汇资产和其他债权。

4．错误和遗漏账户（errors and omissions account）

错误和遗漏账户是一个人为设计的平衡项目，尽管它在某些国家不是最后一个项目，但却是作为余项在最后才计算的。经常项目和资本与金融项目之和，如果两者没有错误与遗漏，借贷双方应该相等，但这种情形是不太可能的。因为，每个国家的国际收支平衡表的统计数据总会出现一些遗漏，原因可能如下：①资料来源不一。一国在编制国际收支平衡表时所汇集和应用的原始资料来自许多渠道，如海关统计、银行报告、企业报表等。②资料不全。某些数字如走私、资金外逃、私带现钞出入境等这些也属于国际收支范畴，难以掌握。③资料本身错漏。

一般而言，一国经常项目加上资本与金融项目之后，借方与贷方之间会有“缺口”。此时，国际收支平衡表上“错误与遗漏”项目的数字，就是该“缺口”数目，方向（正负号）相反。

（二）国际收支平衡表编制原则及实例

国际收支平衡表是按照复式簿记法（double entry）来编制。复式簿记法是国际会计的通行准则，其基本原理是：任何一笔交易发生，必然涉及借方和贷方两个方面，即有借必有贷，借贷必相等，因此任何一笔交易都要以同一数额记两次，一次记在借方，一次记在贷方。

凡是引起外汇收入或外汇供给的交易，即资产减少、负债增加都列入贷方，或称正号项目（plus items）。这种情况包括：向外国提供商品或劳务（输出）、外国人提供的捐赠与援助、国内官方当局放弃国外资产或国外负债的增加、国内私人放弃外国资产或国外负债的增加。

凡是引起外汇支出或外汇需求的交易，即资产增加、负债减少，都列入借方，或称负号项目（minus items）。这种情况包括：从外国获得的商品和劳务（进口）、向外国政府或私人提供的援助捐赠等、国内官方当局的国外资产的增加或国外负债的减少、国内私人的国外资产的增加或国外负债的减少。

每一笔交易都必须分别记入上述借贷双方项下有关类别之中，表 1-1 是简化的中国 2010 年国际收支平衡表实例。

表 1-1 中国 2010 年国际收支平衡表

（单位：亿美元）

项　目	行　次	差　额	贷　方	借　方
一、经常项目	1	3 054	19 468	16 414
A．货物和服务	2	2 321	17 526	15 206
a．货物	3	2 542	15 814	13 272
b．服务	4	–221	1 712	1 933
B．收益	18	304	1 446	1 142
1．职工报酬	19	122	136	15
2．投资收益	20	182	1 310	1 128
C．经常转移	21	429	495	66
1．各级政府	22	–3	0	3
2．其他部门	23	432	495	63
二、资本和金融项目	24	2 260	11 080	8 820
A．资本项目	25	46	48	2
B．金融项目	26	2 214	11 032	8 818
1．直接投资	27	1 249	2 144	894
1.1 我国在外直接投资	28	–602	76	678
1.2 外国在华直接投资	29	1 851	2 068	217
2．证券投资	30	240	636	395
2.1 资产	31	–76	268	345
2.2 负债	36	317	368	51
3．其他投资	41	724	8 253	7 528
3.1 资产	42	–1 163	750	1 912
3.2 负债	53	1 887	7 503	5 616
三、储备资产	64	–4 717	0	4 717
3.1 货币黄金	65	0	0	0
3.2 特别提款权	66	–1	0	1
3.3 在基金组织的储备头寸	67	–21	0	21
3.4 外汇	68	–4 696	0	4 696
3.5 其他债权	69	0	0	0
四、净误差与遗漏	70	–597	0	597

注：1．本表计数采用四舍五入原则。

2．从 2010 年三季度开始，按照国际标准，将外商投资企业归属外方的未分配利润和已分配未汇出利润同时记入国际收支平衡表中经常账户收益项目的借方和金融账户直接投资的贷方。2010 年各季度以及 2005～2009 年年度数据也按此方法进行了追溯调整。

3．数据来源：国家外汇管理局。

（三）国际收支差额分析

国际收支平衡表系统地记录了一国在一定时期内各种对外往来所引起的全部国际经济交易，通过分析一国国际收支平衡表，可以判断：该国在世界经济中所处的地位；该国整体的国际收支状况如何；该国对外贸易竞争力如何；该国金融开放程度；该国国际资本流动状况等。国际收支平衡表所反映的信息对本外国贸易商和投资者、本外国政府机构及国际金融组织都具有非常重要的作用。分析一国国际收支平衡表通常采用的方法是国际收支差额分析法，即通过计算该国的贸易收支差额、经常账户差额、资本和金融账户差额及综合差额来分析和判断该国的国际收支状况。

1．**贸易收支差额**

贸易收支差额是指包括货物与服务在内的进出口贸易之间的差额。如果这一差额为正，代表该国存在贸易顺差；如果这一差额为负，代表该国存在贸易逆差；如果这一差额为零，代表该国贸易收支平衡。在分析一国国际收支状况时，贸易收支差额具有特殊的重要性。对许多国家来说，由于贸易收支在全部国际收支中所占的比重较大，同时贸易收支的数字尤其是货物贸易收支的数字易于通过海关的途径及时收集，因此贸易收支差额能够比较快地反映出一国对外经济交往的情况。贸易收支差额在国际收支中具有特殊重要性的原因还在于，它表现了一个国家（或地区）出口创汇的能力，反映了一国（或地区）的产业结构和产品在国际上的竞争力及在国际分工中的地位，是一国对外经济交往的基础，影响和制约着其他账户的变化。

2．**经常账户差额**

经常账户差额是一定时期内一国货物、服务、收入和经常转移项目贷方总额与借方总额的差额。当贷方总额大于借方总额时，经常账户为顺差；当贷方总额小于借方总额时，经常账户为逆差；当贷方总额等于借方总额时，经常账户收支平衡。经常账户差额与贸易差额的主要区别在于收入项目余额的大小。由于收入项目主要反映的是资本通过直接投资或证券投资所取得的收入，因此，一国净国外资产数额越大，从外国得到收益也就越多，该国经常账户就越容易出现顺差。相反，一国净国外负债越大，向国外付出的收益也就越多，该国经常账户就越容易出现逆差。

经常账户差额是国际收支分析中最重要的收支差额之一。如果出现经常账户顺差，则意味着由于存在货物、服务、收入和经常转移的贷方净额，该国的海外资产净额增加，换句话说，经常账户顺差意味着该国对外净投资增加。如果出现经常账户逆差，则意味着由于存在货物、服务、收入和经常转移的借方净额，该国的海外资产净额减少，亦即经常账户逆差表示该国对外净投资减少。

3．**资本和金融账户差额**

资本和金融账户差额是国际收支账户中资本账户与直接投资、证券投资及其他投资项目的净差额。该差额具有以下两层含义：①它反映了一国为经常账户提供融资的能力。根据复式记账的原则，国际收支中的一笔贸易流量通常对应一笔金融流量，当经常账户出现赤字时，必然对应着资本和金融账户的相应盈余，这意味着一国利用金融资产的净流入为经常账户提供了融资。因此，如果该差额越大，代表一国为经常账户提供融资的能力越强。②该差额还可以反映一国金融市场的发达和开放程度。随着经济和金融全球化的不断发展，资本和金融账户已经不仅仅局限于为经常账户提供融资，或者说国际资本流动已经逐步摆脱了对国际贸易的依赖，而表现出具有相对独立的运动规律。资本和金融账户差额将能够反映该国金融市场的开放程度及这种独立的资本运动规律。

4．**综合差额**

综合差额是将经常账户差额同资本和金融账户差额进行合并，或者把国际收支账户中的官方储备与错误和遗漏剔除以后所得的余额，称为国际收支综合差额。它是全面衡量一国国际收支状况的综合指标，通常所说的国际收支差额往往就是指国际收支的综合差额。如果综合差额为正，则称该国国际收支存在顺差；如果综合差额为负，则称该国国际收支存在逆差；如果综合差额为零，则称该国国际收支平衡。国际收支综合差额具有非常重要的意义，可以根据这一差额判断一国外汇储备的变动情况及货币汇率的未来走势。如果综合差额为正，该国外汇储备就会不断增加，本国货币将面临升值的压力；如果综合差额为负，该国外汇储备就会下降，本国货币将面临贬值的压力。中央银行可以运用这一差额判断是否需要对外汇市场进行干预，政府也可以根据这一差额确定是否应该进行经济政策的调整。

第三节　国际储备

一、国际储备的含义与构成

（一）国际储备的概念和特点

国际储备（international reserve）是指一国货币当局为弥补国际收支逆差，稳定本币汇率和应付紧急支付等目的所持有的国际间普遍接受的资产。能够作为国际储备的资产必须具有以下四个特点：

1．官方持有性

作为国际储备的资产必须是中央货币当局直接掌握并予以使用的，这种直接“掌握”与“使用”可以看成是一国中央货币当局的一种“特权”。非官方金融机构、企业和私人持有的黄金、外汇等资产，不能算作国际储备。该特点使国际储备被称为官方储备，也使国际储备与国际清偿力区分开来。

2．自由兑换性

作为国际储备的资产必须可以自由地与其他金融资产相交换，充分体现储备资产的国际性。缺乏自由兑换性，储备资产的价值就无法实现，这种储备资产在国际间就不能被普遍接受，也就无法用于弥补国际收支逆差及发挥其他作用。

3．充分流动性

作为国际储备的资产必须是随时都能够动用的资产，如存放在银行里的活期外汇存款、有价证券等。当一国国际收支失衡或汇率波动过大时，就可以动用这些资产来平衡国际收支或干预外汇市场来维持本国货币汇率的稳定。

4．普遍接受性

作为国际储备的资产必须能够为世界各国普遍认同、接受与使用。如果一种金融资产仅在小范围或区域内被接受、使用，尽管它也具备可兑换性和充分流动性，仍不能称为国际储备资产。

（二）国际储备的构成

目前，国际货币基金组织会员国的国际储备一般可分为四种类型：货币性黄金、外汇储备、在国际货币基金组织（IMF）的储备头寸和特别提款权。

1．**货币性黄金**

货币性黄金是指一国货币当局作为金融资产而持有的黄金。1976 年 IMF 正式废除黄金官价，并推行黄金非货币化，导致世界各国黄金储备比重不断降低。由于货币当局在执行黄金国际储备职能时不能以实物黄金对外支付，所以黄金只能算成是潜在的国际储备，而非真正的国际储备。

2．**外汇储备**

外汇储备主要是指各国货币当局持有的对外流动性资产，主要是银行存款和国库券等。外汇储备是国际储备最主要的组成部分，在非黄金储备中的占比高达 95%以上。

3．**国际货币基金组织的储备头寸**

国际货币基金组织的储备头寸是指在基金组织的普通账户中会员国可以自由提取使用的资产，包括会员国向基金组织缴纳份额中的 25%可自由兑换货币（储备档头寸）和基金组织用去的本币两部分（超储备档头寸）。

4．**特别提款权**（special drawing rights, SDR）

特别提款权是国际货币基金组织根据会员国缴纳的份额无偿分配的，可供会员国用以归还基金组织贷款和会员国政府之间偿付国际收支逆差的一种账面资产。特别提款权根据一篮子货币定值。

二、国际储备的供给与需求

（一）影响国际储备供给的因素

影响一国国际储备供给的主要因素有：

1．**国际收支顺差**

国际收支顺差是国际储备最主要和最直接的来源，国际收支顺差会使该国国际储备增加，国际收支逆差会使该国国际储备减少。在国际收支的各个组成部分中，经常账户顺差又是比资本和金融账户顺差更为可靠和稳定的国际储备来源。经常项目顺差表明一国商品和劳务具有较强的国际竞争力，是增加国际储备的可靠力量。而资本和金融账户顺差虽然也能够增加国际储备，但由于国际资本流动特别是短期资本流动的不稳定性，使得由资本流入所引起的储备增加也具有相当程度的不稳定性，极易造成因短期资本流出而导致的国际储备急剧下降。

2．**干预外汇市场**

货币当局对外汇市场进行干预，也可以改变一国国际储备存量。当本国货币面临较强劲的升值贬值压力时，货币当局为避免汇率波动对国内经济和对外贸易带来不利影响，必然会进入外汇市场抛售本币收购外汇或者反向操作。

3．**国际借贷**

一国政府或中央银行向国外借款，如从国际金融机构或他国政府取得贷款，以及中央银行间的互惠信贷等均可补充其外汇储备。

4．**收购黄金**

增加黄金储备主要有两条渠道：一是从国内收购并由中央银行收藏黄金；二是在国际黄金市场上收购黄金。但是如果用外汇购买来增加黄金，只改变国际储备结构，其总量不会发生变化。

5．在IMF的储备头寸和特别提款权的分配

储备头寸的增加和特别提款权的分配都是IMF成员国国际储备的另一种来源。但由于其数量极其有限，分配结构又不合理，加之各国一般无法主动增加其持有额，所以这两个部分的变化对一国国际储备供给的影响有限。

6．储备资产的收益

储备资产的收益包括两个部分：一部分是储备资产的投资收益，如储备货币存款利息、作为储备资产的国外证券收益等；另一部分是由于汇率的变动所造成的将一国外汇储备折成特别提款权或美元的溢价，也包括由于黄金价格的上涨所造成的储备资产增值。

（二）影响国际储备需求的因素

国际储备需求是指一国货币当局愿意使用一定数量的实际资源来换取并持有的国际储备量。影响国际储备需求的因素很多，主要有：

1．国际收支状况

由于国际储备的主要职能是弥补国际收支逆差，因此一国国际收支状况如何，将对国际储备需求产生重要影响。凡是能够影响国际收支状况的因素，也都会影响到对国际储备的需求。诸如国民收入水平、货币供应水平、经济结构特别是贸易结构、贸易条件等经济因素，都会通过对国际收支状况的影响而最终影响到国际储备需求。

2．融资能力大小

当一国出现国际收支逆差而需要进行弥补时，货币当局可以动用国际储备，也可以通过向国外筹借资金的办法来弥补逆差。如果一国具有较高的资信等级，便能迅速、便利、稳定地获得国际金融机构贷款和外国政府贷款。

3．汇率制度的选择

汇率制度与国际储备需求之间有着密切关系，一般地，汇率制度的弹性与国际储备需求成负相关，即汇率制度的弹性越大，国际储备需求就越低；反之，国际储备需求就越高。可见，汇率制度的选择会影响到国际储备需求水平的高低。

4．政策的调节

财政政策、货币政策、汇率政策、管制政策的改变都会影响国际收支，对国际储备的需求影响较大。

5．持有储备的机会成本

由于国际储备代表着对外国实际资源的购买力，持有国际储备也就意味着放弃对这部分外国资源的使用。在许多情况下，这种持有国际储备的机会成本往往是巨大的。持有国际储备的机会成本越高，一国对国际储备的需求就会越低；反之，对国际储备的需求会越高。

6．国际政策协调

如果一国能够与其他国家开展广泛的经济合作和国际间的政策协调，则可以减少对国际储备的需求；反之，会增加对国际储备的需求。国际政策协调对国际储备需求的影响主要有两方面：一是可以缩小国际收支失衡的程度，改善国际收支状况，从而直接减少作为弥补手段的国际储备需求；二是当国际收支出现失衡时，可以避免各行其是，从而增强调节政策的效果，降低调整成本，提高调节速度，减少对国际储备的需求。

7．货币地位

对国际储备货币发行国而言，它们可用本币弥补国际收支逆差，因而其国际储备需求较低；对非储备货币发行国而言，在国际经济交往中，它们主要使用储备货币进行计价、结算和支付，所以国际储备需求量较高。

三、国际储备的管理

（一）国际储备的作用

国际储备是一个国家经济地位的象征，同时也反映出该国参与国际经济活动的能力。国际储备的作用可概括为：

1．融通国际收支逆差，调节临时性的国际收支不平衡

当一国国际收支困难时，通过动用国际储备，能够使国内经济免受采取调整政策产生的不利影响。然而，由于国际储备的有限性，它对付国际收支困难的能力有限，尤其是长期性国际收支赤字。

2．干预外汇市场，从而稳定本国货币汇率

国际储备可用于干预外汇市场，影响外汇供求，将汇率维持在一国政府所期望的水平上。同时，一国雄厚的国际储备还增强了国外投资者对本国货币的信心，维持了本币的强势地位。

3．国际储备是一国对外举债和偿债的根本保证

一国的国际储备充足，可以提升这个国家的信用等级，以更低的筹资成本借用外债，有助于吸引外国直接投资，促进本国经济发展。

（二）外汇储备的管理

虽然国际储备对一国经济发展与经济安全有很大作用，但是持有储备也要付出相应代价，这表现为在持有储备的过程中放弃了用储备购买商品和劳务的机会，即储备的机会成本。因此，国际储备并非越多越好，关键要保持一个合适的规模与结构，这就需要加强国际储备的管理。

在国际储备中，外汇储备的比重达95%以上，从这个角度来说，国际储备的管理主要是外汇储备的管理，外汇储备的管理包括总量管理、结构管理、积极管理。

1．外汇储备总量管理

一个国家持有的外汇储备规模对该国的对外贸易、经济安全有很重要影响，如果一国的外汇储备规模过低，不能满足其对外贸易及其对外经济往来的需要，会引起国际支付危机，甚至是金融危机。但是，过多的外汇储备会增加持有储备的机会成本，占用较多的基础货币，导致流动性过剩，给一国带来负面影响。所以一国应该全面衡量持有外汇储备的收益与成本，保持合适的外汇储备规模。

这个适度储备的规模是指以适度储备量为中心，确定一个目标区间，使一国储备持有额以较小幅度在适度储备水平左右波动。目标区间的上限是一国保险储备量，它既能满足一国可能出现国际收支逆差时的对外支付，又能保证国内经济增长所需要的实际资源投入而且不会引起通货膨胀；目标区间的下限是一国经常储备量，它以保证一国正常经济增长所必需的进口不因储备不足而受到影响为原则。只要一国储备持有额保持在这个目标区间范围内，就可以认为该国国际储备量是适度的。

2．外汇储备的结构管理

一国对外汇储备的管理除了满足量上的要求外，还要有一个适当结构。

外汇储备结构管理必须遵循安全性、流动性、盈利性这三条基本原则。安全性原则是指储备资产的存放要安全可靠，能够保值；流动性原则是指储备资产要具有较高的变现能力，一旦发生对外支付和干预外汇市场的需要时，它能随时兑现，灵活调拨；盈利性原则是指尽可能使外汇储备资产产生较高的收益，保障储备资产增值。这三条原则之间存在一定的冲突，比如安全性越高、流动性越高的资产往往收益性较差，因此必须进行合理权衡，对外汇储备而言，必须在保障安全性、流动性的基础上追求较高的收益率，这是由外汇储备的保障功能所决定的。

外汇储备的结构管理具体包括储备货币的比例安排和储备资产流动性结构的确定。

（1）储备货币种类的安排。储备货币种类的安排是指确定各种储备货币在一国外汇储备额中各自所占的比重。各国货币当局在安排外汇储备结构时，应满足在一定风险的条件下获取尽可能高的预期收益率的原则。对于外汇储备，收益不确定的风险表现为一国当局将持有的储备资产转化为其他资产进行使用时面临购买力下降的可能性。为减少汇率风险，一国可以考虑设立与弥补赤字和干预市场所需要的货币保持一致的储备货币结构。减少外汇储备风险的另一种可行办法是实行储备货币多样化。

（2）储备资产流动性结构的确定。应当在考虑流动性和盈利性的条件下确定储备资产流动性结构。一国应当拥有足够的一级储备来满足国际储备的交易性需求。剩下的储备资产可以在各种二级储备与高收益储备之间进行组合投资，以期在保持一定的流动性条件下获取尽可能高的预期收益率。

3．外汇储备的积极管理

外汇储备的积极管理是指在满足外汇储备资产所需要的流动性和安全性的前提下，以多余外汇储备单独成立专门的投资机构，拓展外汇储备投资渠道，延长外汇储备资产投资期限，以提高外汇储备投资收益水平。外汇储备的积极管理对于我国来说具有特别重要的意义，目前我国拥有较多的超额外汇储备，只有通过积极管理才能实现外汇储备的保值与增值。

国际货币基金组织的《国际储备管理指引》总结各国国际储备管理的经验，对国际储备的管理提出一系列新的准则。在新的国际储备管理原则中，虽然像应付汇率波动、应付国际收支赤字等传统的管理目标仍被提及，但已被置于次要的地位，而国际储备保持信心的作用则多次受到强调。另外，管理流动性风险、市场风险、信用风险，以及取得合理收入等商业性原则，也第一次进入了官方储备的管理原则。这意味着对外汇储备进行积极管理、最大限度地获取收益成为国际储备管理的一个基本原则，国际储备投资战略更多地转向追求高收益的中长期投资。

四、我国的国际储备管理

（一）我国国际储备的现状与特点

我国国际储备的构成是由黄金、外汇、储备头寸和特别提款权构成。改革开放以前，我国国际储备规模很小，尤其是外汇储备十分缺乏，一些紧缺物资的进口都存在困难。改革开放以后，我国一方面通过引进外资大力发展出口导向型经济，另一方面不断扩大对外贸易，使得我国的国际收支顺差在 20 世纪 90 年代以后进入快速增长时期。加入 WTO 以后，我国进出口总额更是以近 30%的速度增长，与之相对应，我国的国际收支顺差也连年攀升，从而使外汇储备保持较快的增长速度。目前，我国外汇储备规模位居全球首位，伴随外汇储备增长，我国的黄金储备、在IMF中的储备头寸及特别提款权等国际储备也有增长。近年来，我国国际储备的变化有以下特点。

1．黄金储备有所增加

我国一直以来执行稳定的黄金储备政策，近年来，随着外汇储备的增长，为改善国际储备结构，相应地增加了一部分黄金储备。从1981年开始，我国正式对外公布国家黄金外汇储备，1981～1999年，我国黄金储备稳定在1 267万盎司。2000年以后我国黄金储备规模进行过几次调整，2000年黄金储备增至1 608万盎司，2002年又增加到1 929万盎司，2009年4月，我国黄金储备大幅调整至3 389万盎司。鉴于我国外汇储备规模过大及黄金价值的稳定性，我国的黄金储备规模还有进一步增加的可能性。

2．外汇储备规模快速增长

1992年以前，我国外汇储备统计中包含了中国银行的外汇结存，1992年以后，我国外汇储备仅包括国家外汇库存。2009年，为消除美元汇率波动对外汇储备规模的影响，国家外汇管理局决定从当年年度平衡表开始，按照国际惯例对平衡表中外汇储备资产记录方法进行调整，即从以往记录外汇储备年度余额变动数据，调整为仅记录外汇储备资产交易变动数据，剔除非交易变动的影响。以2009年为例，年末外汇储备资产余额为23 992亿美元，较上年末增加4 531亿美元。其中由于交易净增的3 821亿美元记入平衡表外汇储备资产变动，另有710亿美元外汇储备资产变动是由汇率、价格等非交易因素引起的，不再记入平衡表，而将在2009年年末国际投资头寸表中反映[㊀]。

我国历年外汇储备规模见表1-2。从表1-2中可看出，我国外汇储备规模在两个时期的增长速度比较快：①1994～2001年。1994年我国外汇管理体制与人民币汇率制度进行重大改革，实行了银行结售汇制，基本实现了人民币经常项目的可兑换，同时人民币实行单一的、由市场供求决定的有管理浮动汇率制度，这两项改革有助于对外贸易的发展，从而对国际收支顺差有一定的推动作用。②2001年之后。2001年12月我国加入WTO，这使得我国对外开放进入一个全新的时期。多年来影响中国对外贸易扩张的障碍因素逐步被消除，同时多年来改革开放所积聚的生产能量得以释放，由此使中国经济成为世界经济发展的重要支点。因此，这一时期外汇储备的增长其实是中国经济对世界经济所作贡献的回报。

表1-2　中国外汇储备规模（1993～2010年）

年　份	规模（亿美元）	年　份	规模（亿美元）
1993	211.99	2002	2 864.07
1994	516.20	2003	4 032.51
1995	735.97	2004	6 099.32
1996	1 050.49	2005	8 188.72
1997	1 398.90	2006	10 663.44
1998	1 449.59	2007	15 282.49
1999	1 546.75	2008	19 460.30
2000	1 655.75	2009	23 991.52
2001	2 121.65	2010	28 473.38

资料来源：根据国家外汇管理局网站数据整理。

㊀ 中国人民银行．2009年国际收支报告，中国人民银行网站．

3. 经济地位的上升使我国在国际货币基金组织中的份额增加

2010年12月16日，国际货币基金组织（IMF）宣布，该组织理事会已批准份额和执行董事会改革决议方案。根据方案，改革完成后，中国的份额将从目前的3.72%上升至6.394%，投票权将从目前的3.65%上升至6.071%，超越德国、法国和英国，仅排在美国和日本之后。我国在IMF中的份额增加后，IMF分配给我国的特别提款权也随之增加，从而提高了我国特别提款权在本国国际储备当中的比重。

（二）我国国际储备快速增长的意义

国际储备尤其是外汇储备的增长反映了我国外贸竞争力及经济实力的提高。国际储备快速增长的意义表现在：①反映中国国际地位的上升。国际储备代表一国的经济实力，一定规模的国际储备可增强我国在国际社会的话语权。②全球化条件下国家经济安全的重要保障。应对突发事件及经济金融危机，国际储备不仅可增强国民信心，而且能发挥切实有效的作用。③稳定人民币汇率的支柱。人民币国际化的前提是能够得到国际社会普遍认可，而一种货币的吸引力在于其价值的稳定性，一定规模的国际储备是稳定人民币价值，使其有足够时间被国际社会认可的重要条件。④增强国家信誉。国际储备可提高一国的信用评级，增加国内居民或企业参与国际投融资活动的机会。

（三）我国外汇储备过快增长带来的问题

虽然外汇储备对一国经济非常重要，但并非越多越好。外汇储备规模过大直接带来以下问题：

（1）巨额的外汇储备可能面临着巨大的外汇风险。目前我国外汇储备的主要成分是美元资产，在美元贬值时外汇储备的实际价值会大大缩水。

（2）外汇储备的增加会挤压货币政策操作空间。央行每增加1美元外汇储备将相应增加同等价值的人民币投放，从而加大物价上涨的压力。央行为了降低高外汇储备对国内物价水平的影响，只有通过公开市场业务或提高利率等方式来减少货币供应，这样却增大了本币升值压力；相反，央行为了降低高外汇储备带来的本币升值压力，很难通过降低利率的方法来实现，因为这样操作将强化通货膨胀。可见，这时货币政策的内外目标存在冲突。

（3）外汇储备的增加会导致外汇市场上出现外汇供大于求的现象，从而形成本币升值的预期。本币升值往往降低本国出口产品的竞争力，不利于就业和经济增长，同时人民币升值预期的存在也会诱使热钱通过各种渠道进入中国，给国内金融市场带来风险。

（4）高外汇储备水平需要付出极大的机会成本。外汇储备代表着一定数量的资源，这些资源如果能充分利用会产生很高的收益，而外汇储备资产本身的收益率是很低的。

（四）我国外汇储备管理的对策建议

目前，我国外汇储备调整进入了一个两难困局：一方面，外汇储备的主要构成为美元资产，而随着美元的大量发行，未来很可能出现大幅缩水；另一方面，如果大幅减持美元资产，则有可能会导致美元大跌，而我们的外汇储备也会立刻贬值。随着美联储不断降低利率（美国的联邦基金隔夜拆借利率从2007年8月的5.75%已降至2008年年底的0.25%），美国短期债券收益率一路走低，使我国持有美国短期债券的外汇储备资产的收益大大下降。但不可否认，美元仍然是最主要的国际货币，它在世界经济中的地位仍然无法取代，中国基于安全性和流动性考虑继续增持美国国债也无可厚非。我国外汇储备管理应把握两点：一要主动控制外汇储备规模的过快增长，二要在既定的外汇储备规模下，进一步优化外汇储备资产结构。具体而言，包括以下六个方面：

1．努力控制外汇储备规模的快速增长

从外汇储备规模增加的来源来看，目前我国的贸易顺差、外商直接投资和国际热钱的流入是主要的渠道。为此，应合理调整对外贸易战略及引进外资战略，与此同时加强对贸易收汇结汇的监管和核查，并且加大对非法买卖外汇等违法犯罪活动的打击力度。

2．逐步优化储备货币币种结构

目前我国外汇储备构成比例大约是：美元资产 70%，欧元资产 20%，日元资产 10%。因此，在外汇储备币种的管理上，降低美元而增加欧元储备的比重应是明确的方向，但要实现这种转换并非易事。如果各国都采取一致行动抛售美元，买入欧元，势必引发美元全面的崩溃，这对外汇储备规模世界第一，并且美元资产比例高于世界平均水平的中国来说是一场灾难。因此，币种转换只能在一个较长的时间跨度内稳步渐进，中国即使从自身的利益出发也必须保持美元币值的相对稳定。

3．合理调整外汇储备资产与商品资产结构

优化一国的外汇储备管理，要求外汇储备必须与商品储备保持合理比例。在国际储备中增加商品储备的比例，减少外汇储备的比重，应该是我国外汇储备管理的一个明确的方向。中国是能源消费大国，据预测，到 2020 年中国原油缺口可能增加到 2.5 亿吨。因此，在不断增加的外汇储备中拿一部分用于石油储备的采购，是应对国际能源紧张、缓解资源压力的重要举措。此外，增持黄金储备是很多国家尤其是发达国家外汇储备结构转换的一个动向。

4．加快发行以人民币标价的国际债券

美元短缺的外国金融机构通过在我国发行人民币债券取得人民币资金之后，用人民币向中国金融机构购买美元，以解决美元流动性短缺问题。债券期满后，债券发行者需偿还人民币债券持有者（中国商业银行）人民币本息。交易完成后，外国金融机构增加了人民币负债，换得一笔美元流动资金，而中国央行则减少了相应的美元外汇储备，回笼了人民币。通过鼓励外国金融机构发行人民币债券的方式，把多余的美元借给外国投资者，不但可以消除购买美国国债所伴随的各种风险，特别是汇率风险，而且可以推进人民币国际化的步伐。

5．加快经济增长方式转变，进一步推动人民币汇率形成机制改革

加强外汇投资管理并不是化解外汇储备规模高企压力的唯一出路。中国外汇储备的持续增长根源还在于经济结构的内在失衡，因此切实转变经济增长方式才是关键。另一方面，应扩大汇率浮动空间，让人民币拥有更大的弹性，使我国的货币政策拥有更大独立性。通过人民币汇率的双向浮动，不仅有助于消除市场对人民币升值的过度预期，有效抑制提前收汇，推迟付汇行为，而且能够从经济上斩断国际游资涌入我国境内的利益链条，消除国家外汇储备膨胀的深层隐患。

6．加快推进外汇储备立法工作

目前仅有《中国人民银行法》简单规定了国家外汇储备由中国人民银行持有、管理和经营，其他法律法规不曾提及。外汇储备是一国重要的战略资源，事关一国经济稳定与安全，很有必要设立一部专门法律来对外汇储备加以规范与管理，明确外汇储备的管理目标、原则、措施与手段，建立一个“问责、高效、稳健”的外汇储备管理体制，为外汇储备的经营管理提供法律支持和保障㊀。

本章小结

国际货币是充当国际结算和国际支付手段的能被国际社会普遍接受的资产，最早的国际货币由贵重金属金银来承担，后来被部分国家的法定货币所取代。国际货币最显著特点是可兑换性。国际货币体系是规范国际货币金融活动的制度安排，内容主要涉及汇率制度安排、国际储备资产的确定、国际收支调节机制、国际货币金融的协调。国际货币体系经历了国际金本位制度、布雷顿森林体系、牙买加体系三个阶段。国际收支是一国在一定时期内与世界其他国家经济交往时发生的货币与非货币收支活动的总称；国际收支平衡表是一国根据国际经济交易的内容和范围设置项目和账户，按照复式簿记原理，系统地记录该国在一定时期内各种对外往来所引起的全部国际经济交易的统计报表，基本内容包括经常账户、资本和金融账户、储备及相关账户、错误和遗漏账户；国际储备是指一国货币当局为弥补国际收支逆差，稳定本币汇率和应付紧急支付等目的所持有的国际间普遍接受的资产，由货币性黄金、外汇储备、在 IMF 的储备头寸和特别提款权等构成。外汇储备结构管理必须遵循安全性、流动性、盈利性三条基本原则。外汇储备的管理具体包括总量管理与结构管理两个方面。我国必须对外汇储备进行积极管理，以实现外汇储备资产投资收益的最大化。

【关键概念】

国际货币（international currency）
国际货币体系（international currency system）
自由兑换（free exchange）
国际收支（balance of payment）
国际收支平衡表（balance of payments statement）
国际储备（international reserve）

复习思考题

一、判断题

1．最早用于国际结算的货币为贵金属，后来部分国家的法定货币（如美元）因被国际社会普遍接受作为国际支付手段而成为国际货币。（　　）

2．1999 年 1 月 1 日，欧元钞票正式发行流通。（　　）

3．国际货币的显著特点是具有可自由兑换性。（　　）

4．国际货币体系是国际社会规范国际货币金融活动的一系列制度安排或游戏规则。（　　）

5．布雷顿森林体系是根据布雷顿森林协定建立起来的以黄金为中心的国际货币体系。（　　）

㊀ 毛金明．金融危机下我国外汇储备管理的现实选择[J]．当代金融家，2009 年 3 月．

6．牙买加体系有很多优点，不需要进行大的改革。（ ）
7．国际收支是一个存量的概念。（ ）
8．一国的大使馆等驻外机构是所在国的非居民，而国际组织是任何国家的非居民。（ ）
9．国外证券投资收入应计入资本和金融账户。（ ）
10．特别提款权（SDR）可供私人交易时使用。（ ）

二、不定项选择题

1．在战后布雷顿森林体系下，实行的汇率制度是（ ）。
A．人为的可调整的固定汇率制度 B．自发的可调整的固定汇率制度
C．人为的可调整的浮动汇率制度 D．人为的有管理的浮动汇率制度

2．作为国际货币体系的核心机构，以促进国际货币领域的合作为宗旨的国际金融机构是（ ）。
A．世界银行 B．国际货币基金组织
C．国际金融公司 D．国际清算银行

3．国际货币体系经历了哪些阶段？（ ）
A．国际金本位制 B．布雷顿森林体制
C．纸币本位制 D．牙买加体制

4．一国货币要成为国际货币的主要途径是（ ）。
A．由国际货币体系的中心货币演变为国际货币，如英镑与美元
B．欧元取代欧元区内的国别货币成为国际货币
C．多数国家货币经过货币可兑换的若干阶段成为国际货币
D．由国际货币基金组织认定为国际货币

5．以下选项属于国际储备的有（ ）。
A．货币性黄金 B．外汇储备
C．特别提款权 D．IMF 中的储备头寸

6．我国国际收支平衡表的基本内容包括（ ）。
A．经常项目 B．资本和金融项目
C．储备资产项目 D．错误与遗漏项目

7．金本位制的三大基本原则是（ ）。
A．自由兑换 B．自由铸造
C．自由输出入 D．自由买卖

8．布雷顿森林体系中的“双挂钩”原则是指（ ）。
A．美元与英镑挂钩 B．美元与黄金挂钩
C．其他货币与美元挂钩 D．其他货币与英镑挂钩

9．经常账户包括了（ ）。
A．货物 B．服务 C．收益 D．转移

10．某国出口一批货物，该笔交易应记入（ ）。

A．经常项目的借方　　B．经常项目的贷方

C．资本和金融项目的借方　　D．资本和金融项目的贷方

三、简答题

1．简述国际货币体系的主要内容。

2．简述国际货币体系的作用。

3．如何理解国际收支？

4．国际收支平衡表的编制原则是什么。

5．作为国际储备的资产必须具有哪些特点。

6．简述国际储备的主要构成。

7．简述国际储备的作用。

8．外汇储备结构管理的基本原则是什么。

9．简述我国外汇储备的现状、问题及对策。

综合技能训练

1．收集和整理人民币在越南、泰国、蒙古、朝鲜、中国香港、中国澳门等周边国家和地区流通的相关材料，结合所学内容，分析人民币区域化的意义与存在的问题，并提出相应的对策建议。

2．登录国家外汇管理局网站（www.safe.gov.cn），查看最新的国际收支平衡表，分析表中我国外汇储备变动的原因。

第二章　国际银行业务

学习目标

了解国际银行存款业务和国际信贷业务的主要种类及特点；理解国际清算活动的本质；掌握国际结算业务的具体内容。

新闻导读

跨境贸易人民币结算是中资银行国际化的历史机遇

2009 年 7 月 6 日，交通银行、中国银行等商业银行，开始在上海、深圳、广州、珠海、东莞五个城市进行跨境贸易人民币结算业务试点。2010 年 6 月 22 日，试点扩大到全国 20 个省市区和所有境外国家和地区。

在跨境贸易人民币结算的过程中，商业银行提供最为关键的人民币跨境支付清算渠道。跨境贸易人民币结算可以通过我国港、澳地区的人民币业务清算行，也可通过境内商业银行代理境外商业银行进行人民币资金的跨境结算和清算。此即商业银行参与跨境贸易人民币结算的“清算行”和“代理行”两种模式。

长期而言，跨境贸易人民币结算业务是我国商业银行扩大开放程度、实施国际化经营、顺利走向全球市场的重要战略性业务，为我国商业银行国际化发展提供了历史性机遇，具体表现为以下方面：

（1）实现国际业务多元化。商业银行可利用先天的本币优势，以跨境贸易结算为基础，形成涵盖人民币贸易结算、跨境投资、贸易融资、账户融资等的跨境人民币业务链条，同时加大境外人民币投资理财等中间业务种类的创新。

（2）开辟新的盈利空间。跨境贸易人民币结算及相关的派生业务，会给商业银行带来新的盈利机会。如境内代理行对境外参加行开立人民币同业往来账户，相应的可能有资金汇兑费和账户管理费；为境外参加行提供人民币资金的短期拆借、兑换等，相应有融资的手续费；为境内外企业提供贸易融资，相应收取利息收入等；通过发放人民币国际信贷，可带来可观的利息收入。进一步商业银行可以推出人民币理财产品、人民币衍生品、境外人民币债券等产品，并在这些产品的发行、代理和交易中获得收入。

（3）改进对国际业务客户的综合服务能力。商业银行作为境内结算行，为境内进出口企业的跨境贸易结算提供了包括人民币在内的更加丰富的结算货币。作为境内代理行，为境外参加行开立人民币账户，在该账户下为其提供人民币资金兑换、购售和融资服务，并通过境外参加行或境外清算行为境外贸易企业提供人民币结算服务。所以提供人民币结算有利于商业银行综合服务水平的丰富和完善。

（4）提升中资银行的国际竞争力。通过参与跨境贸易人民币结算业务，中资银行可为国内外客户提供更全面和便捷的人民币相关服务，这无疑丰富了其国际业务类型和国际经营经验。也可在跨境贸易结算相关的境内企业、境外企业和境外商业银行间树立更良好的信誉和品牌形象，与国际先进银行展开客户和市场的竞争。

（5）促进我国银行间市场的活跃和开放。一方面境内银行可在银行间市场上与境外银行进行交易，活跃自身的资金交易业务。另一方面，港澳的人民币清算行、境外的代理行作为向境外企业提供人民币的主体，可分别通过跨境的银行间市场和香港内部的银行间市场获取人民币。

商业银行应该抓住跨境贸易人民币结算试点和扩大的重要机遇，将其作为国际化经营的战略性业务进行积极准备。

（1）巩固和扩大境内外的国际业务客户。面对国内同业和外资银行对国际业务客户的激烈竞争，我国商业银行需要根据境内外客户的分类特征，加强针对性的营销和宣传力度。在巩固现有客户的基础上，积极扩大新的国际业务客户群体。

（2）加强构建境内外联动的全球结算网络。我国商业银行要扩大人民币跨境业务、走出去进行国际化经营，需要以广泛的全球结算网络为载体。

1）在境外重点区域增设分支机构。我国商业银行可以推行跨境贸易人民币结算试点为契机，有计划地在境外重点区域如我国的港澳地区、东南亚国家增设分支机构，以便直接为境外企业提供人民币清算服务。

2）借助试点扩大的政策东风，在全球范围扩大与境外参加行的代理清算网络。在一定程度上，中资银行与境外参加行代理清算协议的数量和广泛程度，决定了其推行跨境贸易人民币结算业务境外渠道的发达程度。

（3）加强跨境人民币业务的创新力度。我国商业银行有必要围绕跨境贸易人民币结算，加强相关跨境人民币业务的创新，形成丰富完整的跨境人民币业务产品线，在国际化经营的竞争中赢得有利地位。

（4）重视专业人才培养以提升服务质量。为了把握人民币国际化过程中的业务机遇，加快我国商业银行的国际化发展进程，需要重视培养和引进专业的国际结算及相关业务的人才。

（5）加强中资银行海内外机构的风险管理能力。我国商业银行在进行国际化经营的过程中，应注意结合巴塞尔协议等国际标准及其最新修订进展，进一步健全中资商业银行及其海外分支机构的并表监管。中资银行内部应进一步完善风险管理制度，提高风险管理水平，加强对其海外机构的内部监管，防范在开展跨境贸易人民币结算等新型国际业务的同时导致的新的风险暴露。

（6）进一步开放境外机构参与我国银行间市场。一方面，对境外需要人民币头寸的机构，允许它们从银行间同业拆借市场进行短期拆借。另一方面，对已经持有人民币的境外机构，允许其参与我国银行间债券市场的投资交易。

（作者：吴博，摘自《上海证券报》，2010年11月27日）

点评：跨境人民币结算业务的开展，既是人民币国际化的重要一步，也是商业银行拓展国际业务的重要机遇。随着人民币结算与清算网络的逐步构建，基于人民币的相关业务将是中资商业银行参与国际竞争的先天优势。国内商业银行应该抓住这个机会，抢先布局，为下一步“走出去”打下坚实的基础。人民币跨境结算属于国际银行业务范畴。国际银行业务主要指商业银行的国际业务，具体说是指商业银行资产业务、负债业务及中间业务中涉及非居民或外币的所有业务。国际银行业务也可理解为商业银行业务的国际化，或者跨国界的商业银行业务。本章介绍国际银行业务的主要内容及特点。

第一节　国际银行存款

存款是指客户存放在银行账户里的资金，属于银行最重要的负债业务。其目的有两个：一是应付日常货币收支结算；二是赚取利息。银行存款是银行贷款资金的最主要来源，对于银行的日常经营管理及可持续发展具有至关重要的意义。国际银行业所吸收的存款大致可分为三大类：一是银行的国外分支机构吸收的当地货币存款；二是银行及其分支机构吸收的外币存款；三是银行与其分支机构吸收的境外存款（欧洲货币存款业务）。当地货币存款业务同国内其他银行并无二致，这里不作介绍，下面主要介绍后两种存款业务。

一、外币存款概述

外币存款又称外汇存款，是相对本币存款而言的，指除本币以外的货币存放银行而形成的存款。对一国而言，外币存款大致由以下四类存款组成：①本国居民存放于国外银行机构的各类以外币定值的存款；②本国居民存放于国内银行机构和境内外资银行的各类以外币定值的存款；③外国居民存放于本国境内银行机构的各类以外币定值的存款；④在外汇管制较严的国家，外币存款甚至包括可自由兑换外汇汇出境外的本币存款及国外汇入以外币转存的特种本币存款[㊀]。

因外币不是本国的法定货币，外币一般不允许在国内计价结算与流通，所以大多数国家对外币存款实行较为严格的限制。限制措施包括：经营外币存款需取得一国货币当局的批准；对外币存款实行最高限额；对外币存款实行与本币存款不一样的利息规定；对外币利息收入有特别税收规定；对外币存款的汇兑实行严格限制等。总之，外币存款必须遵守一国外汇管理法规的基本要求。

二、我国外币存款的种类

改革开放初期，中国银行是唯一经营外汇业务的专业银行，因而也是最早开办外币存款业务的银行，随着改革开放的进一步深入，中国人民银行逐步允许其他银行开办外汇业务，目前国有商业银行及大部分股份制商业银行都可经营外币存款业务。外币存款涉及的主要币种为美元、日元、欧元、加元、英镑、港币、澳元和瑞士法郎等。根据存款人的不同将外币存款分成甲、乙、丙三大类。

（一）甲种外币存款

甲种外币存款是指企事业法人及社会团体等单位存入银行的外币存款。根据 1993 年新版

㊀ 戴建中．国际银行业务[M]．清华大学出版社（北京交通大学出版社），2008 年 11 月，第 27 页．

《中国银行外币存款章程》，可以开立甲种外币存款账户的法人单位包括：外国驻华机构，中国境外、港澳台地区具有法人资格的中外企业、团体，外商投资企业；中国境内经批准可以开户的机关、团体、部队、学校、企事业单位等，经中国人民银行批准可经营外汇业务的金融机构。甲种外币存款形式包括活期、通知和定期存款共三种。

1．活期存款

甲种外币存款的活期账户分存折户与往来户，均可随时支取或转往其他账户，前者凭存折办理存取款业务，后者凭支票办理取款业务。不论存折户还是往来户，起存金额均为人民币 1 000 元等值外汇，两种账户均不能透支。外币活期存款结息时按银行挂牌的外币活期存款利率和实存天数计息，每年 12 月 20 日结息一次，计息期间如遇利率调整，不分段计息。

2．通知存款

通知存款在支取前应提前通知银行，其利息高于一般外币活期存款利息。我国外币通知存款分一天通知存款和七天通知存款两种，即在支取时应分别提前一天或七天通知银行。通知存款起存金额为 5 万美元或等值的外币，需一次性全额存入。通知存款可全部或部分支取，但每次支取金额不得小于 1 万美元或等值外币，留存部分不得少于起存金额。每次支取时，应填写“单位通知存款支取通知单”并加盖单位公章，交银行办理取款事宜。如果约定支取日不取款，则本次支取通知自动失效。通知存款按实存天数和支取日当天相应的一天或七天通知存款利率计息。实际存期未满原约定的，不予计息。

3．定期存款

我国外币定期存款的期限分 1 个月、3 个月、6 个月、1 年和 2 年共五档。起存金额为不低于人民币 10 000 元的等值外汇，须一次性全部存入。根据金额大小可将外币定期存款分为小额外币定期存款和大额外币定期存款。大额外币定期存款又叫协定存款，由存款人与银行商定存款期限、金额和利率等条件，起存金额不少于 50 万美元或等值外币，存期不少于 1 个月。大额外币定期存款享受比同档次存款更高的优惠利率。外币定期存款到期后可按约定方式支取或转存，到期利息按存入日利率计息，遇利率调整不分段计息。特殊情况可部分提前支取一次，提前支取部分按支取当日外币活期存款利率计息，留存部分到期后仍按原存入日利率计息。

（二）乙种外币存款

我国乙种外币存款于 1985 年设立，属个人外币存款账户，其存户主要是居住在中国境内外、港澳台地区的外国人、外籍华人、华侨和港澳台同胞。乙种外币存款账户分为外钞户和外汇户。从境外携入的可自由兑换的外币现钞可存入外钞户，如果要求存入外汇户，则应按当日外钞买入牌价和外汇卖出牌价折算成外汇入账，而从境外汇入、携入或寄入的可自由兑换外汇，可直接存入外汇户。不能立即付款的外币票据，需经银行托收，收妥后方可入账。

乙种外币存款分活期与定期两种。乙种外币活期存款只有存折户，起存金额为不低于人民币 100 元的等值外币；乙种外币定期存款的期限与甲种外币定期存款一样共分五档，起存金额为不低于人民币 500 元等值外币。乙种外币存款按国家公布的个人外币存款利率计付利息，如遇利率调整，活期存款分段计息。定期存款按原存入日利率计息。定期存款到期转存，按转存日利率计息。到期不取又不办理转存的，过期部分按支取日挂牌的外币活期存款利率计息。提前支取利息计算同甲种外币定期存款。

（三）丙种外币存款

丙种外币存款业务是专门为我国境内居民存放外币所设置的个人外币存款业务。丙种外币存款同乙种外币存款账户有许多相似之处，同样可分为外钞户和外汇户。丙种外币存款按期限分为活期、通知、定期及定活两便四种。活期存款起存金额不低于 20 元人民币的等值外币；通知存款起存金额一般为不少于 5 000 元人民币的等值外币；定期存款起存金额为 50 元人民币等值外币，分 1 个月、3 个月、6 个月、1 年和 2 年五档，在存单上加盖“丙种”字样，以区分于乙种外币存款账户；定活两便存款起存金额为 50 元人民币等值外币，其利息高于活期存款及通知存款，但低于同档定期存款。

过去由于我国外汇短缺，因而对外汇进行严格管制，国家对外汇管理实行“统一管理、集中经营”的指导方针，绝大部分外汇由国家集中，居民个人手中的外汇是比较少的，但近年来我国对外贸易快速增长，国际收支连年顺差使我国外汇储备节节攀升，原来的“外汇短缺”逐渐变为“外汇过剩”。为改变外汇资源和外汇风险过度集中于央行的不利局面，我国开始实行“藏汇于民”的政策，不断放松外汇管制，居民个人对外汇的持有、使用已经具有相当大的自由度。目前丙种外币存款主要根据 2006 年国家外汇管理局发布的《个人外汇管理暂行办法》管理。该办法规定，对个人汇出外汇实行年度总额管理，目前的年度总额为每人每年度等值 5 万美元外汇。外币存款账户内外汇汇出境外当日累计等值为 5 万美元（含）以下的，可凭本人有效身份证明在银行办理。超过上述金额的，必须凭经常账户下有真实交易背景的材料或证明文件办理。

三、境外银行存款

境外银行存款又叫离岸存款（offshore deposit），是指存放于货币发行国境外的不需缴纳存款准备金的银行存款。这种形式的存款最早出现在 20 世纪 50 年代的欧洲，故又称为欧洲货币存款（eurocurrency deposit）。20 世纪中期，冷战开始之际，苏联拥有的大量美元被迫存放于伦敦各大银行，形成了第一批欧洲美元存款，随后石油生产国的石油美元不断涌入欧洲，壮大了欧洲美元规模并使欧洲美元市场成为全球最吸引人的金融市场。欧洲美元存款之所以受到许多投资者的偏爱，主要原因在于不受货币发行国约束，并且存款利率高于一般金融市场的存款利率。此后不久，又出现了欧洲马克、欧洲日元、欧洲英镑及欧洲法国法郎等欧洲货币存款市场。20 世纪 80 年代之后，随着金融自由化进程的加快，美国为了吸引境外美元回流，创立了国际银行设施（international banking facilities，IBFs），实现了离岸货币的本土化经营。境外银行存款或欧洲货币存款已经拓宽到境内“本币存款”，但这种“本币存款”从本质上看仍属于离岸货币，因为这种存款业务与国内其他存款业务完全隔离且不须遵守同样的法规，因此，不能单从字面上理解境外银行存款。

欧洲货币存款主要包括通知存款、定期存款和可转让定期存单三种形式。通知存款为隔日至 7 天存款，客户随时可发出通知提取。定期存款表现为记名式定期存单，不适宜转让，期限一般在 1 年以下，具体包括 1 个月、3 个月、6 个月和 1 年等，1 年以上的定期存单较为罕见。欧洲定期存单在到期前不得支取。欧洲可转让定期存单（negotiable certificate of deposit，NCDs）是银行发行的具有可转让性质的定期存款凭证。可转让定期存单不反映持票人的任何信息，以便于在市场上流通。其期限一般在 1 年以下，属于短期证券，从 1 个月、3 个月至 1 年的都有。可转让定期存单的利率一般是在发行当日的伦敦银行同业拆放利率（LIBOR）基础上进行确定，通常要比相同期限的离岸金融市场代表性利率低 0.125%，但仍比同样期限的国内可转让大额定期存单的利率要高。20 世纪 80 年代，离岸金融市场出现了远期的可转让大额存单（Forward CD），远期 CD 其实是存户与银行签订的在未来某个确定的日期以确定的利率发行确定金额的大额可转让存单的合同。与此同时，美国和英国的一些著名期货交易所还开发了以 CD 为基础的金融期货合约。

第二节　国际信贷与投资

国际信贷与投资是商业银行国际业务中的资产业务。国际信贷与投资虽然与国内资产业务在本质上没有区别，但在操作流程、适用法律、金融风险及复杂程度等方面有很大不同。这种业务的对象绝大部分是国外借款者。总体来看，国际信贷与投资比起国内信贷与投资涉及的环节更多，从而面临更大的风险。

一、进出口融资

商业银行国际信贷活动的一个重要方面，是为国际贸易提供资金融通。这种资金融通的对象，包括本国和外国的进出口商人。国际贸易融资与国际结算相结合，促进了国际贸易的快速增长与世界经济的稳定发展。国际贸易融资涉及商品进出口的各个环节，商品装船前银行可提供打包放款，商品装船后的信贷方式包括票据抵押贴现、信用证抵押贴现、应收账款抵押贴现、出口押汇等。此外商业银行还通过出口信贷、福费廷业务、保理业务等为进出口商提供贸易融资。有关贸易融资的详细介绍见本书第九章。

二、国际贷款

国际贷款是指商业银行向国外的借款对象发放信贷。由于超越了国界，在贷款的对象、贷款的风险、贷款的方式等方面，都与国内贷款具有不同之处。商业银行国际贷款的类型，可以从不同的角度进行划分：①根据借款对象的不同，大致划分为国际公司贷款和国际银行间贷款。②根据贷款期限的不同，可以划分为短期贷款（1 年以下）、中期贷款（1～5 年）和长期贷款（5 年以上），这种期限的划分与国内贷款形式大致相同。③根据贷款银行的数目不同，可以划分为单一银行贷款和银团贷款。单一银行贷款是指贷款资金仅由一个银行提供。一般来说，单一银行贷款数额较小，期限较短。银团贷款是指一笔贷款由几家银行共同提供，所有银行相互分工合作，共享贷款收益，共担贷款风险。

（一）国际公司贷款

国际公司贷款是指商业银行对跨国公司或其他国家的企业提供的贷款。确定贷款的具体形式时，主要考察借款人的资信程度、借款用途、借款人所处金融市场条件及外汇管制等情况。国际公司贷款有多种形式，包括透支、循环信贷、信用安排限额、抵押贷款及项目贷款等。

国际公司贷款要求双方当事人签署正式的国际贷款协议，这与国际银行间贷款不同，国际银行间贷款不须签订正式贷款协议，仅凭简单的凭据即可达成，原因在于银行信用较高且相互之间往往存在紧密的合作关系。考虑到国际信贷的风险性，国际贷款协议必须详尽列出双方当事人的权利与义务，以免产生法律纠纷。一份正规的国际贷款协议应包括如下内容：鉴于条款、术语界定、贷款金额与货币、贷款期限、贷款提取方式、贷款用途、贷款的先决条件、贷款偿还条款、利息及费用支付、税务条款、违约条款、交叉违约条款、法律适用条款及主权豁免问题等。在国际公司贷款业务中，由于双方当事人分属不同国家，对于税收条款、法律适用及主权豁免等问题应该特别注意。

（二）国际银行间贷款

不同国家商业银行之间的存款、贷款及信用保证等都属于国际银行间信贷的范畴。国际银行间贷款是指不同国家银行之间的信贷交易，又叫国际银行同业信贷。在商业银行资产与负债业务中，国际银行间贷款具有十分重要的意义。国际银行间贷款期限短，流动性强，又有较好的安全性，是银行保持流动性的重要手段之一。较为流行的方式是国际银行间的同业拆放，短则半日拆、隔夜拆，长则 3 个月。大银行之间的拆放款可采取信用形式，而中小银行或外国银行向大银行借款时，常采用抵押贷款形式。

从事国际银行同业信贷不仅可以使银行对国际银行业的状况获得最新的资讯，而且还可以扩大银行的业务规模，与著名大银行保持业务联系可提高银行的知名度。

三、国际投资

一般地，商业银行投资于外国股票是各国法律所不允许的，同时也不会参与外国直接投资，因此，商业银行的国际投资业务主要为国际证券投资。具体来说，主要投资于国际债券，即一国政府、企业、金融机构等为筹措外币资金在国外发行的以外币计值的债券。按照是否以发行地所在国货币为面值，国际债券可分为外国债券与欧洲债券，与之相应，商业银行国际投资可以分为外国债券投资和欧洲债券投资两种。

（一）外国债券投资

外国债券（foreign bond）是指由外国债务人在投资人所在国发行的，以投资国货币标价的借款凭证。发行外国债券必须事先得到发行地所在国政府证券监管机构的批准，并受该国金融法规的约束。各国政府对外国债券的利率、发行时间、金额、信息披露、购买者等方面都有相应的不同于国内债券的规定。外国债券的发行人包括外国公司、外国政府和国际组织。商业银行从事外国债券的投资主要是为了调整资产结构，寻求安全性、流动性与盈利性的最佳搭配。

（二）欧洲债券投资

欧洲债券（europe bond）是指债务人在国外债券市场上发行的，以销售国以外的货币标价的借款凭证。欧洲债券基本上不受任何国家法规的限制，发行前不需要在市场所在国提前注册，也没有信息披露的要求，发行手续简便，具有充分的流动性，因而成为目前国际债券的最主要形式。

欧洲债券有很多形式，商业银行可根据业务经营需要进行选择：

（1）普通债券（straight band）。这是欧洲债券的基本形式，其特点是：债券的利息固定，有明确的到期日，由于所支付的利息不随金融市场上利率的变化而升降，因此，当市场利率波动剧烈时，就会影响其发行量。

（2）复合货币债券（multiple-currency bond）。债务人发行债券时，以几种货币表示债券的面值。投资人购买债券时，以其中的一种货币付款。

（3）浮动利率债券（floating rate bond）。浮动利率债券是指债券的票面利率随金融市场利率水平的变化而调整的债券。

（4）可转换为股票的债券（convertible euro-bond）。这种债券的特点是：债务人在发行债券时事先授权，投资者可以根据自己的愿望，将此种债券转换为发行公司的股票，成为该公司的股东。

第三节　国际结算业务

国际结算（international settlement）是指分属于不同国家的当事人因商品和服务交换、资金调拨、国际借贷与投资等经济活动所引起的，需经银行办理的两国间货币收付业务或以货币表示的债权债务的清偿行为。引起两国间货币收付业务的原因不外乎两个方面，一是国际贸易活动；二是国际金融与投资活动。因此国际结算可分为贸易类国际结算和金融类国际结算，本书主要讨论贸易类国际结算。

商业银行之所以能在国际结算中扮演着重要角色，其原因在于：①银行是交易双方可以信赖的信用中介；②国际性银行拥有遍布全球的分支网络，同时与其他无数银行建立了互为依靠的代理行关系，客户无论身在何处，都能享受到银行的贴心服务；③银行与无数个客户建立了紧密的业务往来关系，有助于其时刻掌握客户的基本情况与信用状况，从而部分解决交易双方信息不对称的问题；④银行在参与国际结算活动的同时，还可为客户提供包括贷款等在内的多项金融服务。下面对国际结算业务种类作简单介绍。

一、汇款结算业务

汇款是付款人把应付款项交给银行，请求银行通过一定方式将款项支付给收款人的一种结算方式。银行接到付款人的请求后，收下款项，然后以某种方式通知收款人所在地的代理行，请它向收款人支付相同金额的款项。最后，两个银行通过约定的办法，结清双方之间的债权债务。汇款方式不仅运用于货物贸易和服务贸易的结算，而且银行之间外汇资金的调拨也可采取这种方式。汇款结算方式一般涉及四个当事人，即汇款人、收款人、汇出行和汇入行。国际汇款结算业务基本上分为三大类，即电汇（telegraphic transfer，T/T）、信汇（mail transfer，M/T）和票汇（demand draft，D/D）。

1．电汇

电汇是应汇款人的申请，由汇出行以加押电文发给其在国外的分行或代理行（汇入行），指示其解付一定金额给收款人的一种结算方式。加押电文一般包括如下内容：密押、收款人名称和地址、币别和金额、汇款人名称和地址、附言、头寸拨付办法。

2．信汇

信汇是应汇款人的申请，由汇出行将信汇委托书（M/T advice）或支付委托书（payment order）

邮寄给汇入行，授权其解付一定金额给收款人的一种汇款方式。信汇的费用较电汇低，但因邮寄时间较长，收款时间相对较长。

3．票汇

票汇是汇出行应汇款人请求，开立以其分行或代理行为解付行（汇入行）的银行即期汇票，支付一定金额给收款人的一种汇款方式。票汇结算的具体操作流程是，债务人以汇款人身份填写票汇申请书，并交款付费给汇出行。汇出行开立银行即期汇票交给汇款人，由汇款人自行带给或邮寄给收款人，同时汇出行将汇票通知书邮寄汇入行。收款人持汇票向汇入行取款时，汇入行核对汇票与票根无误后，解付票款给收款人，并把付讫借记通知书邮寄给汇出行，以便双方结清债权债务。

二、托收结算业务

根据国际商会《托收统一规则》，托收结算方式是指银行凭收到的指示处理单据，以便出口商获得付款与承兑，或者进口商凭付款、承兑或其他条件获得货物单据，最终结清双方债权债务的结算方式。一笔托收结算业务通常有四个当事人，即委托人（出口商或出票人）、托收银行（出口方银行）、代收银行（进口方银行）和付款人（进口商）。具体操作流程是，出口商发运货物后，将装运单据和汇票通过托收行在国外的分行或代理行送达进口商，进口商根据合同约定履行付款条件，银行将代表货物所有权的单据交付给进口商，进口商凭以提货。

托收涉及的单据分为两种即金融单据和商业单据。金融单据是指汇票、本票、支票或其他类似的付款凭证；商业单据是指发票、运输单据、权利凭证或其他类似单据。根据是否附带商业单据，托收分为光票托收和跟单托收。光票托收是指仅凭金融单据而不附带商业单据的托收，一般适用于收取货款尾数、代垫费用、佣金、样品费或其他贸易从属费用；跟单托收是指金融单据附有商业单据或仅凭商业单据的托收。国际贸易中货款结算大多采用跟单托收。在跟单托收方式下，根据进口商交单条件的不同，又可分为付款交单和承兑交单两种形式。付款交单指代收行在进口商付清货款后才交出相应单据，对出口商而言，这种方式收款没有风险；承兑交单则是仅凭进口商承兑汇票即交出单据，出口商将承担进口商不能履约付款的风险。

三、信用证结算业务

信用证结算业务是指进出口双方签订买卖合同后，进口商主动请求进口地银行向出口商开立信用证，对自己的付款责任作出保证。当出口商按照信用证的条款履行了自己的责任后，进口商将货款通过银行交付给出口商。在信用证结算方式下，银行承担了第一性付款责任，出口商只要递交了符合信用证要求的单据即可获得付款，而不用担心其他事情。信用证业务体现的是银行信用，并且形成了一整套国际公认的商业惯例，大幅度减少了双方的交易成本，使互不了解的进出口商建立可靠的买卖关系，因而成为当今最为普遍的国际贸易结算方式。

一笔信用证结算业务所涉及的基本当事人有三个，即开证申请人（进口商）、受益人（出口商）和开证银行。此外，还有其他关系人，如通知行、保兑行、议付行、转让行和偿付行等参与银行，其目标都是降低交易风险并确保信用证业务的顺利进行。信用证种类繁多并且结算程序复杂，具体操作须严格遵守《跟单信用证统一惯例》（UCP600）的基本规定。

四、旅行支票结算业务

旅行支票结算业务同汇款、信用卡及光票托收方式一样是服务贸易结算方式的一种类型。旅行支票是指由知名银行或旅行支票公司等机构发行的，由持票人购买并携带，备作支付旅行费用和其他消费的一种固定面额的付款凭证。旅行支票具有安全性高、使用方便、长久有效、币种多样等特点，深受出境旅游者的喜爱。目前，旅行支票已成为与现钞、信用卡并列的三大个人支付工具之一。

五、信用卡结算业务

信用卡（credit card）是由具有一定规模的银行（或公司）发行的，兼具结算与透支功能的现代化信用工具。信用卡具有携带方便、使用灵活、透支免利息等优点，已成为目前个人日常消费与出行必不可少的支付工具。银行与国际组织联合发行的外币信用卡（VISA CARD 或 MASTER CARD 等）可用于国际间商品贸易与服务贸易的货币收付。

六、为国际结算提供的银行担保业务

在国际结算过程中，银行还经常以本身的信誉为进出口商提供担保，以促进结算过程的顺利进行。目前为进出口结算提供的担保主要有两种形式，即银行保函（letter of guarantee）和备用信用证（stand-by letter of credit）。

1．银行保函

银行保函又称银行保证书，是银行应委托人的请求，向受益人开出的担保被保证人履行职责的一种文件。在国际经济交往中，如果交易一方未能履约，就会使交易另一方蒙受损失，银行保函作出承诺，一旦出现违约事件，由银行承担履约责任或还款义务，从而消除了交易各方的顾虑。不同的经济交易对银行保函的具体要求是不同的，因而银行保函形式多种多样，银行经常出具的保函主要有以下三种形式：

（1）还款保函是指银行应进口商要求向出口商出具的一种保函，保证在出口商按合同要求发货后，进口商将履行其在贸易合同中承诺的付款义务，否则将由银行给予相应赔偿。

（2）投标保函是指在国际招投标活动中，银行为投标人向招标人出具的一种保函，保证投标人会参与投标活动，一旦中标，投标人将和招标人按事先约定签订承包合同。

（3）履约保函是指银行受合同一方当事人的委托，向另一方当事人出具的保函。该保函主要保证委托人将履行自己对对方当事人承担的义务，如果委托人违约，担保行将代为履约或赔偿对方损失。

2．备用信用证

备用信用证是指银行应支付方（委托方）的要求，对收款方（受益人）开立的一种特殊形式的信用证。当委托方违约时，受益方可凭此信用证及规定的单据或证明向开证行提出付款要求，银行审核符合信用证要求的单据或证明即履行付款义务。与一般信用证不同的是，备用信用证往往“备而不用”，只有当出现违约事件时才会被履行，而且备用信用证除用于贸易结算外还有其他用途。虽然备用信用证与银行保函同样具有担保性质，但有很大不同，备用信用证是可撤销的，而保函是不可撤销的。适用的国际惯例也不同，备用信用证适用《跟单信用证统一惯例》（UCP600）或《国际备用证惯例》（ISP98），而保函适用于《见索即付保函统一规则》（URDG458）等。

第四节　国际银行清算

国际间货币收付活动涉及两个层面，一是不同国家客户之间的货币收付或债权债务的清偿，表现为其开户行存款账户的增减变化；二是跨国银行间资金划拨或债权债务的清偿，表现为通过中央银行票据进行交换或通过代理行进行资金往来。前者一般称为银行的国际结算，后者称为国际银行清算。国际结算的实质是银行帮助客户清偿债权债务，但这种清偿行为必然带来银行间的债权债务问题，同时银行间交易如外汇交易和资金拆借等也会产生债权债务。那么，国际银行究竟如何实现资金的跨国移动或完成国际支付行为呢？本章将着重介绍这方面的知识。

一、支付工具

支付工具是银行清偿债权债务的手段，用于存款的存取或转账。支付工具是银行或客户支付命令的载体，支付命令是由客户向银行发出的向指定人或指定账户付款的指令。根据支付指令的不同特点，可将支付工具分为以下几种类型。其中部分支付工具可用于国际结算或国际银行清算。

1. 票据支付工具

票据是由出票人签发的、约定自己或委托他人无条件支付确定的金额给指定人的证券，包括汇票、支票和本票。票据是最常用的支付工具，适用于国内外债权债务的清偿。

（1）汇票。汇票是由出票人签发的，委托付款人在见票时或者在指定日期无条件支付确定的金额给收款人或者持票人的票据。汇票的基本当事人有三个：出票人、收款人和付款人。承兑是汇票区别于支票或本票的一项重要票据行为，是指付款人签名同意在某个时间无条件执行出票人发出的无条件支付命令。出票人在承兑前是主债务人，承兑后是从债务人；收款人是第一持票人，他可以收取票款，也可将票据权利背书转让他人；付款人又称受票人，是接受支付命令的人，付款人对汇票承兑后就成为承兑人，并变为主债务人。根据出票人的不同，汇票可分为商业汇票与银行汇票，不管是商业汇票还是银行汇票都广泛用于国际国内支付结算活动。

（2）支票。支票是银行存款客户向其开户行签发的，授权银行在见票时从其存款账户中支付一定金额给一个特定人或来人的无条件支付命令。与汇票一样，支票一般也有三个基本当事人：出票人、收款人和付款人。所不同的是，出票人和收款人可能是同一人，而付款人一般为其存款银行。支票一般适用同城结算，前面所说的旅行支票则可用于国际间的支付。

（3）本票。本票是出票人签发的在一定时间内支付确定金额给指定人或持票人的无条件支付承诺。本票的基本当事人为两个：出票人（付款人）和收款人。以出票主体为标准可将本票分为商业本票与银行本票。其中银行本票可用于国际结算，比如国际小额本票（international money order）是由设在货币清算中心的银行发行的以该国货币为面值的国际银行本票。购票人可持该本票在国外任一家愿意兑付的银行将其兑换为现金。

2．直接借记/定期借记

直接借记/定期借记是指由付款人事先授权其开户行，在指定的收款人发出指令时，直接借记其账户（即从其账户直接扣划），此种支付方式常用于经常性的支付，如房租、水电费、住房按揭款、税款支付等。由于此种支付具有周期性，故又称定期借记。

3．贷记转账工具

贷记转账工具是指由支付方发出的一种支付工具或命令，该工具指令银行将其存款账户中的一定金额转账到其他指定账户中。

4．直接贷记/定期贷记

直接贷记/定期贷记是指由支付方授权银行定期将其存款账户上的一定金额直接划转并贷记收款人账户。这种支付方式常用于同城或异地的定期、经常性的支付，如工资薪金发放、社保资金的支付等。

5．银行卡

银行卡是由大银行发行的具备消费或取现等功能的磁卡，需要专用设备（ATM 机或 POS 终端）才能使用。银行卡可分为三种形式：①贷记卡，即信用卡。它不需要客户在卡内存款，发卡行给持卡人一定金额的信用额度，持卡人可在授权额度内先消费后还款。②准贷记卡。持卡人须在发卡银行存入存款，但发卡银行给予持卡人一定的透支额度。③借记卡。这种卡只有在存款额度内使用，没有存款就无法消费或取现。借记卡往往还具有转账结算的功能。

二、支付清算的基本流程

所谓支付系统（payment system/clearing system），是指一种由客户、结算银行、中央银行及票据清算所共同组成的用于清偿债权债务的制度安排。一般来说，构成一个支付系统至少包含五个最基本的要素：付款人、付款人开户行、票据交换所、收款人开户行和收款人。其中票据交换所是指银行之间进行票据结算的固定、集中的场所。银行相互之间有收有付，而且收付次数非常大，票据交换所就是为了提高结算效率而产生的，通过票据交换所使银行之间只需要结算收付差额即可，大部分收付业务被冲抵了。由于经济活动所产生的债权债务须通过货币所有权的转移加以清偿，支付系统的任务就是快速、有序、安全地实现货币所有权在经济活动参与者间的转移。

根据支付系统的不同特性，可将其分为不同类别：①根据支付工具可分为票据支付系统和电子支付系统。票据支付系统结算时间长，使支付方可以占用资金获得利息，还会增加结算风险，因此目前主要采取电子支付系统。电子支付系统的基本原理与票据支付系统并没有区别，但由于采用计算机和通信工具，其结算速度更快。②根据经营者身份不同可分为三种：中央银行拥有并经营的支付系统，私营清算机构拥有并经营的支付系统，银行内部联行系统。例如，美国的 Fedwire 系统由美联储经办，属于第一种；美国的 CHIPS 货币支付系统由私营机构开办，属于第二种；中国银行内部电子联行往来系统属于第三种。③按支付系统的服务对象及支付金额大小可分为大额支付（资金转账）系统和小额支付（零售支付）系统。大额支付系统只处理金额巨大的资金划拨，因此对系统的安全性和可靠性要求很高；小额支付系统是将小额的收支命令集中成批量的收支命令，然后再与其他银行进行交换，一般采用电子借记支付形式。④根据支付系统服务区域可分为国内支付系统和国际支付系统。国际支付系统不仅是国内支付系统的延伸，而且其业务对象和业务内容更为广泛。

支付清算系统的主要功能是实现客户之间或者银行之间的债权债务的清偿。下面从易到难分别介绍银行支付清算的主要原理和流程。

（一）结算账户的设立

银行为客户办理结算业务或收付款活动，首先要为每个客户设立独立的账户（account），以便记载账户的存取款情况。按照复式记账法，此种会计账户分为借方（debit）和贷方（credit）两栏，注意这里的借贷只是记账的方向，见表 2-1。借方反映支付的项目（金额）；贷方反映收入的项目（金额）。如果借贷方发生额相抵，存在借方余额，表示客户账户有透支，银行要尽量避免这种情况的发生；如果存在贷方余额则表示客户在银行有存款。银行为客户办理收付款活动都会记录在这个结算账户中。

表 2-1　某客户存款账户

借　方	贷　方
×××	×××

（二）同一银行内部的转账结算

假设甲公司购买乙公司一批货物，总价为 500 万美元，双方都在同一银行开立了结算账户，并约定由银行为它们办理结算。则该银行两个客户账户的变化情况见表 2-2。银行只需借记甲公司账户，再贷记乙公司账户，就可以为它们清偿债权债务。

表 2-2　同一银行内部转账结算的账户变化情况

甲 公 司		乙 公 司	
借　方	贷　方	借　方	贷　方
500 万美元			500 万美元

（三）不同银行间的转账结算

如果两家公司不在同一银行开立账户，情况稍微复杂。比如，甲公司在 A 银行开户，乙公司在 B 银行开户，这时如果 A 银行与 B 银行存在代理行往来关系，其转账结算也不难。代理行相互之间开立结算账户，对一家银行而言，其他银行在该行设立的账户称为来账（your account 或 due to A/C），而该行在其他银行设立的账户叫往账（our account 或 due from A/C）。来账与往账是相对的，一家银行的来账则是另一家银行的往账，一笔结算业务会在来账和开立来账的银行的往账中同时反映，并且金额相同，不同的是记账方向，见表 2-3。A 银行先借记甲公司账户，再贷记 B 银行来账，并将委托付款指令传给 B 银行，B 银行借记 A 银行在本银行的来账，最后贷记乙公司账户，结算过程结束。

表 2-3 不同银行间转账情况

甲公司在 A 银行的账户		乙公司在 B 银行的账户	
借 方	贷 方	借 方	贷 方
500 万美元			500 万美元
B 银行在 A 银行的来账		A 银行在 B 银行的往账	
	500 万美元	500 万美元	

若每笔收支都及时转账，这种结算方式叫做全额实时转账。若通过 A、B 银行的结算业务较多时，双方可对冲部分结算金额，只就净额进行结算，这种结算方式叫做净额结算，净额结算既提高了效率又节约了资金。但上述结算方法在银行数目很多时会很麻烦，原因在于大量往来账户的设立，要付出很高的代价。为提高银行间清算效率，票据交换所（clearing house）应运而生。

（四）票据清算所

票据清算所是银行之间进行票据清算的固定的、集中的场所，最早出现在 19 世纪中叶的英国伦敦。其基本原理是，所有参与票据清算的银行在同一家银行（通常为中央银行）开立账户为清算作准备，每家银行都将其从客户那里收到的票据送到票据清算所，并和其他银行持有的针对本行客户的票据进行交换、冲销，不能冲销的净额由票据清算所将其分别记入不同银行的清算账户。

假如某票据清算所的成员包括 A、B、C、D 四家银行，某日的票据交换结果见表 2-4。从表中可以看出，该日 A、D 银行换出的票据金额大于换进的票据金额，这两家银行的贷方余额会记入中央银行的清算账户，而 B、C 两家银行则有借方余额，它们在中央银行清算账户的资金会相应减少。

表 2-4 某日的票据交换结果

×年×月×日　　　　（单位：万美元）

换进 换出	A 银行	B 银行	C 银行	D 银行	借方总额	借方净额
A 银行		2 300	1 500	800	4 600	
B 银行	3 100		900	1 000	5 000	400
C 银行	2 800	500		2 200	5 500	1 900
D 银行	300	1 800	1 200		3 300	
贷方总额	6 200	4 600	3 600	4 000		
贷方余额	1 600			700		

票据清算所的出现极大地促进了银行结算制度的发展，提高了银行结算工作的效率，但并不是所有的银行都能参与票据交换，通常只有少数银行才有资格进入票据清算所交换票据，那些不是票据清算所成员的银行只能委托清算会员代为交换票据，为此，它们必须在正式清算会员银行里开设专门的清算账户。

三、国际支付系统

国际支付系统是指不同国家国内支付系统互联互通共同实现国际货币收付的支付网络。

因此，国内支付系统的正常运行是国际支付系统的基础与前提。主要国际货币发行国国内支付系统是构成国际支付系统的主体。对于国际支付系统，值得注意的有以下几点：①任何外币票据不能进入本币票据交换所进行交换；②跨国流动的票据，其出票人或收款人可以是全球任何地方的企业或个人，但票据的付款人或代为付款的人必须是所付货币清算中心的银行；③为了遵守国际支付系统对付款人的严格要求，各国银行纷纷将外币存款账户开设在该种货币的发行和清算中心的银行，以便顺利完成跨国的货币收付；④在国际经济交往中，付款货币不同，所涉及的要素就有所不同。有的货币收付，不用通过票据交换所，有的则必须通过票据交换所。

下面对主要发达国家的支付或清算系统进行介绍：

1．美国的清算系统

位于纽约的 CHIPS（clearing house inter-bank payment system）成立于 1970 年，是由纽约清算协会拥有并经营的一个私营支付系统。2007 年 8 月底，CHIPS 有 49 个成员，比先前有所下降，原因在于美国国内银行业的并购减少了银行数目。在国际清算系统中，美国的 CHIPS 具有特殊地位。它是全球美元的结算中心，纽约有 95%以上的跨境美元交易是通过 CHIPS 完成交割的，由于美元是目前国际交易的最主要支付手段，因此 CHIPS 的重要性不言而喻。CHIPS 的效率是相当高的，2007 年大约 85%的支付指令在当天中午 12 时前清算完毕，每天处理的清算指令高达 35 万条，总价值超过 2 万亿美元，资金周转率达一天 500 次/美元，其系统的可靠性达到 3N，即 99.9%。

纽约以外的款项收付要通过 FEDWIRE（federal reserve wire network）系统。FEDWIRE 是由美国联邦储备委员会所有的实时、全额、贷记的资金转账系统。该系统最早成立于 1918 年，最初业务仅限于联邦储备银行账户间的余额转账，现在已发展为大型支付系统，业务范围也大大增加。FEDWIRE 业务分为三类：FEDWIRE 资金服务、FEDWIRE 证券服务和国民清算服务（national settlement service，NSS）。FEDWIRE 资金服务主要用于大额的、时间紧迫的支付结算，凡在美联储银行拥有准备金账户或清算账户的银行（包括外国银行）均可直接参与该系统。FEDWIRE 证券服务系统主要用于政府证券的买卖，它兼具证券保管和证券结算功能。国际清算服务（NSS）是一个类似于 CHIPS 的系统。可为会员提供清算其相互间的债权债务余额的服务，清算一般在当天完成。到 2006 年年底，NSS 大约有 70 名成员，平均每天处理的支付信息为 69 万条，总价值 200 多亿美元。在一般国际结算业务中，如果付款人在纽约以外，不能直接通过 CHIPS，而要通过 FEDWIRE 进行资金划转。

2．欧元区的清算系统

欧洲跨国大批量自动实时快速清算系统（trans european automated realtime gross settlement express transfer，TARGET）于 1999 年 1 月 1 日欧元诞生时起开始运行。该系统将所有欧盟成员国的清算系统连接起来，欧盟成员国的央行都在欧洲中央银行（ECB）开设账户，各国的清算行通过本国的中央银行账户进行跨国清算。1999 年欧元实施后，除了 TARGET 系统以外，欧元区内各商业银行将至少有五个清算渠道与区内全球各往来银行进行资金清算与划拨：①通过各自的央行清算中心与国内银行清算或在 TARGET 系统上与其他成员国银行清算；②通过欧洲银行协会的结算网络系统清算，这个系统目前共有 18 个国家的 91 个成员银行；③通过环球金融电信协会（SWIFT）进行清算；④通过对清算账户的直接借记或贷记清算；⑤通过国际银行组织电子银行协会（electronic banking association）清算。

3．日本的清算系统

日本银行金融网络系统（BOJ-NET）于 1988 年 10 月建成，它是一个用于包括日本银行在内的、金融机构间的、电子资金转账联机系统。该系统由日本银行拥有并管理。金融机构使用日本银行金融网络系统的前提是必须在日本银行开立存款账户。日本银行提供的大多数支付业务都可由日本银行金融网络系统处理。使用该系统的机构包括银行、证券公司和代办短期贷款的经纪人，以及在日本的外国银行和证券公司。该系统可处理以下业务：金融机构间涉及行间资金市场和证券的资金转账，同一金融机构内的资金转账，由私营清算系统产生的头寸结算，金融机构与日本银行之间的资金转账（包括国库资金转账）。除 BOJ-NET 支付系统以外，日本还有外汇日元清算系统 FXYCS（foreign exchange yen clearing system），该系统于 1989 年启用，日本本国银行及外国银行可以加盟行身份参加该清算系统。此清算系统主要处理日元汇款（包含贸易与非贸易收支）、代理行间日元头寸划拨、外汇市场资金及衍生金融交易产生的日元收付等。

4．英国的清算系统

英国的银行同业自动清算系统（clearing house automated payment system，CHAPS）成立于 1984 年。英国的 11 家清算银行加上英格兰银行（英国的中央银行）共 12 家交换银行集中进行票据交换，其他商业银行则通过 CHAPS 成员银行（即交换银行）来进行票据交换。非交换银行必须在交换银行开立账户，以便通过该账户划拨差额，而交换银行之间交换的最后差额则通过它们在英格兰银行的账户划转。英国曾经是最早的全球金融中心，但由于英国经济地位的衰落，英镑不再是国际结算中使用最多的货币，并且国际贸易及投资使用英镑结算的比例逐年减少，因此英国清算系统在全球的重要性日益下降。目前国际贸易中的英镑结算大多数通过代理行的往来账户进行划转，使用 CHAPS 清算的业务并不多。

5．SWIFT 系统

环球同业银行金融电讯协会（society for worldwide interbank financial telecommunication，SWIFT）是一个国际银行同业间非营利性的合作组织，负责维护和管理 SWIFT 国际电讯网络，始建于 1973 年 5 月，总部设在比利时的布鲁塞尔，在美国和荷兰分设了营运中心。协会根据比利时同业公会规章组建而成，基金数额约为一亿一千二百万比利时法郎，全部由会员交纳。协会采取开放式制度，可自由加入，但必须是银行机构。SWIFT 的最高权力机构是独立董事会，由协会股东选举产生的 25 名独立董事组成。在独立董事会监督下负责日常经营的是由一批全职经理人组成的执行经理团队（executive steering group，ESG），ESG 由一名首席执行官（CEO）领导。SWIFT 的成员分为两种：股东成员和非股东成员。前者是符合 SWIFT 成员资格，且持有协会股份的金融机构；后者则是不愿或无法持有协会股份的具有成员资格的金融机构。

严格来说，SWIFT 系统不像 CHIPS 那样是一种清算系统，它本身没有任何可供清算的资金，也不代其成员管理账户或执行任何清算职能。它只是一个支付指令及其他金融信息的国际传递系统。SWIFT 将主要的国际银行及国内清算系统连接起来，从而形成遍布全球的国际银行清算网络。该系统主要传递各国之间的非公开的金融电讯业务，其中包括外汇买卖、证券交易、信用证、托收、保函和汇款等，同时，还处理国际间的账务清算和银行间的资金调拨，为其成员提供安全、快捷、标准化和自动化的金融通讯服务。SWIFT 系统具有以下明显特点：①高速度、低费用。传递同样多内容，SWIFT 的费用只有电传的 18%和电报的 2.5%左右。②安全性高。SWIFT 自动加核密押，比其他方式更可靠、更保密。③SWIFT 报文具有标准化格式，便于银行间信息的交流与沟通。目前 SWIFT 系统已扩展至 200 多个国家和 8 000 多个用户，成为全球最重要的国际银行资金划转与信息传递系统。

我国银行业的国际化与 SWIFT 密切相关。1980 年 SWIFT 连接到我国香港，中国银行于 1983 年加入 SWIFT，是我国第一家 SWIFT 会员银行，并于 1985 年 5 月开始使用该系统，这是我国银行业与国际接轨的重要标志。此后，我国各国有商业银行及上海和深圳的证券交易所，也纷纷加入 SWIFT。目前我国绝大多数国内银行都加入了该系统，SWIFT 成为我国银行业参与国际结算与清算活动的必不可少的重要桥梁。

四、国际银行业务电子化与第三方支付协议

随着计算机与通信技术的发展，尤其是 20 世纪 90 年代互联网的出现，银行业的支付系统出现了重大变革，由传统的票据支付逐步转向以电子支付为主的清算系统。伴随电子商务的发展，电子货币与电子支付也在互联网上迅速发展。所谓电子支付，就是用一定金额的现金或存款从发行者处兑换并获得代表相同金额的数据，通过一定电子设备或方法将该数据直接转移给支付对象以清偿债务，这种代表一定货币金额的电子数据就是电子货币（electronic money）。通过互联网，普通的用户也可以利用电子清算系统进行交易与结算，它与电子数据交换（EDI）和电子市场（E-Market）一起，将网络交易与网络结算变为现实。网络结算最早出现在 20 世纪 80 年代的欧洲，但发展最快的是在 20 世纪 90 年代的美国。1995 年 10 月，花旗银行率先设立网站。同月，由三家银行共同成立的第一家纯网上银行—— 安全第一网络银行（security first net bank，SFNB）在美国成立，标志着银行网络化时代的来临。任何人只要通过网络登录该银行的网址就可以自己办理业务。根据 eMarketer 发布的数据显示，2000 年网上银行用户占美国网民总数的 18%，而到 2007 年这一比例上升到 53%。

电子货币与网络结算对于银行业发展具有革命性意义。银行业务的电子化与网络化带来的好处有：降低银行经营成本；克服时空限制，增强了银行为客户服务的能力；互联网的全球化可以使银行很容易实现业务范围的全球化等。但同时电子交易与网上支付也带来一些新的问题，比如交易安全性和个人隐私受到威胁等问题。为了解决这些问题，政府部门与银行不得不投入大量资金研究新的设备与加密软件。随着计算机技术的进步，这些问题终将得到有效解决。

为了保证网络交易的资金安全，很多网上支付都采用了第三方支付协议的方式。第三方支付的好处是既避免了售货方发货后无法收回货款的风险，也保证了购货方在取得满意的货物后才对售货方进行支付，从而解决了网络交易双方的不信任问题，有助于网络交易的顺利进行。第三方支付协议的具体做法是，买卖双方达成交易后，买方先付款给第三方，第三方保管货款并通知卖方发货，买方收到货物并验收合格后通知第三方将货款支付给卖方，否则，买方可以退货后要求第三方退回货款。第三方支付协议完全消除了信用风险。

在国外，PayPal 是使用最为广泛的第三方支付协议。它是一家由网络商业巨头 ebay 公司拥有的企业，目前该企业在全世界拥有超过一亿个注册用户，这些用户可在 56 个国家和地区以美元、欧元、加元、英镑、日元和澳元 6 种货币完成网上支付，月交易量达 20 亿美元以上。在我国，第三方支付协议也发展很快。据一家咨询机构估计，2007 年我国第三方网上支付交易额已超过 1 000 亿元大关。目前我国使用最为广泛的第三方支付系统是“支付宝”。它是由阿里巴巴公司旗下的浙江支付宝网络科技有限公司建立起来，最初是用于阿里

巴巴公司旗下的拍卖网站（淘宝网）的支付，后来逐渐拓展到其他网络交易的支付结算。目前支持使用支付宝的商家已超过 20 万家，覆盖了整个 C2C、B2C 及 B2B 领域。此外，支付宝还与国内各大银行及 VISA 等国际组织建立了战略合作关系，实现网上银行与支付宝的无缝对接，方便广大用户的网络交易与结算。2007 年，“支付宝”占我国第三方支付市场份额的一半以上。

本章小结

国际银行业务主要指商业银行的国际业务，具体说是指商业银行的涉外经济活动，也可理解为商业银行业务的国际化，或者跨国界的商业银行业务。国际银行业务活动几乎涉及银行的所有业务范畴。具体包括外币存款、国际信贷、国际结算、国际清算等。

国际间货币收付活动涉及两个层面，一是不同国家客户之间的货币收付或债权债务的清偿，表现为其开户行存款账户的增减变化；二是跨国银行间资金划拨或债权债务的清偿，表现为通过中央银行票据交换或代理行资金往来。前者一般称为银行的国际结算，后者称为国际银行清算。国际结算的实质是银行帮助客户清偿债权债务，但这种清偿行为必然带来银行间的债权债务问题，同时银行间交易如外汇交易和资金拆借等也会产生债权债务。国际清算活动十分频繁，是银行一项十分重要的业务活动。

【关键概念】

欧洲货币存款（eurocurrency deposit）

国际银行设施（international banking facilities，IBFs）

联邦储备支付系统（federal reserve wire network，FEDWIRE）

环球同业银行金融电讯协会（society for worldwide interbank financial telecommunication，SWIFT）

银行保函（letter of guarantee）

备用信用证（stand-by letter of credit）

复习思考题

一、判断题

1．甲种外币存款是指企事业法人及社会团体等单位存入银行的外币存款。（　）

2．外币通知存款起存金额为 2 万美元或等值的外币，需一次性全额存入。（　）

3．欧洲债券是指欧洲国家发行的债券。（　）

4．目前我国对个人汇出外汇实行年度总额管理，目前的年度总额为每人每年度等值 5 万美元外汇。（　）

5．信汇的费用较电汇低，但因邮寄时间较长，收款时间相对较长。（　）

6．在信用证结算方式下，银行承担了第一性付款责任。（　）

7．SWIFT 系统和 CHIPS 一样都是一种清算系统，它本身具有可供清算的资金，也能代

其成员管理账户或执行清算职能。 ( )

8. 第三方支付的好处是既避免了售货方发货后无法收回货款的风险，也保证了购货方在取得满意的货物后才对售货方进行支付。 ( )

9. 欧盟成员国的央行都在欧洲中央银行（ECB）开设账户，各国的清算行通过本国的中央银行账户进行跨国清算。 ( )

10. 某银行在其往来银行中有一笔外汇活期存款，其主要目的是为了赚取活期利息。 ( )

二、不定项选择题

1. 国际汇款结算方式主要包括（ ）。

A. 信汇　B. 电汇　C. 票汇　D. 转汇

2. 托收结算业务的主要当事人包括（ ）。

A. 托收行　B. 代收行

C. 委托人（或出口商）　D. 付款人（或进口商）

3. 在进出口贸易中，信用证的开证申请人是（ ）。

A. 出口商　B. 进口商　C. 中间商　D. 银行

4. 由银行（或公司）发行的，兼具结算与透支功能的现代化信用工具是（ ）。

A. 借记卡　B. 信用卡　C. 旅行支票　D. 现金支票

5. 汇票的基本当事人包括（ ）。

A. 出票人　B. 付款人　C. 背书人　D. 收款人

6. 一般来说，一个支付系统至少包含五个最基本的要素：付款人、付款人开户行、（ ）、收款人开户行和收款人。

A. 证券交易所　B. 票据交换所　C. 期货交易所　D. 中央银行

7. 我国银行的外币存款种类可分为（ ）。

A. 甲种外币存款　B. 乙种外币存款　C. 丙种外币存款　D. 丁种外币存款

8. 存放在货币发行国境外的银行存款，叫（ ）。

A. 欧洲货币存款　B. 离岸存款　C. 境外存款　D. 国际存款

9. 国际银行同业信贷的特点有（ ）。

A. 期限短　B. 期限长　C. 安全性高　D. 安全性差

10. 外国债券是指（ ）。

A. 外国债务人在本国发行的，以投资国货币标价的借款凭证

B. 外国债务人在投资人所在国发行的，以投资国货币标价的借款凭证

C. 外国债务人在投资人所在国发行的，以债务人所在国货币标价的借款凭证

D. 外国债务人在投资人所在国发行的，以第三国货币标价的借款凭证

三、简答题

1. 我国外币存款的主要种类是什么？
2. 为什么银行在国际结算业务中扮演着重要角色？
3. 简述备用信用证与银行保函的主要区别。
4. 简述国际银行清算的主要工具。
5. 简述票据清算所产生的原因。

6．简述 SWIFT 系统的主要特点。

7．第三方支付协议的优点是什么？

综合技能训练

关于网络银行安全的辩论题

正方：网络银行安全，提倡通过网络银行办理业务。

反方：网络银行不安全，提倡直接去银行办理业务。

将全班同学分组，并指定各组扮演的角色，然后让同学们收集相关资料，以便在课堂上进行限时辩论，最后根据各组及个人表现进行评分。

第三章　国际金融机构

学习目标

通过本章的学习，了解国际金融组织的建立及历史发展，了解我国与国际金融组织的关系，掌握国际货币基金组织、世界银行集团及其他区域性国际金融组织建立的宗旨、组织机构、资金来源、业务活动及所起的作用等。

新闻导读

IMF 总裁：中国在国际货币基金组织中的投票权将升至第三位

新华网华盛顿 2010 年 11 月 5 日电（记者蒋旭峰 刘丽娜）国际货币基金组织（IMF）总裁卡恩 5 日宣布，IMF 执行董事会当天通过了份额改革方案。份额改革完成后，中国的份额将从目前的 3.72%上升至 6.39%，投票权也将从目前的 3.65%升至 6.07%，超越德国、法国和英国，位列美国和日本之后，得到在这一国际组织中的更大话语权。

卡恩在当天召开的新闻发布会上说，IMF 此轮份额改革完成后，将向新兴经济体转移超过 6%的份额，从而更好地体现该组织的合法性和有效性，美国、日本、“金砖四国”（中国、印度、俄罗斯、巴西）和 4 个欧洲国家德国、法国、英国、意大利将成为进入 IMF 份额前十位之列的经济体。

卡恩说，这是 IMF 成立 65 年来最重要的治理改革方案，也是针对新兴市场和发展中国家最大的份额转移方案。欧洲国家将在 IMF 执行董事会让出两个席位，以提高新兴市场和发展中国家在执行董事会的代表性。

卡恩在回答新华社记者提问时表示，IMF 份额和投票权改革是一个“动态的”过程，鉴于中国和印度等新兴经济体目前良好的经济发展态势，其有可能在 IMF 下一轮份额和投票权改革中得到更多话语权。

中国外交部副部长崔天凯 5 日表示，IMF 的份额理应反映国际经济格局的现实情况，为中国增加份额是一种合情合理的要求。二十国集团领导人早就作出承诺，要在首尔峰会前在国际货币基金组织配额改革方面取得进展。这种份额改革实际上是要如实反映国际经济格局，因为份额分配情况早已落后于世界经济变化的现实。

同年10月在韩国庆州召开的二十国集团财长和央行行长会议就国际货币基金组织份额改革达成“历史性协议”。IMF 将在 2012 年之前向包括新兴国家在内代表性不足的国家转移超过 6%的份额。

点评：中国在 IMF 中的基金份额的增加，一方面反映了中国国际地位随着经济实力的提高而上升，另一方面也意味着中国作为大国必将承担更多的国际责任。一直以来，我们戴着贸易大国的帽子，但并非贸易强国，现在又坐上金融大国的位子，但我们能否在国际金融界有更多的话语权与规则制定权呢？本章的内容将帮助你理解当前国际金融组织的本质及国际金融秩序的基本架构，也促使我们思考中国在未来构建新的国际金融秩序时应扮演什么角色。

第一节　国际金融机构概述

国际金融机构又称国际金融组织，是指世界不同国家的政府之间通过签署国际条约或协定而建立的、从事国际金融业务、协调国际金融关系、维护国际货币和信用体系正常运作的超国家金融机构。

一、国际金融机构的产生和发展

第一次世界大战以前没有国际金融机构。由于实行金本位制，有自动调节机制，汇率稳定，加上主要资本主义国家的国际收支多呈顺差，资金可以自由调拨，外汇汇率基本保持稳定。资本主义国家的货币信用和国际结算制度尚处于建立和形成阶段，虽然它们在货币信用与国际结算领域存在着一定的矛盾，但还不十分尖锐。因此，在当时的情况下，还没有提出建立国际金融机构的客观要求。

第一次世界大战爆发以后，由于资本主义发展的不平衡加剧，资本主义国家之间的矛盾日益尖锐。最强大的国家不仅运用自己的经济、政治和军事力量，还希望利用国际组织来控制别国，所以就提出建立国际金融组织。同时，由于通货膨胀发展急速与国际收支逆差严重，多数资本主义国家在货币、外汇和国际结算方面发生了困难，渴求来自外部的援助，因而产生了建立国际金融组织的迫切要求。第一次世界大战的战胜国集团为处理战后德国赔款问题，于 1930 年在瑞士巴塞尔成立了“国际清算银行”，这是最早的国际金融机构。

世界上的主要国际金融组织都是在第二次世界大战后陆续建立和发展起来的。这些组织建立的最初原因，既有缓解西方国家货币信用制度与国际收支危机的目的，亦有某些国家借助于这些组织冲破其他国家的防御壁垒，以建立本国金融霸权的企图。但是，从第二次世界大战后到今天，世界经济力量的对比发生了巨大变化，因而这些国际金融组织的性质也被赋予了新的内容，并在国际货币关系与世界经济的发展中起着越来越重要的作用，几乎所有国家和地区都与这些组织建立了密切的联系。

根据不同标准可将国际金融组织划分为不同类型：按地区范围可分为全球性的国际金融机构和区域性的国际金融机构，按职能又可分为主要从事国际间金融事务协调和监督的国际金融机构、主要从事各种期限信贷的国际金融机构和主要从事国际结算的国际金融机构。

二、第二次世界大战后出现的国际金融机构对世界经济的影响

第二次世界大战后世界经济发展的实践证明，国际金融机构自建立以来，虽然不免有其自身的缺陷和不足，但在加强国际经济合作，发展世界经济，特别是在稳定国际金融、扩大

国际贸易、提供发展基金及开发落后地区方面还是卓有成效的。

当然，目前的国际金融机构也存在着明显不足。国际金融机构的领导权掌握在少数发达国家手里，在国际金融机构里也存在霸权主义，广大发展中国家的意见和建议往往得不到充分反映，更谈不上付诸实施。国际金融机构对发展中国家提供贷款的条件过于苛刻，贷款利率不断提高，在汇率波动频繁的情况下，加重了发展中国家的债务负担和支付困难。国际金融机构的贷款有时有干涉他国经济主权之嫌，如国际金融机构往往要求发展中国家在接受贷款时，必须按照它们的意图调整本国经济政策，因而在一定程度上干预了发展中国家的经济生活，也妨碍了其民族经济的自由发展。

第二节　国际货币基金组织

国际货币基金组织是在国际合作的基础上，为协调国际间货币政策，加强货币合作而建立的全球性政府间的国际金融组织。根据 1944 年 7 月在美国布雷顿森林召开的联合国货币金融会议上通过的“国际货币基金协定”，国际货币基金组织于 1945 年 12 月正式成立，总部设在美国首都华盛顿，它是联合国专营国际金融业务的一个专门机构。1947 年 3 月，开始办理贷款业务。

按照“国际货币基金协定”，凡是参加 1944 年布雷顿森林会议，并在协定上签字的国家，称为创始会员国。在此以后参加基金组织的国家称为其他会员国。两种会员国在法律上的权利和义务并无区别。国际货币基金组织成立之初，只有 44 个会员国，目前，会员国已发展到 180 多个国家和地区。我国是创始会员国之一。国际货币基金组织与世界银行集团、关税与贸易总协定（1995 年后改为世界贸易组织，简称 WTO）共同构成战后国际经济秩序的三大支柱。国际货币基金组织于 1980 年 4 月 18 日正式恢复我国的合法席位。我国向基金组织委派理事、副理事和正、副执行董事。当时，我国在基金组织的份额为 12 亿特别提款权，后增至 33.85 亿特别提款权。2010 年 12 月 16 日，国际货币基金组织（IMF）宣布，该组织理事会已批准份额和执行董事会改革决议方案。根据方案，改革完成后，中国的份额将从目前的 3.72%上升至 6.394%，投票权将从目前的 3.65%上升至 6.071%，上升到全球第三位。

一、国际货币基金组织的宗旨与作用

国际货币基金协定规定，国际货币基金建立的宗旨主要有以下几个方面：

（1）建立一个永久性的国际货币机构，对国际货币问题进行协商，以促进国际货币合作；

（2）促进国际贸易的扩大和均衡发展，提高会员国就业和实际收入水平，发展各国的生产能力；

（3）促进汇率稳定，维护各国有秩序的汇率安排，避免竞争性的货币贬值；

（4）协助会员国建立多边支付制度、消除阻碍国际贸易发展的外汇管制；

（5）协助会员国改善国际收支状况，通过贷款解决会员国国际收支困难，避免采取有损于本国利益和国际经济繁荣的措施。

国际货币基金协定经过两次修改，但其宗旨并未改变。主要有两点：①向会员国提供短

期贷款，以平衡其国际收支的暂时不平衡；②促进各国汇率稳定，消除外汇管制。为实现国际货币基金的宗旨，凡属国际货币方面的事务，如货币汇率的确定与稳定，国际收支差额的弥补与调节，外汇政策与支付制度的管理与协调等，都属国际货币基金的职能范围，其主要着眼点在于维持国际经济的稳定，向成员国提供国际货币合作与协商的场所。

国际货币基金组织的作用表现在以下几个方面：

（1）通过发行特别提款权来调节国际储备资产的供应和分配。特别提款权与普通提款权不同，它由基金组织直接发行和分配，会员国无需另行认缴份额，动用特别提款权无需在规定的期限内购回本国货币，也不需要得到基金组织批准。因此，它成为会员国的储备资产。会员国分到的特别提款权记入基金组织特别提款权账户，持有额低于分配额的部分要支付利息。最初规定的年利率为 1.5%，使它具有很大吸引力。自 1974 年 7 月起，其年利率按美、英、德、法、日 5 国金融市场短期综合利率的 80%计收。自 1981 年 5 月起，其年利率与后者保持一致，这使它的吸引力大为减弱。

（2）通过汇率监督促进汇率稳定。基金组织成立时曾规定平价体系，要求会员国将其汇率维持在平价上下 1%的幅度之内，平价的调整要得到基金组织的批准。在浮动汇率制下，它根据国际货币基金协定第 4 条的原则来指导会员国的汇率政策。具体内容包括：会员国不得为取得不公平的竞争优势而操纵汇率；会员国政府应在汇率出现破坏性短期波动时干预外汇市场；会员国在采取干预政策时应考虑其他国家的利益等。基金组织要求会员国将其汇率安排的变化迅速通知基金组织，并通过双边或多边的协商来行使其监督职能。

（3）协调各国的国际收支调节活动。基金组织定期对各会员国的经济政策进行分析，考察它们的国际收支、增长、就业和财政状况。在此基础上，通过多边协商力图实现对国际收支的对称性调节。但是，由于各国不愿放弃实施经济政策的自主权，基金组织在这方面的作用很小。

（4）限制外汇管制，以促进自由多边贸易结算。基金组织特别强调会员国取消对经常项目结算中的货币兑换限制，要求它们实行单一汇率制。但是，它并不过问会员国在资本账户上对货币兑换的限制。

（5）促进国际货币制度改革。国际货币基金在实现国际货币制度改革上采取过两次重大行动。一是在 1969 年通过设立特别提款权的决议；二是 1976 年达成牙买加协议，实行浮动汇率制并使黄金非货币化。1974 年，它设立了临时委员会，专门研究国际货币制度改革问题。

二、国际货币基金组织的组织结构

国际货币基金组织由理事会、执行董事会、总裁和业务机构组成。此外，根据业务需要，理事会和执行董事会可任命若干特定的常设委员会，理事会还可以组建临时委员会。

（一）理事会

理事会是国际货币基金组织的最高决策机构，由每一个会员国委派理事和副理事各一人组成，任期五年，可以连任。理事通常由各国的财政部长或中央银行行长担任。副理事只有在理事缺席时才有投票权。理事会对有关国际金融重大事务的方针、政策作出决策，按照国际货币基金组织协定规定，理事会的主要职责是：批准接纳新会员国；决定国际货币基金组织的份额规模和特别提款权的分配；决定会员国退出国际货币基金组织及讨论决定有关国际货币体系的重大问题。除此之外的其他职责由理事会授权执行董事会实施。理事会通常每年举行 1 次会议（即年会）。当出席会议的理事投票权合计数占总投票权的 2/3 以上时，即达到法定人数。

（二）执行董事会

执行董事会是国际货币基金组织负责处理日常业务工作的常设机构，由 24 名执行董事组成，其中 6 名由占基金份额最多的 6 个会员国（美国、英国、德国、法国、日本和沙特阿拉伯）指派，其余 16 名由其他会员国按地区划分为 16 个选区，从中通过选举产生。中国和俄罗斯作为一单独选区指派执行董事，任期为 2 年。每 1 名执行董事可指派 1 名副执行董事，在执行董事缺席时，代行表决权。执行董事会根据业务的需要经常召开会议，当出席会议的执行董事投票合计数不少于总投票数的 1/2 时，即达到法定人数。

（三）临时委员会

临时委员会成立于 1974 年 10 月，是国际货币基金组织一个重要的决策机构，由 24 名执行董事相对应的会员国指派国际货币基金组织的理事或同等级别的人员组成。该委员会的主要职能是就一些重大问题向理事会作出报告或建议，如国际货币基金组织协定的修改内容、国际货币体系的管理方法和调整措施等。大多数情况下，它所作出的决定就等于理事会决定。

（四）发展委员会

发展委员会是“国际货币基金组织与世界银行关于实际资源向发展中国家转移的部长级委员会”的简称，由国际货币基金组织理事、世界银行理事、部长级人士及职务与此相当人士组成。发展委员会一般与临时委员会同时、同地举行会议。

（五）总裁

国际货币基金组织的总裁是最高行政领导人，兼任执行董事会主席，主管国际货币基金的日常业务工作。总裁由执行董事会批准，任期 5 年，并兼任执行董事会主席，但平时没有投票权，只有在执行董事会进行表决双方票数相等时，才可投决定性的一票。总裁下设副总裁协助工作。国际货基金组织成立以来，历届国际货币基金组织的总裁都从欧洲国家代表中推选。

（六）业务机构

国际货币基金组织设有 16 个部门，负责经营日常业务活动。此外，国际货基金组织还有 2 个永久性的海外机构，即欧洲办事处（设在巴黎）和日内瓦办事处，并在纽约联合国总部派遣 1 名特别代表。

三、国际货币基金组织的资金来源

国际货币基金组织为贯彻其宗旨，维护组织内部的正常运营，必须有充足的资金。其资金来源主要包括会员国缴纳的份额、借款与信托资金三个部分，其中会员国缴纳的基金份额是国际货币基金组织的主要资金来源。

1. 会员国缴纳的基金份额

会员国缴纳的基金份额是基金组织最主要的资金来源，基金份额在性质上相当于股份公司的入股金，会员国一旦缴纳即成为国际货币基金组织的财产。每个会员国所缴纳份额的大小，取于会员国的国民收入、黄金外汇储备、平均进口额、出口变化率、出口额占国民收入的比例等变量。份额的计算单位原为美元，1969 年以后改为以特别提款权计算单位。会员国应缴份额的大小，根据一国黄金外汇储备、对外贸易量及国民收入的大小，由国际货币基金与会员国磋商后确定。国际货币基金组织最初规定：成员国基金份额的25%以黄金缴纳，75%以本国货币缴纳。份额中的外汇存放于有关国家的中央银行，份额中的本币则存放于本国中央银行的基金组织账户。1976 年牙买加会议以后，黄金的地位发生了变化，因此，国际货币基金组织于 1978 年 4 月 1 日正式通过修改协定，取消了以黄金缴纳 25%份额的规定，改为以特别提款权或可自由兑换货币缴纳。

国际货币基金组织的理事会对基金份额每隔 5 年（不超过 5 年）进行一次总查，并在认为合适的情况下，对会员国的份额进行调整。理事会调整份额的目的是为了使份额能比较真实地反映会员国占世界经济中的相对地位。1946 年成立之初为 76 亿美元，随后经过 10 次调整和扩大，到 1998 年已达 2120 亿特别提款权。

2．借款

国际货币基金组织的另一个资金来源就是借款。在国际货币基金与会员国协议下，向会员国借入资金，作为对会员国提供资金融通的来源。例如，1962 年 10 月国际货币基金组织根据“借款总安排”从“十国集团”借到 60 亿美元，用于维持美元汇率的稳定。1974 年、1975 年国际货币基金组织为解决石油消费会员国的国际收支困难，向石油输出国和发达国家借入 69 亿特别提款权。国际货币基金组织曾多次向官方机构和商业银行借款。如 1962 年基金组织同 10 国集团签订借款总安排，1993 年底该项借款达 170 亿特别提款权。为了保证份额是基金组织最基本的资金来源，执行董事会规定了总的借款额度，即未偿还额和未动用的借款额一般不得超出份额的 60%，若该比例超过 50%，执行董事会要加以控制。

3．信托基金

国际货币基金组织于 1976 年决定，按在市场出售黄金所得之利润作为信托基金，向最贫穷的会员国提供信贷，这是一项新的特殊的基金来源。信托基金是一项临时性的资金来源，根据 1975 年临时委员会协议，1976 年 1 月国际货币基金组织将持有黄金的 1/6（约为 2 500 万盎司），按市价（每盎司 42.22 美元）分 4 年出售，用出售黄金所得利润建立信托基金，其总额有 30 亿特别提款权。

国际货币基金组织的活动由会员国投票决定。会员国的投票权，主要取决于它们向基金组织缴纳的份额。每个会员国都有基本票数 250 票。每增加 10 万美元，则给会员国增加一票。份额越大，增加的票数越多。根据份额计算出的会员国票数，到投票日时还要根据会员国借贷的货币额做相应调整，国际货币基金组织贷出的会员国货币，每达 40 万美元，则给会员国增加一票。会员国从国际货币基金的借款，每借 40 万美元，则给会员国减少一票。

一般来说，理事会和执行董事会作出的大多数决定由简单多数票通过即可。在重大问题上，如修改国际货币基金组织协定条款和调整基金份额，则需获得占总投票权 85%的多数才能通过。美国是在国际货币基金组织成员国中缴纳份额最大的国家，为 17%左右，所以，美国对国际货币基金组织的政策和方针拥有否决权。

四、国际货币基金组织的主要职能和业务活动

创建国际货币基金组织的目的是将其作为一个核心机构来维持布雷顿森林体系的运行，其业务活动主要是汇率监督及政策协调、储备资产创造与管理及对国际收支赤字国家提供短期资金融通，并为会员国提供各种培训咨询服务。目前国际货币基金组织的业务活动，仍然围绕这些方面展开。

1．汇率监督及政策协调

为了使国际货币体系能够顺利运行，国际货币基金组织要检查各会员国以保证它们与国际货币基金组织和其他会员国进行合作，维持有秩序的汇率安排和建立稳定的汇率制度。在布雷顿森林体系下，会员国要改变汇率平价时，必须与国际货币基金组织进行磋商并得到它的批准。在目前的牙买加体系下，会员国调整汇率不需征求国际货币基金组织的同意，但是国际货币基金组织仍然要对会员国的汇率政策进行全面评估，这种评估要考虑其国内和对外政策对国际收支调整，以及实现持续经济增长、财政稳定和维持就业水平的作用。为了保持有秩序的汇率安排，国际货币基金组织一方面要求会员国在出现国际收支根本性失衡的情况下，与之协商是否改变会员国的货币平价，另一方面对会员国的宏观经济政策进行检查和协调。

2．储备资产创造

国际货币基金组织在1969年的年会上正式通过了“十国集团”提出的特别提款权方案，决定创设特别提款权以补充国际储备的不足。特别提款权于1970年1月开始正式发行。会员国可以自愿参加特别提款权的分配，也可以不参加，目前除了个别国家以外，其余会员国都是特别提款权账户的参加国。特别提款权由国际货币基金组织按缴纳的份额无偿分配给各参加国后即成为会员国的储备资产，当会员国发生国际收支赤字时，可以动用特别提款权将其划给另一个会员国，偿付收支逆差，或用于偿还国际货币基金组织的贷款。

3．国际货币基金组织的贷款业务

根据国际货币基金组织协定，当会员国发生国际收支暂时性不平衡时，国际货币基金组织向会员国提供短期信贷。国际货币基金组织的贷款提供给各会员国的财政部和中央银行。贷款采取由会员国用本国货币向国际货币基金组织申请换购外汇，一般称为购买，即用本国货币购买外汇，会员国还款的方式是以外汇或特别提款权购回本国货币。

国际货币基金组织主要设有以下几种贷款：

（1）普通贷款。这是国际货币基金组织最基本的贷款，也称为基本信用贷款，是国际货币基金组织利用各会员国认缴的份额基金，对会员国提供的短期信贷，用于解决会员国一般性的国际收支困难，期限为三～五年，利率随期限递增。会员国借取普通贷款的累计数不得超过其份额的125%。普通贷款划分为储备部分贷款和信用部分贷款。基金份额25%以内的贷款部分，称为储备部分贷款，由于有会员国交纳的基金或外汇作保证，这部分贷款可以自由动用，不需经特殊批准，也不支付借款利息。相当于基金份额25%～125%部分的贷款，称为信用部分贷款。这部分贷款按基金份额的25%被分为四个部分，分别称为第一档、第二档、第三档和第四档信用部分贷款，其中后三档又称为高档信用部分贷款。基金组织对各部分贷款的审批条件随着档次的提高越来越严。

（2）补偿与应急贷款。补偿与应急贷款的前身是出口波动补偿贷款。当一国出口收入下降或谷物进口支出增加而发生临时性国际收支困难时，可向国际货币基金组织申请普通贷款以外的这项贷款。1989 年 1 月国际货币基金组织以“补偿与应急贷款”取代出口波动补偿贷款。贷款最高额度为份额的 122%，其中应急贷款和补充贷款各为 40%，谷物进口成本补偿贷款为 17%，其余 25%由会员国任意选择。

（3）缓冲库存贷款。缓冲库存贷款的目的是帮助初级产品出口国建立缓冲库存以便稳定出口商品的国际市场价格。会员国可以申请这项贷款达其份额的 45%，贷款期限为 3～5 年。

（4）中期贷款（又称扩展贷款）。中期贷款专门为了解决会员国较长期的结构性国际收支赤字问题，而且其资金需要量比普通贷款所能借取的贷款额度要大。此项贷款的最高借款额可达借款国份额的 140%，期限为 4～10 年，备用安排期限为 3 年。此项贷款与普通贷款两项总额不得超过借款国份额的 165%。

（5）补充贷款。补充贷款设立于 1977 年 4 月，总计是 100 亿美元，其中石油输出国提供 48 亿美元，有顺差的 7 个工业化国家提供 52 亿美元，主要用于补充普通贷款之不足，帮助会员国解决持续的巨额国际收支逆差问题。当会员国遇到严重的国际收支不平衡，需要比普通贷款所能提供的更大数额和更长期限的资金时，可以申请“补充贷款”。

（6）信托基金。这项基金用于援助发展中国家。国际货币基金组织将其持有黄金的 1/6（2 500 盎司）在 1976 年 7 月至 1980 年 6 月的 4 年内按市价拍卖，以所获利润（市价超过 35 美元官价的部分）建立一笔“信托基金”，按优惠条件向低收入的发展中国家提供贷款。

（7）结构调整贷款。资金来自信托基金贷款偿还的本息，贷款利率为 1.5%，期限为 5～10 年。1987 年年底又设立了“加强的结构调整贷款”，贷款最高额度为份额的 250%。

（8）临时性信用贷款。国际货币基金组织除设立固定的贷款项目以外，还可以根据需要设置特别临时性的贷款项目，其资金来源由国际货币基金组织临时借入。例如，1974～1976 年间设置的石油贷款，用于解决石油价格上涨引起的国际收支失衡。石油贷款的资金来源由国际货币基金组织向盈余国家（主要是石油输出国）借入，再转贷给赤字国家。贷款的最高额度，1974 年规定为份额的 75%，1975 年提高到 125%。贷款期限规定为 3～7 年。石油贷款于 1976 年 5 月届满。

（9）制度转型贷款。制度转型贷款是指基金组织用于帮助解决由计划价格向市场价格转变引起的收支困难，由双边贸易向多边贸易转化引起的收支困难，由游离于国际货币体系之外到融入国际货币体系之内的过程引起的收支困难。该贷款的最高限额为份额的 50%，期限为 4～10 年。这项贷款已于 1995 年 12 月底停止运作。

国际货币基金组织的贷款条件包括：

（1）贷款对象。一般只限于会员国政府财政、金融部门，而不与任何私营企业和其他经济组织开展业务往来。

（2）贷款用途。一般限于弥补会员国国际收支逆差或用于经常项目的国际支付。

（3）贷款期限。一般为短期信贷，期限为 1～5 年不等。

（4）贷款利率。资金来源于借款时采用浮动利率再加一差额外，其他所有贷款收年利率 6.25%的固定使用费，即利息。此外，每笔收 0.5%的手续费。

（5）贷款规模。一般与会员国在国际货币基金组织缴纳的份额成正比例。

（6）贷款形式。一般以会员国本国货币“购买”外汇的形式出现。尽管这是一种借款，但在国际货币基金组织的业务术语中不称会员向基金组织“借款”而称“购买”或称“提存”。会员国还款时，则要以黄金或外汇买回本国货币，业务术语则称“购回”。

第三节　世界银行集团

一、世界银行

（一）世界银行的建立及宗旨

世界银行及其附属机构，即国际开发协会、国际金融公司和多边投资担保机构称为世界银行集团，也是重要的全球性国际金融组织。世界银行成立之初又称“国际复兴开发银行”，于 1944 年与国际货币基金组织同时成立，也属于联合国的一个专门机构，1946 年 6 月开始营业，总行设在美国首都华盛顿。根据协定，凡参加世界银行的国家必须是国际货币基金组织的会员国，但国际货币基金组织的会员国不一定都参加世界银行。世界银行的会员国有权随时退出世界银行，银行接到书面通知，退出即生效。会员国因各种原因失去国际货币基金组织的会员资格三个月后，即自动丧失作为世界银行会员国的资格。世界银行建立之初，有 39 个会员国，目前，已增至 180 多个会员国。凡会员国均须认购世界银行的股份，认购额由申请国与世界银行协商，并经理事会批准。一般情况下，一国认购股份的多少是根据其经济和财政实力，并参照该国在基金组织缴纳份额的大小而定。世界银行会员国的投票权与认缴股本的数额成正比例。

我国是世界银行创始会员国之一，后因历史原因而丧失会员资格。世界银行于 1980 年 5 月 5 日正式恢复了我国的代表权。1987 年年底，我国政府与世界银行达成协议，共同开展对我国企业改革、财税、住宅、社会保险和农业方面的项目研究。

根据《国际复兴开发银行（世界银行）协定》第 1 条规定，世界银行的宗旨是：

（1）对用于生产目的的投资提供便利，以协助会员国的复兴与开发，以及鼓励较不发达国家生产与资源的开发。

（2）以保证或参加私人贷款和私人投资的方法，促进私人的对外投资。

（3）用鼓励国际投资以开发会员国生产资源的方法，促进国际贸易的长期平衡发展，并维持国际收支平衡。

（4）与其他方面的国际贷款配合，提供贷款保证。

协定规定的宗旨和任务，概括起来就是担保或为会员国提供长期贷款，以促进会员国资源的开发和国民经济的发展，促进世界经济长期均衡增长及国际收支的持续平衡。

（二）世界银行的资金来源

世界银行的资金来源于会员国缴纳的银行股份、借款、债权转让、利润收入四个方面，其中借款是世界银行的主要来源。

1．银行股份

世界银行同国际货币基金组织一样，也是采用由会员国入股的方式组成全球性金融机构。凡世界银行的会员国都要认缴一定数额的银行股份，每个会员国认缴额的多少取决于该国的经济和财政力量及该国在国际货币基金组织中所缴纳的份额。世界银行成立之初，法定资本为 100 亿美元，分为 10 万股，每股 10 万美元（1978 年 4 月 1 日以后，每股改按 10 万特别提款权计算）。会员国所认缴的银行股份分两部分缴纳：会员国在加入世界银行时必须缴纳其认缴额的 20%，其中 2%以黄金或美元支付，18%以本国货币支付，这部分认缴额为实缴资本；其余的 80%为待缴资本，由会员国保存，当世界银行遇到资金困难或其他危机时，可要求会员国以黄金、美元或银行所需要的货币支付。世界银行自成立以来，为了满足新、老会员国增加认缴股份的需要，理事会对银行的法定资本进行了数次增资。但是，增资的结果却使得实缴资本在会员国认缴额中所占的比例逐步下降。

2．借款

借款是世界银行的主要资金来源。世界银行主要采用以下两种方式在各国和国际金融市场发行债券筹措资金：①直接向会员国政府、政府机构或中央银行发行中短期债券；②通过投资银行、商业银行等中间包销商向私人投资市场发行债券，通过这种方式筹集的资金期限较长。在这两种方式中，采用后一种方式发行债券的比重不断提高，近年来已超过总额的 2/3，有时甚至接近 3/4。世界银行提供贷款的资金有 70%左右来自债券发行，而且随着银行贷款业务的迅速发展，通过发行债券筹措的资金也不断增加。

3．债权转让

世界银行为了扩大贷款能力，还把贷出资本的债权转让给私人投资者，主要是商业银行，以收回一部分资金，扩大银行贷款资金的周转能力。近年来，这一资金来源在世界银行的资金周转中显得日益重要。

4．利润收入

1984 年以来，由于世界银行资信卓著，经营状况良好，每年都有不少利润收入，它除将一部分利润以赠款形式拨给开发协会以外，其余均充作本身的储备金，成为发放贷款的资金来源。

（三）世界银行的组织机构

世界银行设有理事会、执行董事会和以行长、副行长组成的办事机构。理事会是世界银行的最高权力和决策机构，由每个会员国指派的理事和副理事各 1 名组成。理事一般由会员国的财政部长或中央银行行长担任。理事和副理事任期 5 年，可以连任。副理事只有在理事缺席时才有投票权。理事会每年举行 1 次会议，一般与国际货币基金组织的理事会联合举行。理事会年会必须有代表投票权总数 2/3 以上的理事出席，才具有合法性。

理事会的主要职责是：批准接纳新会员国，增加或减少银行资本，停止会员国资格，裁决执行董事会在解释银行协定方面发生的争执及决定银行净收益的分配等。

执行董事会是负责组织世界银行日常业务的机构，行使由理事会赋予的职权。执行董事会由 22 人组成，其中 5 人由持有银行股份最多的 5 国（美国、英国、法国、德国、日本）指派，其余 17 人由其他会员国按地区组成 17 个选区推选产生。我国和沙特阿拉伯均作为单独选区选派执行董事。执行董事每两年指派或选举一次。每个执行董事可以指派 1 名副执行董事，在执行董事缺席时，代其行使职权。执行董事会主席由世界银行行长担任。行长无投票权，只有在执行董事会表决中出现双方票数相等的情况时，可以投起决定作用的一票。执行董事会除召开常务会议和正式会议外，还根据业务需要随时召开临时会议。会议必须有占总投票权 1/2 以上的执行董事出席，才构成法定人数。

行长是世界银行的最高行政长官，由执行董事会选举产生，负责领导银行的日常工作，以及任免银行的高级职员和工作人员。行长下设副行长若干人，协助行长工作。世界银行自成立以来，行长一直由美国人担任，负责日常工作，以及任免银行的高级职员和工作人员。行长下设副行长若干人，协助行长工作。2008年2月，我国著名经济学家林毅夫就任世行首席经济学家兼负责发展经济学的高级副行长，这是世界银行自成立以来首次从发展中国家选拔杰出人士担任世界银行的高层领导。

（四）世界银行的贷款业务

1．贷款条件

（1）限于会员国政府。如贷款对象为非会员政府时，则该项贷款须由会员国政府中央银行或世界银行认可的机构进行担保，以保证本金的偿还和利息及其他费用的支付。

（2）申请贷款的国家确实不能以合理的条件从其他方面取得贷款时，世界银行才考虑发放贷款、参加贷款或提供保证。

（3）申请的贷款必须用于有助于该国生产发展与经济增长的工程项目。发放贷款的重点项目为基础工程项目，如交通和公用事业，农村建设与发展，教育事业项目等。只有在特殊情况下，才发放非项目贷款。

（4）贷款必须专款专用，并接受世界银行的监督。世界银行的监督不仅体现在使用款项方面，而且还体现在工程的进度、物资保管和工程管理等方面。

（5）贷款期限。一般为数年，最长可达30年。

（6）利率与费用。从1976年7月起，贷款利率实行浮动利率，随金融市场利率的变化定期调整。与国际资金市场收取承担费相似，世界银行对已订立借款契约而未提取部分，按年征收 0.75%手续费。世界银行的贷款由于条件严格、利率相对较高，又被称为硬贷款。国际开发协会所发放的优惠贷款则被称为软贷款。

（7）贷款使用的货币。贷款使用不同的货币对外发放。对承担贷款项目的承包商或供应商，一般用该承包商、供应商所属国的货币支付。如果由本地承包供应本地物资，则用该国货币支付；如果本地供应商购买的是进口物资，则用出口国的货币支付。

2．贷款的种类

世界银行的贷款分为项目贷款、非项目贷款、部门贷款、联合贷款和第三窗口贷款等几种类型，其中项目贷款是世界银行贷款业务的主要组成部分。

（1）项目贷款，又称为特定投资贷款，用于资助会员国某个具体的发展项目。世界银行对农业和农村发展、教育、能源、工业、交通、城市发展等方面的大部分贷款都属于此类贷款。为了确保贷款资金能按时收回，世界银行对项目的可行性研究历来十分重视。经过几十年的实践，世界银行在项目选择、建设和管理方面积累了丰富的经验，逐步形成了一套严格的管理制度、管理程序和管理方法。

（2）非项目贷款，是指没有具体项目作保证的贷款。世界银行只有在特殊情况下，才发放此类贷款。非项目贷款只能用于以下几个方面：①解决会员国克服自然灾害、实行发展计划的资金需要；②为会员国提供进口国内短缺的原料和先进设备所需的外汇；③对出口结构单一的会员国为弥补出口收入的突然下降提供贷款；④调整会员国因进口商品价格急剧上升而产生的国际收支严重逆差。

结构调整贷款设立于1980年，属于非项目贷款。此项贷款用于帮助借款国在宏观经济、部门经济和结构体制等方面进行必要的调整和改革，使其能够有效地利用资金和资源，在较长时期内维持国际收支的平衡。世界银行发放结构调整贷款之前，要与借款国政府进行全面深入的“政策对话”，找出面临的重要问题，并制定一个结构调整规划。这个规划应包括调整进出口政策、修改国家投资计划、改革机构体制等一系列内容。结构调整贷款的拨付速度比项目贷款要快得多，拨付的方式也比较灵活。每笔贷款的执行期为1年，分两期拨付。但是，贷款的使用要受世界银行的监督。

（3）部门贷款，是由部门投资及维护贷款、部门调整贷款和中间金融机构贷款组成。部门投资及维护贷款用于改善部门政策和投资重点，提高借款国制订和执行投资计划的能力，贷款的执行期为3～7年；部门调控贷款用于支持某一具体部门的全面政策和体制的改革，它所涉及的范围比结构贷款要小，贷款的执行期为2～4年；中间金融机构贷款是指世界银行将资金贷放给借款国的中间金融机构，如开发金融公司和农业信贷机构，再由中间金融机构转贷给该国的分项目，转贷利率和期限由中间金融机构自行决定，贷款的执行期为3～7年。

（4）联合贷款，是指世界银行与借款国以外的其他贷款机构联合起来，对世界银行的项目共同筹资和提供贷款。联合贷款的方式有两种：①世界银行与其他贷款机构分别承担同一项目的一部分；②由世界银行作为介绍人，动员有关贷款机构对项目或与项目有关的建设计划提供资金。

联合贷款的资金除世界银行提供的贷款资金外，主要有以下三个来源：①官方的援助，包括各国政府、政府所属外援机构和各种多边的金融机构，如地区的发展银行、联合国的专门机构、各种阿拉伯基金等。②出口信贷机构，包括各种进出口银行和一般商业银行提供的出口信贷。③私人金融机构，主要是指私人商业银行，也包括保险公司、抚恤金和其他私人来源的资金。

（5）第三窗口贷款，设立于1975年12月，其贷款条件介于世界银行发放的一般贷款和世界银行附属机构国际开发协会发放的优惠贷款之间。贷款的利率为4.5%，低于世界银行的一般贷款利率8.5%，利差由工业发达国家和石油生产国自愿捐赠形成的“利息贴补基金”解决。贷款的期限为25年。这种贷款主要用于援助低收入国家。

二、国际开发协会

国际开发协会又称第二世界银行，是世界银行的一个附属机构，由世界银行会员国认股组成。国际开发协会成立于1960年9月，总部设在美国首都华盛顿，凡是世界银行会员国均可参加该机构。国际开发协会是专门对发展中国家提供赠款和长期优惠贷款的国际金融机构。我国在恢复世界银行合法席位的同时，也自然成为国际开发协会的会员国。按照各会员国的经济状况，国际开发协会将它们分为两类：①为工业发达国家或收入较高的国家；②为发展中国家。国际开发协会会员国的投票权也采用按股份额计算的原则。

（一）国际开发协会的宗旨与组织机构

1. 国际开发协会的宗旨

国际开发协会的宗旨是：通过向不发达国家提供条件优惠、期限较长、并可部分地用当地货币偿还的贷款，帮助这些国家加速经济发展，达到提高劳动生产率和改善人民生活的目的。因此，国际开发协会的贷款对象是低收入发展中国家。对于低收入国家，国际开发协会有专门的认定标准。

2. 组织机构

国际开发协会的机构设置与世界银行相同。理事会是协会的最高权力机构，下设执行董事会负责组织日常业务经营活动，由经理、若干副经理和工作人员组成的办事机构则负责处理日常业务工作。但是，国际开发协会的正副理事、正副执行董事就是世界银行的正副理事和正副执行董事，经理、副经理由世界银行行长和副行长兼任，办事机构的各部门负责人也都由世界银行相应部门的负责人兼任。因此，国际开发协会和世界银行在组织机构上是“两块牌子，一套人马”。但是，这两个金融机构在法律上和财务上是相互独立的。

（二）国际开发协会的资金来源

国际开发协会的资金来源于会员国认缴的股份、会员国和其他赞助国提供的补充资金和特别基金捐款、世界银行从其业务净收益中拨款。

1. 股份

按照国际开发协会章程规定：第一类会员国认缴的股份必须以黄金或自由外汇支付；第二类会员国认缴股份的 10%必须以自由外汇支付，其余的 90%以本国货币支付。国际开发协会成立初期，法定资金为 10 亿美元。以后随着会员国的增加，资本总额也有所增加。但是，会员国认缴的股本数额极为有限，不能满足业务的需要。

2. 会员国和其他赞助国提供的补充资金和特别基金捐款

国际开发协会规定，该协会不得依靠在国际金融市场发行债券来筹措资金。所以，国际开发协会只能要求各会员国政府（主要是第一类会员国）定期提供补充资金。

3. 世界银行从其业务净收益中的拨款

从 1964 年开始，世界银行每年从其业务净收益中拨出一部分款项作为国际开发协会的贷款资金。

三、国际金融公司

国际金融公司是世界银行于 1956 年 7 月设立的专门对会员国私人企业提供贷款的国际金融机构。世界银行协定规定，世界银行的贷款对象为会员国政府，如对私人企业贷款必须由政府机构担保，而且世界银行只能经营贷款业务，无权参与股份投资或为会员国的私人企业提供其他种类有风险的投资。这些规定不仅在一定程度上限制了世界银行业务活动的扩展，而且不利于发展中国家民族经济的发展。因此，为了扩大对会员国私人企业的国际贷款，美国国际开发咨询局于 1951 年提出在世界银行下设立国际金融公司的建议，并于 1956 年 7 月成立，它是国际复兴与开发银行的一个附属机构。目前，已有 170 多个会员国。

我国在恢复世界银行合法席位的同时，也成为国际金融公司的会员国。20 世纪 90 年代以来，我国与国际金融公司的业务联系不断密切，其资金已成为我国引进外资的一条重要渠道。

（一）国际金融公司的宗旨与组织机构

1. 国际金融公司的宗旨

国际金融公司的宗旨是：为发展中国家的私人企业提供没有政府机构担保的各种贷款，

以促进会员国的经济发展；促进外国私人资本在发展中国家的投资；促进发展中国家资本市场的发展。

2．**组织机构**

国际金融公司的机构设置和管理方法也同世界银行一样。国际金融公司的正副理事和正副执行董事由世界银行的正副理事和正副执行董事兼任，正副经理由世界银行正副行长兼任。因此，国际金融公司实际上也是世界银行的一个附属机构。但是，国际金融公司有自己的业务和法律人员。

国际金融公司会员国的投票权也采用按认缴股份额计算的原则。每个会员国都有 250 票基本票，每认缴 1 000 美元增加 1 票。美国是认缴股份最多的会员国，拥有的投票权也最多。

（二）国际金融公司的资金来源

国际金融公司的资金主要来源于会员国认缴的股份、借款和业务净收益三个方面：

1．**股份**

国际金融公司成立时，法定资本为 1 亿美元，分为 10 万股，每股 1 000 美元。各成员国认缴的股份必须以黄金或美元支付。

2．**借款**

借款是指国际金融公司从世界银行和其他金融市场借来的资金。目前，借款已成为国际金融公司最大的资金来源。

3．**业务净收益**

国际金融公司历年来的业务净收益除对某些非洲项目捐助外，其余都作为自有资金。

国际金融公司的主要业务是提供贷款和对中小企业的直接投资。国际金融公司的贷款对象主要是亚、非、拉地区的不发达国家。贷款的资助部门主要为制造业、加工业和开采业，如钢铁、建筑材料、纺织、采矿、肥料、化工、能源、木材、造纸、旅游和非金融服务业。

国际金融公司的贷款不需要政府机构担保，可以直接贷给会员国的私人企业，贷款的期限较长，一般为 7～15 年，如确属需要，贷款的期限还可以更长一些。贷款的利率根据资金投放风险和预期收益等因素决定，利率一般高于世界银行的贷款利率。每笔贷款的数额一般在 200～400 万美元之间。国际金融公司从承诺贷款和入股之日开始，每年对未拨付部分收取 1%的承诺费。

国际金融公司办理贷款业务时，通常采用与私人投资者、商业银行和其他金融机构联合投资的方式。这种联合投资活动，既扩大了国际金融公司的业务范围，又促进了发达国家对发展中国家私人企业的投资。

四、多边投资担保机构

多边投资担保机构是 1988 年新成立的世界银行附属机构。目前多边投资担保机构共有 150 多个会员国。

多边投资担保机构的宗旨是：减少非商业性投资障碍，鼓励对发展中国家会员国进行股本投资和其他直接投资；为发展中国家的外国私人投资提供政治风险和非商业风险的保险，并帮助发展中国家制定吸引外国资本直接投资的战略。

为实现这一宗旨，多边投资担保机构主要开展两方面业务：①为外国投资者担保由于非商业风险所造成的损失；②为发展中国家会员国提供咨询服务，协助其建立、改善投资环境和投资信息基础，以鼓励和引导更多的外资流入。

多边投资担保机构还对以下四类非商业风险提供担保：

（1）由于投资所在国政府对货币兑换和转移的限制而造成的转移风险；

（2）由于投资所在国政府的法律或行政行为而造成投资者丧失其投资的所有权、控制权的风险；

（3）在投资者无法进入主管法庭，或这类法庭不合理地拖延或无法实施已做出的对他有利的判决时，政府撤销与投资者签订的合同而造成的风险；

（4）武装冲突和国内动乱造成的风险。

多边投资担保机构对发展中国家会员国提供咨询的主要业务有：为设计和执行与外国投资有关的政策、规划和程序提出建议，就投资问题在国际商业界与有关国家政府之间发起对话。

此外，多边投资担保机构还与发展中国家会员国的保险机构合作开发，不仅提供更多的担保，而且还为可能无条件享受本国保险的投资者提供担保。

第四节　国际清算银行

国际清算银行是根据 1930 年 1 月 20 日在荷兰海牙签订的海牙国际协定，于同年 5 月，由英国、法国、意大利、德国、比利时和日本六国的中央银行，以及代表美国银行界利益的摩根银行、纽约花旗银行和芝加哥花旗银行三大银行组成的银团共同出资组成，总行设在瑞士的巴塞尔。目前有 50 多个国家的中央银行参加，我国于 1996 年加入该行。

国际清算银行成立之初的宗旨是，处理第一次世界大战后德国赔款的支付和解决对德国的国际清算问题。1944 年，根据布雷顿森林会议决议，该行应当关闭，但美国仍将它保留下来，作为国际货币基金组织和世界银行的附属机构。现在，它的宗旨则是：促进各国中央银行间的合作，为国际金融业务提供便利，作为有关各方协议下国际清算业务的代理人或受托人。

一、国际清算银行的资金来源

国际清算银行的资金来源主要包括三个方面：

1. 会员国缴纳的股份

国际清算银行 80%的股份由各国中央银行持有，其余 20%为私人持有，这与上述国际金融机构的股份结构完全不同。

2. 借款

国际清算银行向各会员国中央银行借款，以补充资金的不足。

3．**吸收存款**

国际清算银行接受各国中央银行的黄金存款和商业银行的存款。

二、国际清算银行的组织机构

国际清算银行有三个决策机构：股东大会、董事会、管理委员会。目前，董事会有 20 位董事，主席由瑞士中央银行行长担任。六位董事是：比利时、法国、德国、意大利和英国的中央银行行长和美联储理事会主席。上述董事再各任命一位本国的董事。国际清算银行章程还规定从其他会员中央银行中选出不超过 9 位董事。目前加拿大、中国、日本、墨西哥、荷兰、瑞典、瑞士和欧洲的中央银行行长是选举产生的董事。

该行最高权力机构是股东大会，每年举行一次会议，批准年度报告和账目等重要事项，实际权力则操纵于董事会，由后者负责银行的业务与行政工作。董事主要由各会员中央银行行长担任。董事会每月举行一次会议，审查银行日常业务。董事会下设机构有：银行部，主管具体银行业务；货币经济部，负责调查研究工作；秘书处和法律处。

三、国际清算银行的主要业务和作用

国际清算银行的职能定位是“西方中央银行的银行”，主要办理多种国际清算业务。第二次世界大战后，它先后成为欧洲经济合作组织即经济合作与发展组织的前身、欧洲支付同盟、欧洲煤钢联营、黄金总库人、欧洲货币合作基金等国际机构的金融业务代理人。国际清算银行同各国中央银行往来的业务包括：接受各中央银行的存款（目前，全世界约有近百家中央银行将其大约 10%的外汇储备和 3 000 多吨黄金储备存于该行），并向各中央银行发放贷款；代各中央银行买卖黄金、外汇和发行债券，为各国政府间贷款充当执行人或受托人；同有关国家中央银行签订特别协议，代办国际清算业务。国际清算银行办理黄金存储业务，既不计息也不收存储费，但可按市场价 85%进行抵押，取得贷款。除这些业务活动外，国际清算银行还组织专家研究黄金市场、外汇市场、欧洲货币市场和欧洲货币体系。

国际清算银行提供了一系列专门设计的金融服务以帮助各中央银行或货币当局管理外汇储备。截至 2007 年 3 月 31 日，130 家中央银行或货币当局，以及许多国际机构使用了国际清算银行提供的金融服务。国际清算银行的货币存款总额接近 2 220 亿特别提款权，占全世界外汇储备的 6%。国际清算银行通过相互关联的两个交易室提供金融服务：一个交易室设在巴塞尔总部，另一个交易室设在香港特别行政区的亚太代表处。

国际清算银行不接收个人或公司的各种存款，也不向其提供金融服务。它不向各国政府贷款，也不得为其开设往来账户。

近年来，国际清算银行不断调整其金融产品范围以更加有效地满足中央银行日益发展的需要。除了提供类似即期通知账户和定期存款的标准化服务产品外，国际清算银行又推出了一系列金融产品供各国中央银行参与交易，以提高各中央银行对外资产收益率。它也作为受托人管理国际政府贷款和履行抵押代理人的作用。

国际清算银行还是各国中央银行进行合作的理想场所。很多国家的中央银行行长每年在巴塞尔国际清算银行年会上会面，讨论世界经济与金融形势，探讨如何协调宏观政策和维持国际金融市场的稳定。国际清算银行还尽力使其全部金融活动与国际货币基金组织的活动协调一致，并与其联手解决国际金融领域的一些棘手问题。例如，在缓解 20 世纪 80 年代初发展中国家国际债务危机的过程中，国际清算银行也提供了大量的贷款，起到了重要的作用。

四、国际清算银行与巴塞尔协议

巴塞尔协议是国际清算银行（BIS）的巴塞尔银行业条例和监督委员会的常设委员会——“巴塞尔委员会”于 1988 年 7 月在瑞士的巴塞尔通过的“关于统一国际银行的资本计算和资本标准的协议”的简称。该协议第一次建立了一套完整的国际通用的、以加权方式衡量表内与表外风险的资本充足率标准，有效地扼制了与债务危机有关的国际风险。

巴塞尔委员会彻底修改资本协议的工作是从 1998 年开始的。1999 年 6 月，巴塞尔委员会提出了以三大支柱——资本充足率、监管部门监督检查和市场纪律为主要特点的新资本监管框架草案第一稿，并广泛征求有关方面的意见。

新协议将对国际银行监管和许多银行的经营方式产生极为重要的影响。以三大要素（资本充足率、监管部门监督检查和市场纪律）为主要特点的新协议代表了资本监管的发展趋势和方向。实践证明，单靠资本充足率无法保证单个银行乃至整个银行体系的稳定性。自从 1988 年资本协议问世以来，一些国家的监管部门就已在不同程度上，同时使用这三项手段强化资本监管，以实现银行稳健经营的目标。将三大要素有机结合在一起，并以监管规定的形式固定下来，要求监管部门认真实施，这无疑是对成功监管经验的肯定，也是资本监管领域的一项重大突破。

新资本协议与 1988 年资本协议相比，内容更广、更复杂。从一开始巴塞尔委员会就希望新协议的适用范围不应局限于十国集团国家，尽管其侧重面仍是国家的“国际活跃银行”。巴塞尔委员会提出，新资本协议的各项基本原则普遍适用于全世界的所有银行，并预计非十国集团国家的许多银行都将使用标准法计算最低资本要求。此外，巴塞尔委员会还希望，经过一段时间，全世界所有的大银行都能遵守新协议。客观上看，新协议一旦问世，国际金融市场的参与者很可能会采用新协议来分析各国银行的资本状况，而有关国际组织也会把新协议视为新的银行监管的国际标准，协助巴塞尔委员会在全球范围内推广新协议，并检查其实施情况。十国集团国家的银行将在规定时间内实施新协议。为确保其在国际竞争中的地位，非十国集团国家也会力争在规定时间内全面实施新协议。同发达国家相比，发展中国家的市场发育程度和监管水平存在较大的差距，实施新协议的难度不可低估。因此，发展中国家需要认真研究新协议的影响。

第五节　区域性国际金融组织

一、亚洲开发银行

亚洲开发银行是 1965 年 3 月根据联合国亚洲及远东经济委员会（即联合国亚洲及太平洋地区经济社会委员会）第 21 届会议签署的“关于成立亚洲开发银行的协议”而创立的。1966 年 11 月，在日本东京正式成立，同年 12 月开始营业，总部设在菲律宾首都马尼拉。亚行是一个类似世界银行、但只面向亚太地区的区域性政府间金融开发机构。1986 年 2 月 17 日，亚洲开发银行理事会通过决议，接纳我国加入该行。同年 3 月 10 日，我国成为亚洲开发银行正式会员国，台湾当局以“中国台北”名义留在该行。

亚洲开发银行的宗旨是，向其会员国或地区会员（以下简称会员）提供贷款与技术援助，帮助协调会员在经济、贸易和发展方面的政策，同联合国及其专门机构进行合作，以促进亚太地区的经济发展。它的具体任务是：为亚太地区发展中会员的经济发展筹集与提供资金；促进公、私资本对本地区各会员的投资；帮助本地区各会员协调经济发展政策，以更好地利用自己的资源和在经济上取长补短，并促进其对外贸易的发展；为会员拟定和执行发展项目与规划提供技术援助；以亚洲开发银行认为适当的方式，同联合国及其所属机构向本地区发展基金投资的国际公益组织及其他国际机构、各国公营和私营实体进行合作，并向它们展示投资与援助的机会。

（一）亚洲开发银行的组织机构

亚洲开发银行是以会员国入股的方式组成的企业性金融机构，设有理事会、董事会等办事机构。

1．理事会

理事会是亚洲开发银行的最高权力机构，由各会员国任命的 1 名理事和 1 名副理事组成。理事和副理事的任期由各任命国决定。每个会员国有 778 票基本票，每认股 1 万美元，增加 1 票，表决生效的前提必须有不少于总投票权 3/4 的理事参加，并需 2/3 以上的理事投赞成票。目前我国投票权占总投票数的 6.108%。

2．董事会

董事会是亚洲开发银行日常业务的领导机构，行使由亚洲开发银行章程和理事会授予的权力。董事会成员由理事会按不同选区选举产生，任期 2 年，可以连任。董事会由 12 名董事组成，其中 8 名来自本地区，4 名来自非本地区。我国自 1986 年加入亚洲开发银行后，作为单独选区指派了董事和副董事。董事会的最高领导是董事会主席，由亚洲开发银行行长担任。董事会主席可以根据银行业务的需要召开董事会议，当出席会议的董事投票权合计数不少于总投票权的 2/3 时，即构成法定人数。

（二）亚洲开发银行的资金来源

亚洲开发银行的资金主要来源于普通资金、亚洲开发基金和技术援助特别基金等方面。除此之外，亚洲开发银行还从其他资金渠道为项目安排联合融资。1988 年，又建立了日本特别基金。

1．普通资金

普通资金是亚洲开发银行开展业务的主要资金来源，由以下几部分组成：

（1）股本。凡参加亚洲开发银行的会员国都应认缴银行的股本。

（2）借款。亚洲开发银行建立初期，主要依靠自己的银行资本对外发放贷款。此后随着贷款业务的发展，亚洲开发银行从 1969 年起，开始从国际金融市场借款。到 1982 年，亚洲开发银行的借款额已超过其自身所拥有的股本和储备金总额。

（3）普通储备金。根据亚洲开发银行章程规定，亚洲开发银行理事会每年从亚洲开发银行的业务净收益中划拨一部分款项作为普通储备金。

（4）特别储备金。亚洲开发银行对 1983 年 3 月 28 日以前发放的未偿还的普通资金贷款，除了收取利息和承诺费外，还收取一定数量的佣金作为特别储备金。但从 1985 年开始，亚洲开发银行已停止收取这种佣金。

（5）业务净收益。亚洲开发银行对其经营业务所获得的净收益不进行分红或再分配，都作为自有资金。

（6）预缴股本。亚洲开发银行会员国所认缴的银行股本采用分期缴纳的方法，在法定认缴日期之前缴纳的股本为预缴股本。

2．亚洲开发基金

亚洲开发基金建立于 1974 年 6 月 28 日，专向亚太地区贫困会员国发放优惠贷款。亚洲开发基金主要来源于亚洲开发银行发达会员国的捐赠。在这些国家中，日本是最大的认捐国，其次是美国。除此之外，亚洲开发基金还有两个来源：①亚洲开发银行理事会按照银行章程规定，从各会员国缴纳的未核销实缴股本中拨出 10%的款项留给该基金；②亚洲开发银行从其他渠道取得的一部分捐款。

3．技术援助特别基金

技术援助特别基金建立于 1967 年，主要用于提高发展中国家人力资源的素质和加强执行机构的建设。具体来说是资助发展中国家聘请咨询专家、培训人员、购置设备进行项目准备和项目执行、制定发展战略、加强机构建设和技术力量、从事部门研究等。技术援助基金主要来源于各会员国的捐赠。另外，亚洲开发银行理事会于 1986 年 10 月 1 日决定，从为亚洲开发基金增资的 36 亿美元中，拨出 2%的款项给技术援助特别基金。

4．日本特别基金

日本特别基金建立于 1988 年 3 月 10 日，用于支持发展中国家所进行的与实现工业化、开发自然资源、人力资源及引进技术有关的活动，以便加速发展中国家的经济增长。该项基金全部由日本政府捐赠。

5．联合融资

联合融资是指一个或一个以上的外部经济实体与亚洲开发银行共同为某一开发项目融资。通过这一方式，可以为本地区的经济发展筹集更多的开发资金。

（三）亚洲开发银行的主要业务

亚洲开发银行的主要业务活动包括：

1．贷款

亚行所发放的贷款种类：①按贷款条件来划分，有硬贷款、软贷款（即优惠贷款和赠款）；②按贷款方式来划分，有项目贷款、规划贷款、部分贷款、开发金融机构贷款、综合项目贷款、特别项目执行援助贷款和私营部门贷款等。

2．技术援助

技术援助中又可分为项目准备技术援助、项目执行技术援助、咨询技术援助和区域活动援助等。

亚行贷款一般期限为 10～30 年（含宽限期），最长可达 40 年。

亚洲开发银行的业务形式非常灵活。为适应本地区经济发展特点除了各种形式的贷款以外，有时还以赠款或对私营企业进行股本投资的方式对本地区发展中国家会员国提供资金。亚洲开发银行自20世纪70年代以来为亚洲经济的繁荣作出了一定的贡献。

二、泛美开发银行

泛美开发银行是由美洲及美洲以外的国家联合建立的，向拉丁美洲国家提供贷款的金融机构。泛美开发银行成立于1959年4月，1960年10月开始营业，总部设在华盛顿，创办时有20个会员国。其宗旨是，动员美洲内外资金，通过对经济和在建项目提供资金及技术援助，为拉丁美洲国家的经济和社会发展提供项目贷款和技术援助，帮助各会员国或各国家集团发展经济。

泛美开发银行资金来源主要是会员国认缴的股金、国际金融市场借款和较发达会员国的存款。该银行最初资本为10亿美元，以后逐步增加，目前已达100多亿美元。

泛美开发银行的管理机构是由理事会，执行董事会和行长、副行长组成。理事会是最高决策机构，由各会员国委派1名理事和候补理事组成。执行董事会负责银行的日常业务活动，由11名执行董事组成，其中拉美国家7名，地区外2名，美国和加拿大各1名。最高领导人是行长。

泛美开发银行的贷款分为普通贷款和“特别基金”贷款。普通贷款是向政府、公私团体的特定经济项目贷款，期限为10～25年，利率为8%。“特别基金”贷款是对以公共工程为主的特别经济项目的贷款，期限为10～30年，利率略低于普通贷款。普通贷款可用使用的货币偿还。“特别基金”贷款可用部分或全部本国货币偿还。

三、非洲开发银行

非洲开发银行是在联合国非洲经济委员会的赞助下，非洲国家政府合办的互助性国际金融机构，于1964年9月正式成立，1966年7月开始营业，总部在科特迪瓦经济中心阿比让。

非洲开发银行的宗旨是：向非洲会员国提供投资、贷款和予以技术援助，充分利用非洲大陆的人力和自然资源，以促进各国经济的协调发展和社会进步，协调各国发展计划，促进非洲经济一体化，尽快改变本大陆贫穷落后的面貌。

非洲开发银行的最高决策与权力机构是理事会，由各会员国指派1名理事组成。理事一般为会员国的财政部长或中央银行行长。理事会每年开会1次（即年会），每个理事的表决权按会员国股本的多少来计算。理事会选出18名会员（其中非洲国家占12名）组成董事会。董事会选举行长（即董事长），任期5年，行长在董事会指导下组织银行的日常业务工作。

最初，只有非洲国家才能认缴股本。为广泛吸收资金和扩大非洲开发银行的贷款能力，非洲开发银行理事会在1980年5月举行的第15届年会通过决议，欢迎非洲以外的国家入股。1985年5月，我国正式参加了非洲开发银行。目前，非洲开发银行的会员国除53个非洲国家外，还有26个区外国家。

非洲开发银行的资金主要来自会员国认缴的股本。同世界银行一样，非洲开发银行会员国认缴的股本也分为实缴股本和待缴股本两部分。此外，非洲开发银行还通过发行国际债券和组织辛迪加借款的方式积极在国际金融市场筹措资金。

非洲开发银行的贷款分为普通贷款和特别贷款。普通贷款，是该行用普通股本资金提供的贷款；特别贷款，是用该行规定专门用途的特别基金向成员国提供的优惠贷款。

为广泛动员和利用资金，非洲开发银行还先后建立了以下 4 个机构：

1. 非洲开发基金

非洲开发基金是一笔跨国基金，由非洲开发银行和非洲以外的 25 个国家与地区认股缴纳的基金构成。它设立于 1972 年 7 月，1973 年 8 月开始营业。该基金主要向非洲贫穷国家的发展项目提供无息贷款，偿还期限为 50 年（包括 10 年宽限期），每年只缴纳 0.75%的手续费。对可行性研究项目的贷款，偿还期限为 10 年（接着还可宽限 3 年），每年缴纳 0.75%的手续费。

2. 非洲投资与开发国际金融公司

非洲投资与开发国际金融公司是 1970 年 11 月在非洲开发银行倡议和参与下组建的控股公司，总部设在日内瓦。其宗旨是动员国际私人资本，建设和发展非洲的生产性企业。公司的股东，除国际金融公司外，还有美洲、欧洲和亚洲的 120 余家金融、工业与商业企业。

3. 尼日利亚信托基金

尼日利亚信托基金是 1976 年 4 月建立的，由尼日利亚政府投资，由非洲开发银行管理的一个机构。该基金通过与其他信贷机构合作，为非洲开发银行会员国中较贫穷国家的发展项目提供援助资金，以促进非洲经济增长。它贷款的偿付期限为 25 年，宽限期最长可达 5 年，收取较低的利息。贷款的领域主要是公用事业、交通运输和社会部门。

4. 非洲再保险公司

非洲再保险公司是非洲开发银行的一个附属金融机构，于 1977 年 3 月成立，1978 年起开始营业。它是发展中国家建立的第一家政府间再保险公司。其宗旨是：促进非洲国家保险与再保险事业的发展；通过投资与提供有关保险与再保险的技术援助，来促进非洲国家的经济独立和加强区域性合作。

本章小结

国际金融机构是指世界不同国家的政府之间通过签署国际条约或协定而建立的，从事国际金融业务、协调国际金融关系、维护国际货币和信用体系正常运作的超国家金融机构。

国际货币基金组织是联合国专营国际金融业务的一个专门机构，其宗旨是：建立一个永久性的国际货币机构，对国际货币问题进行协商，以促进国际货币合作；促进国际贸易的扩大和均衡发展，提高会员国就业和实际收入水平，发展各国的生产能力；促进汇率稳定，维护各国有秩序的外汇安排，避免竞争性的货币贬值；协助会员国建立多边支付制度、消除阻碍国际贸易发展的外汇管制；协助会员国改善国际收支状况，通过贷款解决会员国国际收支困难，避免采取有损于本国利益和国际经济繁荣的措施。

世界银行及其附属机构，即国际开发协会、国际金融公司和多边投资担保机构统称为世界银行集团。其宗旨是：对用于生产目的的投资提供便利，以协助会员国的复兴与开发，以及鼓励较不发达国家生产与资源的开发；以保证或参加私人贷款和私人投资的方法，促进私人的对外投资；用鼓励国际投资以开发会员国生产资源的方法，促进国际贸易的长期平衡发展，并维持国际收支平衡；与其他方面的国际贷款配合，提供贷款保证。

国际清算银行的宗旨是：促进各国中央银行间的合作，为国际金融业务提供便利，作为有关各方协议下国际清算业务的代理人或受托人。

其他区域性国际金融机构包括亚洲开发银行、泛美开发银行和非洲开发银行等。

【关键概念】

国际货币基金组织（international monetary fund, IMF）
国际复兴开发银行（international bank of reconstruction and development, IBRD）
国际清算银行（bank for international settlement, BIS）
亚洲开发银行（asian development bank, ADB）
普通贷款（normal credit facility）
补偿与应急贷款（compensatory & contingenting financing facility, CCFF）
项目贷款（project loan）
购回（reacquired）
软贷款（soft loan）

复习思考题

一、判断题

1．世界上主要的国际金融机构都是在第二次世界大战后陆续建立与发展起来的。（　　）

2．IMF 可以向会员国的企业发放普通贷款。（　　）

3．IMF 的最高权力机构是执行董事会。（　　）

4．IMF 的重大决策由会员国投票决定。会员国的投票权，主要取决于它们向基金组织缴纳的份额。（　　）

5．根据协定，凡参加世界银行的国家必须是国际货币基金组织的会员国，但国际货币基金组织的会员国不一定都参加世界银行。（　　）

6．国际开发协会是专门对发展中国家提供赠款和长期优惠贷款的国际金融机构。（　　）

7．世界银行协定规定，世界银行的贷款对象为会员国政府，如对私人企业贷款必须由政府机构担保。（　　）

8．国际金融公司提供的贷款被称为开发信贷，贷款期限为 50 年，头 10 年为宽限期不必还本，从第二个 10 年起每年还本 1%，其余 30 年每年还本 3%。在整个贷款期限中免收利息，只对已拨付的部分每年收取 0.75%的手续费。（　　）

9. 国际清算银行从成立开始就坚持这样的宗旨：促进各国中央银行间的合作，为国际金融业务提供便利，作为有关各方协议下国际清算业务的代理人或受托人。（ ）

10. 亚洲开发银行的成员只能是亚洲国家。（ ）

二、不定项选择题

1. 第二次世界大战后，世界经济的三大支柱是（ ）。
A. 国际货币基金组织　　B. 世界银行
C. 国际清算银行　　D. 关税及贸易总协定

2. 2010 年年底，我国在 IMF 中的份额上升到第（ ）位。
A. 一　　B. 二
C. 三　　D. 四

3. IMF 的资金来源是（ ）。
A. 份额　　B. 借款
C. 信托基金　　D. 发行债券

4. IMF 基金份额大小决定了会员国（ ）。
A. 出资额　　B. 投票权
C. 从 IMF 得到资金的数额　　D. 分配 SDR 的大小

5. IMF 于（ ）开始运作，总部设在（ ）。
A. 1944 年 7 月，日内瓦　　B. 1945 年 12 月，华盛顿
C. 1946 年 3 月，纽约　　D. 1947 年 3 月，华盛顿

6. 下列哪些机构属于世界银行集团（ ）。
A. 国际清算银行　　B. 国际金融公司
C. 国际开发协会　　D. 多边投资担保机构

7. 被称为“西方中央银行的银行”的国际金融机构是（ ）。
A. 国际货币基金组织　　B. 世界银行
C. 国际清算银行　　D. 国际金融公司

8. 巴塞尔协议是关于（ ）的协议。
A. 贸易自由化　　B. 投资便利化
C. 银行业统一监管　　D. 经济一体化

9.（ ），亚洲开发银行理事会通过决议，接纳我国加入该行。
A. 1984 年 2 月 17 日　　B. 1986 年 2 月 17 日
C. 1986 年 1 月 25 日　　D. 1988 年 1 月 25 日

10. 国际开发协会的贷款只提供给低收入国家，这种贷款具有高度的优惠性，又叫（ ）。
A. 硬贷款　　B. 软贷款
C. 普通贷款　　D. 特别贷款

三、简答题

1. 国际货币基金组织的宗旨和职能是什么？

2. 国际货币基金组织的主要业务活动有哪些？

3. 世界银行的贷款种类有哪些？

4．亚洲开发银行的资金来源和主要业务活动有哪些？

5．国际清算银行与其他国际金融机构的最大区别是什么？

6．泛美开发银行由哪些国家组成？

综合技能训练

1．国际货币基金组织有哪些方面需要改革，改革的可能方向是什么？请搜集相关资料作出自己的分析和解答，并在教师的引导下积极参与课堂讨论。

2．跟踪、调研某国际金融组织在广东省的贷款项目，如职业教育、污水处理或疾病防治等，并写出一份调研报告。

第四章　外汇、汇率与外汇市场

学习目标

了解外汇、汇率、汇率制度及外汇市场的概念及特点；理解汇率的决定因素及汇率对经济的影响；掌握汇率的计算。

新闻导读

美经济学家称在汇率问题上向中国施压不会奏效

美国《时代》周刊2010年3月17日刊登该刊资深记者迈克尔·舒曼的文章指出，人民币升值并不是医治美国经济问题的“万能药”。2005～2008年，人民币对美元出现升值，但美国对华贸易赤字并没有减少，反而出现上升。而且，人民币升值实际对美国经济具有破坏性作用——人民币升值只会让美国消费者购买的商品价格上升，这对当时遭受债务和就业危机的美国民众来说，显然不是一件好事。

文章还指出，即使人民币升值导致中国出口行业竞争力下降，但相关就业机会只会流向其他发展中国家，而绝不会是美国，美国的整体贸易赤字也不会减少。美国大西洋理事会中国问题专家盖保德17日表示，很难简单地判断一国货币是否遭到操纵，或其货币币值是否遭到压低，因此，他不认为中国有意操纵汇率。美国约翰斯·霍普金斯大学教授、前世界银行驻中国首席经济学家鲍泰利指出，就事实而言，很难认定中国操纵汇率。美国财政部前副部长弗兰克·纽曼和经济学家丹·纽曼16日在美国《外交政策》期刊网站发表文章指出，对中国施压要求人民币升值的做法对美国出口行业并没有好处，反而会让美国消费者付出更大代价。

不少美国经济学家和媒体都指出，美国要降低对华贸易赤字，根本的问题不是逼迫人民币升值，而是如何提高本国的储蓄率，并放宽对自身产品的出口限制。美国2010年将举行中期选举，美国国会部分议员近日炒作人民币汇率问题，试图迫使美国政府将中国界定为所谓的“汇率操纵国”。

（记者刘洪　刘丽娜，摘自新华网）

点评：美国近年来对外贸易逆差越来越大，就业形势也不乐观，为掩盖国内出现的经济问题，为政治斗争赢得新的筹码，美国政客将矛头对准中国的人民币汇率。但部分有正义感的美国经济学家客观地指出了问题的实质，那就是人民币升值不能解决美国国内出现的经济问题，解决国内问题的办法只能从美国自身上去寻找。通过本章的学习，你将了解到汇率对一个国家经济发展的重要性，同时更能看清人民币汇率问题的实质。

第一节　外　汇

一、外汇的含义

外汇（foreign exchange）可以从动态与静态、广义与狭义两个角度进行理解。从动态上看，外汇就是“国际汇兑”的意思，即将一国货币兑换为另一国货币以清偿国际债务的过程，包括货币兑换与资金转移；从静态上看，外汇是指以外币表现的可用于清偿国际债务的支付手段和金融资产。从广义上看，外汇泛指一切在国际收支逆差时可以使用的债权，而不论以本币或外币表现，这一定义主要为国际货币基金组织所用。一般情况下，我们使用狭义的外汇定义，即外汇是指以外币表现的用于国际间债权债务清偿的支付手段。我们通常使用静态的、狭义的外汇定义。这一定义应具有以下三个基本特点：

（1）外汇必须是以外币表示的外国金融资产，以本币表示的资产不是外汇；

（2）外汇必须具有可自由兑换性，它可以自由兑换成其他外币或外币资产，因此，不能自由兑换的外国货币就不算外汇，如越南盾、朝鲜币、缅甸元等币种不是外汇；

（3）外汇必须是在国外可以获得偿付的资产，所以空头支票或拒付的票据不是外汇。

2008 年 8 月 5 日我国公布了新修订的《中华人民共和国外汇管理条例》，其中第三条明确规定，外汇是指下列以外币表示的可以用作国际清偿的支付手段和资产：

（1）外币现钞，包括纸币、铸币；

（2）外币支付凭证或者支付工具，包括票据、银行存款凭证、银行卡等；

（3）外币有价证券，包括债券、股票等；

（4）特别提款权；

（5）其他外汇资产。

二、外汇的种类

根据不同的划分标准可以将外汇分成不同种类。

（一）外币现钞和外币现汇

外汇银行根据外汇的形态将其分为外币现钞和外币现汇。外币现钞是指有形的外国钞票和铸币，一般由境外携入；外币现汇是存放在境内商业银行的外币存款，一般由国外银行汇入或境外外币票据托收后转存形成。外币现汇可以直接通过银行对外支付，但外币现钞一般不能直接对外支付，因此，银行购买外币现钞和外币现汇的价格是不同的。

（二）自由兑换外汇和记账外汇

根据外汇的可兑换特性可将外汇分为自由兑换外汇和记账外汇。自由兑换外汇，是指不需要货币发行国批准就可以自由兑换其他外币的外汇，如美元、日元、欧元、英镑等；记账外汇又叫清算外汇或协定外汇，是指根据双边或多边贸易支付协议进行国际结算时所规定使用的外汇。记账外汇主要用于记载双方贸易额，并按贸易协议规定进行收支冲销，期末用自由外汇或实物结清收支差额。

（三）经常账户外汇和资本账户外汇

根据外汇的来源与用途可将外汇分为经常账户外汇和资本账户外汇。经常账户外汇是国际收支平衡表中经常账户下发生的经济活动所带来的外汇，其中由商品进出口所引起的外汇叫做贸易外汇；资本账户外汇是由国际收支平衡表中资本与金融账户下的经济活动所带来的外汇。非贸易外汇包含了资本账户外汇，还包括其他非贸易业务所引起的外汇收付。世界上大多数国家对经常账户外汇和资本账户外汇实行不同的管理政策与措施。

（四）即期外汇和远期外汇

根据外汇买卖交割时间的不同可将外汇分为即期外汇和远期外汇。即期外汇是指外汇买卖成交后，在两个营业日之内进行交割的外汇；远期外汇是指外汇买卖成交后不是立即交割，而是约定在未来某一时间进行交割的外汇，约定时间短则数天，长达一年。这里“交割”的意思是，交易双方将约定的金额打入对方银行账户以实现资金的收付和债权债务的清偿。

（五）官方外汇和私人外汇

根据外汇持有者的不同可将外汇分为官方外汇和私人外汇（民间外汇）。官方外汇一般是指一国中央银行或其他政府机构所持有的外汇，主要用于平衡国际收支或进行外汇市场干预；私人外汇是指企业和个人所持有的外汇，主要用于贸易结算或投资活动。在外汇管制严厉的国家，私人外汇的持有与使用受到很多限制。随着我国外汇管制的放松，私人外汇的持有规模也在不断扩大，这有助于降低官方外汇风险并提高外汇的使用效益。

三、外汇的作用

在经济全球化时代，外汇是一国经济与其他国家经济相互联系的重要纽带。国际贸易、国际投资和其他对外经济交往没有外汇是无法进行的。外汇的作用体现在以下几个方面：

（一）外汇是一国对外财富的标志

一国财富有两部分组成：①本币表示的国内财富，②外币表示的国外财富。这种国外财富在一国国际收支平衡表中主要表现为国际储备，它不仅反映一国的经济地位和金融实力，而且是影响一国国民经济的重要变量。但如果一国持有大量的外汇储备，将很容易造成国内货币供应量的增加，进而引致国内的通货膨胀。

（二）外汇是国际贸易结算的手段

商品进出口、国际服务和劳务交易及国际捐赠等活动都利用外汇来实现国际购买力的转移。外汇使不同国家的商品交换与资金转移成为可能，使生产国际化成为可能，从而实现各国资源在全球范围内的优化配置。

（三）外汇是清偿国际间债权债务的工具

外汇可以用来清偿国际债务，便利国际借贷活动，加速资金在国际间的周转与循环，促进国际直接投资与间接投资活动，并及时调节各国的资金供求状况。外汇使国际信用规模增加，促进国际金融市场的形成与发展。

第二节　汇　　率

一、汇率的三层含义

汇率是国际金融学中最重要的概念之一，因此必须全面、深入地理解它。我们认为，汇率包含三层意思：

（1）汇率是一种货币与另一种货币相互交换的比例。比如 1 美元可以兑换 7 元人民币，也可说，单位美元对单位人民币的价值之比为 7:1，或者说美元对人民币汇率为 7，这是最直观、最浅层次的汇率定义。

（2）汇率是一种货币用另一种货币表现的价格，这是汇率最本质的内涵。与商品价值用货币表现一样，一种货币的价值大小完全可以用另一种货币来表现，汇率并不神秘，它就是一种“价格”。因此商品价格的决定与计算，也可以借用到汇率的决定与计算上来。这样，美元对人民币汇率为7，也可以理解为美元这种“商品”用人民币表现出来的价格是 7 元人民币，或者说美元单价为 7 元人民币。

（3）汇率是一种货币的国内价值在国际市场上的表现，这时作为货币对外价值的汇率成为其对内价值（国内购买力）的影子。货币的国内价值即货币的国内购买力由国内物价水平反映，物价水平越高单位货币国内价值越低，反之亦然；货币的国外价值由一国货币汇率体现，一国货币汇率的高低反映了一国货币在国际市场上的购买力大小。货币的国内价值是其国外价值的基础，货币国内价值发生变化其国外价值（汇率）也会随之变化，比如处在通货膨胀状态的货币，其汇率一般情况下有下降的趋势。从理论上说，两国汇率决定的基础是货币本身的国内价值，由此可推导出购买力平价理论。该理论说明，一国货币的对外价值与对内价值的变化趋势基本保持一致。

二、汇率的表示方法

根据上述第二种定义，我们知道汇率是一种价格，其表示方法及计算方法同商品价格非常类似，由此，我们推出与一般教科书不一样的汇率表示与计算方法。理解此方法的关键在于理解商品价格的表示方法与计算逻辑。

（一）商品价格与货币价格（汇率）的比较

1．水果超市苹果价格表达式

商品价格随处可见，我们任选一种商品价格比如苹果价格来考察。尽管超市中商品的进货价及零售价格往往只列出一个数字和货币符号，但我们可以把它还原为商品价格一般表达式。假定苹果进货价为 5.5 元/斤，零售价为 6.8 元/斤，则有

1 斤苹果 =5.5/6.8 元人民币　　　　（4-1）

式（4-1）左边为商品，右边为与商品等值的货币数量，这就是苹果价格的一般表达式，它是用货币来表现苹果的价值。

2．美元的人民币价格（汇率）表达式

从银行的外汇牌价表中任选一种货币如美元，参照商品价格表达式，美元对人民币汇率

可以写成如下的汇率表达式

1 美元=6.811 0/6.812 0 元人民币　　(4-2)

初看起来，汇率表达式与商品价格非常相似，但等式左边不是商品而是货币。式（4-2）中，斜杠左边的数字“6.811 0”为银行购买一美元所支付的人民币数额，就像超市中苹果的进货价是 5.5 元人民币一样，对银行而言美元的“进货价”为 6.811 0 元人民币。斜杠右边的数字“6.812 0”是银行卖出一美元可以收回人民币 6.812 0 元，这类似于美元的“零售价”。美元“进货价”与“零售价”的差额正是银行的汇兑收益。如果将美元比作苹果，我们会很容易理解斜杠两边数字的含义。

比较式（4-1）和式（4-2），我们发现，唯一不同的是式（4-1）的左边为商品（苹果），式（4-2）的两边均为货币。在式（4-1）中商品价格是由货币表现的，一目了然，但在式（4-2）中货币价格表达式两端都是货币，很难确定究竟由谁表示，容易混淆。因此，我们特别规定两点：

（1）式（4-2）中，左边的货币为被报价货币，右边的货币为报价货币。

（2）式（4-2）表示的是美元的人民币价格，而非人民币的美元价格，这是我们汇率计算时的硬性规定。

总之，汇率是货币价格而且只能是一种货币的价格即被报价货币的价格。将式（4-2）中的货币位置稍作调整，同时用货币代码替换货币名称，去掉等号，我们得到式（4-3）

USD/CNY　　6.811 0/6.812 0　　(4-3)

其中“/”只是分隔符号，没有含义。该式读作：美元对人民币汇率的银行买入价和卖出价分别为 6.811 0 元和 6.812 0 元人民币，或者美元用人民币表示的价格分别为 6.811 0（银行买入美元的价格）和 6.812 0（银行卖出美元的价格）。注意，汇率必然涉及两种货币[⊖]，因此我们单独说“美元汇率”或“人民币汇率”毫无意义。

（二）汇率的一般表达式

A 币/B 币　　b_1/b_2　　(4-4)

从个别到一般，我们建立汇率的一般表达式，见式（4-4）。值得说明的是：

（1）A 币在前，为被报价货币，只能是 1 个单位或 100 个单位，B 币在后，为报价货币，后面两个数字（b_1/b_2）均表示 B 币的数量。

（2）一个表达式只表示一种货币的价格。式（4-4）只表示 A 币的价格，而非 B 币的价格，B 币的价格可由本表达式换算得到。

（3）所有汇率都是站在银行的角度报价的，因此 b_1 和 b_2 分别表示银行购买 A 币的买入价和卖出价。

（4）货币买卖同商品买卖一样，遵循“贱买贵卖”的原则。A 币与 B 币的兑换既可以看成 A 币的买卖，也可以看成对 B 币的买卖，但我们在计算时必须将其看成某一种货币的买卖过程。必须牢记“汇率是哪种货币的价格，货币兑换过程就看成是哪种货币的买卖”。

（5）b_1 和 b_2 一般精确到万分位，少数货币如日元精确到百分位，并且分别设定汇率的万分之一或百分之一为一个基点（Point）。

⊖ 当然，有效汇率涉及一种货币与许多其他货币的关系，这里暂不讨论。

[例 4-1]　某公司出口一批货物，总价为 50 万美元，收款当日银行外汇牌价为

USD/CNY　7.622 0/40

试求该公司到银行结汇时能兑换多少人民币。

分析思路：

（1）此汇率是美元价格，因此，要把货币兑换看成是对美元的买卖。

（2）汇率都是银行报出来的货币价格，因此必须转换到银行立场才能使用。该公司售出美元，即银行购买美元，适用美元的购买价（1 美元=7.622 0 元人民币），那么

500 000×7.622 0=3 811 000（元）

[例 4-2]　某客户持 10 000 美元到银行，要求兑换为欧元，试问能兑换多少欧元？（当日牌价为：EUR/USD1.245 0/1.250 0）

分析思路：

（1）此汇率为欧元价格，因此将货币兑换过程看成是对欧元的买卖。

（2）客户买入欧元，即银行卖出欧元，适用欧元的卖出价，即后一个汇率（1 欧元=1.250 0 美元）。计算结果如下

10 000÷1.250=8 000（欧元）

（三）汇率的标价方法

根据被报价货币与报价货币是否本币可将汇率的标价方法分为直接标价法和间接标价法。直接标价法就是用本币表现一单位外币的价格，比如在我国，“美元对人民币汇率约为 6.38”就是直接标价法，因为用人民币（本币）来表示一单位美元（外币）的价格为 6.38 元；间接标价法是用外币表现一单位本币的价格，在英国，“英镑对美元汇率为 1.5”就是间接标价法，因为是用外币（美元）表现本币（英镑）的价格。直接标价法与间接标价法是相对的，同样一个汇率，如果考察汇率的立场发生改变，汇率的标价方式也会改变，比如上面的例子中美元对人民币汇率若从美国立场来看则是间接标价法，英镑对美元汇率若从美国立场来看则是直接标价法。可见，直接标价方法与间接标价方法很容易引起混淆，我们在汇率计算过程中要谨慎使用。

三、汇率的种类

汇率的分类标准有许多，下面介绍几种主要的分类方法。

（一）从银行外汇报价与交易角度可分为买入价、卖出价和中间价

买入汇率（买入价）是指外汇银行从客户手中购买外汇时所使用的汇率；卖出汇率（卖出价）是外汇银行将外汇卖给客户时所使用的汇率；中间汇率（中间价）则是买入价与卖出价的简单算术平均数，常用于经济分析与研究中，也可作为银行或企业内部核算之用。银行买入价与卖出价的差额为银行收益，因此银行代客买卖外汇不会再收手续费。

（二）根据外汇的性质不同可分为现钞价和现汇价

现钞价是指银行买卖外币现钞（钞票或铸币）所使用的汇率；现汇价是银行买卖现汇（表现为可直接用于对外转账支付的银行外币存款）所使用的汇率。现钞买入价一般低于现汇买入价，而现钞卖出价与现汇卖出价相同，原因在于外钞要运送到国外才能对外支付，中间要

花费许多成本，因此银行必须从现钞买卖价差中获得补偿。

（三）根据汇率变动的方式可以分为固定汇率和浮动汇率

固定汇率是指汇率变化受到政府干预稳定在一个狭小的区间内波动的汇率；浮动汇率是指汇率变化不受政策干预完全由市场供求关系决定的汇率。固定汇率与浮动汇率是不同汇率制度下汇率变化的趋势与结果。

（四）根据外汇交易交割时间的不同可分为即期汇率和远期汇率

即期汇率又叫现汇汇率（spot exchange rate），是指外汇买卖在成交后的两个营业日内办理交割手续时所使用的汇率；远期汇率又叫期汇汇率（forward exchange rate），是指外汇买卖双方事先约定，据以在未来约定的时间办理交割时所使用的汇率。

（五）根据汇兑方式可分为电汇汇率、信汇汇率和票汇汇率

电汇汇率（telegraphic transfer rate，T/T Rate）是指以电报、电传等解付方式买卖外汇时所使用的汇率。由于电汇时间短，银行无法占用资金，并且电汇收费高，所以电汇汇率最高。信汇汇率（mail transfer rate，M/T Rate）是指以信函解付方式买卖外汇时所使用的汇率，信函寄送需要较长时间，银行可以占用在途资金，因此信汇汇率一般要低于电汇汇率。票汇汇率是指银行买卖外汇票据时所使用的汇率，由于票据解付需要一段时间，因此票汇汇率低于电汇汇率，但票汇汇率与信汇汇率难以比较。一般地，即期票汇汇率（demand draft rate，D/D Rate）与信汇汇率差不多，而远期票汇汇率（long bill exchange rate）则低于信汇汇率。

（六）根据是否包含物价因素可分为名义汇率和实际汇率

名义汇率（nominal exchange rate）是指官方公布的或外汇市场上通行的没有剔除通货膨胀因素的汇率。名义汇率不能完全反映两种货币实际所代表的价值之比。实际汇率（real exchange rate）是指将名义汇率剔除两个货币发行国同期物价变动因素而得到的汇率。计算实际汇率可以分析汇率对两国通货膨胀率的偏离程度，并能反映两国产品的国际竞争能力。

（七）根据外汇管制情况可分为官方汇率和市场汇率

官方汇率又叫法定汇率，是指由一国政府公布并采取一定政策措施进行维护的汇率。在外汇管制较严的国家，官方汇率就是实际使用的汇率。市场汇率是由外汇市场供求关系决定的汇率，一般出现在外汇管制较松的国家。

（八）基准汇率和套算汇率

外国货币种类繁多，一国不可能对所有外国货币都单独制订汇率，往往只选择某一种关键货币来制订与本国货币的汇率，这一汇率称为基准汇率（basic rate）。套算汇率又叫交叉汇率（cross rate），是两种货币通过各自对第三种货币的汇率而套算出来的汇率。

四、汇率的决定与变动

货币本身固有的价值或其代表的价值是决定汇率的基础，在此基础上，汇率水平还受其他市场或非市场因素的影响。在金本位制度下，由于各国货币具有法定的含金量，银行券可以与金币无限制兑换，这时两国货币之间的含金量之比（铸币平价）就成为两国货币汇率决定的基础。在典型金本位制度下，由于黄金可以自由输出入，各国汇率波动基本稳定在铸币平价上下一定界限内，这个界限便是黄金输送点。当两国汇率超过一定水平或者低于一定水平（黄金输送点）时，进出口商将通过运送黄金替代法定货币作为计价结算的手段，而在纸币本位制度下，纸币本身没有价值，纸币的价值体现在其代表的购买能力，因此，两国货币购买力是两国汇率的重要基础，但由于纸币的价值取决于其数量，而纸币的发行由一国政府人为控制，因此，纸币价值不可能像金币本位制下金币价值那样具有内在的稳定机制。现在的纸币像一艘艘远离岸边的木舟一样很难稳定，同样建立在纸币基础上的汇率将更加不稳定，稳定汇率犹如稳定在汪洋大海中漂浮不定的两艘木舟。

（一）影响汇率变动的主要因素

汇率是外汇的价格，因此外汇市场供求关系是影响汇率变化最直接、最核心的因素。其他影响汇率的因素或多或少与外汇市场供求相关联，进而影响汇率水平。不同时期不同因素对汇率的影响程度是不同的，为此我们在分析汇率变化时应抓住影响汇率的主要因素。

1. 国际收支

从狭义上说，国际收支就是一国对外经济活动中所发生的外汇收支。一般地，当一国国际收支出现顺差时，在外汇市场上表现为外汇供给大于外汇需求，从而使外汇价格（外币对本币的汇率）下降，本币对外币的汇率上升；反之，国际收支出现逆差时，外汇供给小于外汇需求，这时外汇价格就会上升，从而本币对外币的汇率下降，即通常所说的本币贬值。

当一国长期出现国际收支顺差时，该国货币存在升值趋势，这种趋势不断强化会造成本币的升值预期，对一国经济发展及金融市场带来不利影响，比如 2002 年之后人民币就存在很强的升值预期。当一国出现持续的国际收支逆差时，该国货币存在贬值趋势，这种趋势进一步发展，有可能带来货币危机，比如 1997 年亚洲金融危机爆发之前泰国货币（泰铢）的表现就是如此。

2. 两国物价相对变动

纸币本位条件下，两国汇率决定的基础是两国纸币所代表的价值即购买力，而货币购买力反映在物价水平上，即物价水平越高，单位货币价值越低，物价水平越低，单位货币价值越高。物价水平影响汇率的途径大致有三条：

（1）在一价定律作用下，两国通货膨胀率差异是决定汇率长期趋势的主导因素；

（2）一国物价相对上升会提高出口商品成本，并且出口商品以外币表示的价格上升，该国商品出口会减少，从而改变经常账户收支状况并影响外汇市场供求，进而导致汇率变化；

（3）持续的通货膨胀会使人们产生通货膨胀预期，当一国通货膨胀率相对上升时，人们会预期该国货币贬值，外国资本将从该国撤走，导致资本与金融账户出现逆差，使外汇市场出现外汇供不应求的局面，本币汇率随之下降。

3. 两国利率水平及其相对变化

利率变化对汇率的影响主要通过资本流动。利率是货币的“价格”，金融资产的投资回报与利率水平息息相关，两国利率差异影响到两国金融资产的投资收益，投资者对国内外金融资产的调整带来资本的流进流出。一般地，当一国提高利率水平或本国利率高于外国利率时，会引起外资流入本国，由此产生对本国货币的需求增加，从而出现本币升值和外币贬值；反之，当一国降低利率或本国利率低于外国利率时，会引起资本的外流，由此产生对外汇的需求，导致外币升值和本币贬值。当两国利率差异不变，资本流动将使金融市场和外汇市场达到一种均衡，在此情况下，只要利差和其他因素保持不变，汇率会保持不变，但一旦利差变化，汇率将随之发生变化。

4．政府经济政策

在开放经济条件下，政府经济政策包括财政政策、货币政策、贸易政策和外汇政策等。财政政策与货币政策主要调节国内总需求，一定情况下会对国外需求带来影响，改变国际收支状况，进而影响汇率；贸易政策通过影响国际收支变化而间接地影响汇率水平；外汇政策通过影响外汇市场供求而直接作用于汇率，尤其是政府为了达到预期的汇率水平目标而对外汇市场采取的干预手段，是影响汇率水平的最重要的非市场因素。

5．经济增长

经济增长对汇率的影响比较复杂，原因在于不同的经济发展阶段，经济增长率对汇率的影响是不同的。在经济起飞阶段，为了促进工业化生产，本国对原材料、机械设备等生产资料的需求旺盛，导致进口大量增加，出现国际收支逆差和外汇短缺现象，本币面临贬值压力。此外，政府为了扩大出口，提高本国商品的国际竞争力，也存在让本币贬值的政策倾向。因此，在一国经济快速成长时期，本国货币往往存在向下的压力。而一旦本国经济实力不断增强，产品的国际竞争力不断上升，其国际收支会保持顺差势头，这时，较高的经济增长率将使本币面临升值压力。

6．市场预期

市场预期是人们对某种事物变化趋势的一种预测与推断。对汇率的市场预期就是人们根据自己的判断预测汇率未来会上升或下降，而这种预测不一定有科学的根据。不管市场预期发生的原因是什么，市场预期具有自我实现的特点。比如人们预期某一种货币汇率会上升，如果大多数人都是这样预期并采取购买这种货币的行动，必然会在短期内改变外汇市场的供求形势，结果真的使这种预期变为现实，即汇率上升。反之，市场预期某一种货币贬值，人们会抛售此种货币及以其为面值的资产，最终使该货币汇率下降。市场预期往往受一些偶然性因素甚至谣言的影响。

7．其他因素

除上述几种主要的影响因素以外，汇率还受其他因素如重大国际性活动、政局更替、军事冲突、恐怖事件、自然灾害、高官丑闻等的影响。值得注意的是，这些其他因素并非不重要，在特定时期和特定条件下，有可能成为主导汇率变化的关键因素。

（二）汇率变动对一国经济的主要影响

汇率是宏观经济中一个十分重要的变量。一方面，汇率受多种经济因素的影响，另一方面，汇率变动又对国民经济运行产生重要影响。

1．汇率变动对进出口贸易的影响

汇率变动改变进出口商品的相对价格，影响进出口商从贸易中得来的利益，这是一国汇率变动首先要考虑的重要问题。具体说，本币贬值将使本国商品在国外市场以外币表示的价格下降，引致国外对本国出口商品的需求增加，从而扩大本国商品出口。但本币贬值之后，进口商品以本币表示的价格上升，本国对进口商品的需求减少，从而减少进口数量。总之，本币贬值有助于商品出口，不利于商品进口。反之，如果本币升值则不利于商品出口，有助于商品进口，对于一国改善贸易收支没有好处。所以大多数国家愿意通过本币贬值的方式获得出口竞争力，但这一方式短期内很难奏效，并且容易遭到对方的报复。

2．汇率变动对资本流动的影响

跨国资本流动的目的主要是追求更高的投资回报，汇率变化直接影响相关金融资产的价值。以本币贬值为例，汇率变化对资本流动的影响表现在两方面：①本币贬值后，单位外币能折合更多的本币，这会促使国外资本流入增加，尤其是国外直接投资，因为同量的外币可以采购更多的劳动力与生产资料；②如果本币将贬未贬，出现了贬值预期，这将会引起资本外逃。当货币贬值已经到位，出现止跌回升趋势时，国外资本又会回流，以谋求货币升值带来的收益。因此汇率变化对资本流动的影响关键在于人们对汇率的预期。

3．汇率变动对物价水平的影响

以本币贬值为例，汇率变动对物价水平的影响有两条途径：①对贸易品价格的直接影响。本币贬值时，以本币表现的国外商品价格上升，进而带动同类商品价格的上升。同时，本币贬值会扩大本国商品出口，加剧国内商品市场的供求矛盾，促使相关商品价格的上升。②对非贸易品价格的间接影响。如果价格上涨的贸易品属于生产资料，必然引起其他下游商品价格的上升，这种价格上涨机制不断扩散就会引发一般物价水平的上升。本币贬值诱发国内物价上升只是一种理论上的可能，在现实中还受到很多其他条件比如进出口商品价格弹性等的制约。

4．汇率变动对外汇储备与货币供应量的影响

汇率变动对外汇储备的影响主要表现在两个方面：①汇率变化影响一国外汇储备的规模。汇率的上升与下降会导致一国贸易收支及资本收支的变动，进而影响国际收支差额，而国际收支差额是一国外汇储备最根本的来源。当国际收支出现顺差时一般会增加一国外汇储备，而出现逆差时一般会减少外汇储备。②储备货币的汇率变化会影响一国外汇储备的价值。一国外汇储备是由储备货币计价并表现出来的，当储备货币汇率上升或下降时，必然引起储备资产价值的涨跌。

汇率变动带来外汇储备规模变化的同时，会引起一国货币供应量的增减。外汇储备表现为一国货币当局持有的资产，货币当局取得储备资产必须投放等价值的本国货币，而基础货币的增加必然导致一国货币供应量的多倍扩张。货币供应量的增加将对国民经济带来严重影响，这时货币当局被迫采取必要手段回收多余的流动性。

5．汇率变动对就业和国民收入的影响

汇率变动通过影响社会总需求（主要是国外需求）而影响就业和国民收入。本币贬值有利于增加出口，扩大国内生产，带来更多的就业机会并提高一国国民收入，但在充分就业条件下，本币贬值只会促使物价上升，对国民收入和就业没有实质影响。反之，本币升值时会减少出口和国内生产，从而减少就业机会并降低国民收入。这就是一国不愿意让本币升值的重要原因。

6．汇率变动对国际经济关系的影响

汇率是调控宏观经济的重要政策工具，但这一工具不可滥用，原因在于，开放经济条件下，汇率变化不仅影响到国内经济，而且影响到其他国家的经济，以邻为壑的竞争性贬值政策对当事国没有任何好处，还会遭到更严厉的报复。事实上，汇率问题牵一发而动全身，已经不单纯是一个经济问题，某些国家甚至将其作为谋取政治利益和干涉别国内政的工具。鉴于汇率问题在国际经济关系当中的重要性，迫切需要国际社会统一思想与行动：一方面要尊重各国汇率政策的自主权，另一方面要加强沟通、协调与合作，寻求一个更合理的汇率制度安排，以维护国际金融市场的稳定和世界经济发展的良好局面。

第三节 汇率制度

一、汇率制度及其种类

汇率制度是一国货币当局对本国汇率变动的方式所作的一系列规定或安排。每个国家在每个时期都有经济发展的阶段性目标，汇率制度同其他经济制度一样都是为了实现经济发展总目标服务的。一国在不同的经济发展阶段可能会选择不同的汇率制度，其基本依据是该国经济发展水平与目标、经济结构特征、国际收支状况及宏观调控能力等。根据政府介入程度及汇率波动幅度，可以将汇率制度分为两大类即固定汇率制度和浮动汇率制度。

固定汇率制度是指本币与外币之间规定有中心汇率，现实汇率在政府干预下保持在离中心汇率很小的幅度内上下浮动的汇率制度。从历史上看，从金本位制确立一直到 20 世纪 70 年代布雷顿森林体系解体，世界各国普遍实行固定汇率制度。这一时期各国汇率的表现也相对稳定。浮动汇率制度是本币与外币没有规定中心汇率，也没有波动幅度的限制，现实汇率完全随着外汇市场供求状况的变化而变化的汇率制度。20 世纪 70 年代后，世界主要发达国家实行较为彻底的浮动汇率制度，比如美国、英国、法国、日本等。但是由于汇率是一个重要的宏观经济变量，政府对汇率不加任何干预的情况是很罕见的，大部分国家会对本国汇率进行一定程度的干预，使其达到一个有利于经济发展的合适水平或区间。因此，固定汇率制与浮动汇率制只是两个极端，大部分国家的汇率制度介于这两者之间。对一国经济而言，选择合适的汇率制度是一个重大问题，不适当的汇率制度不但影响经济发展，而且有可能给经济与货币危机埋下伏笔，所以汇率制度的选择必须谨慎。根据国际货币基金组织的分类，世界各国的汇率制度大致有八大类。

（一）无本国货币的汇率安排

无本国货币的汇率安排，即以另一国货币或共同货币作为本国的法定货币。比如实行完全美元化（以美元替代本国货币）的国家及欧元区的国家采取这种汇率安排。事实上这种汇率安排完全由另一国货币当局或共同货币发行机构所掌控，本国已丧失货币政策的自由权，即无法通过改变货币供应量来调控本国经济。

（二）货币局制度

在货币局制度下，国家以立法形式确立本国货币的发行必须百分之百以另一国货币作为发行准备，并且承诺本币与该外币按固定比率进行无限制兑换。香港联系汇率制度就是典型的货币局制度。中国香港特别行政区没有中央银行，也没有货币局，货币发行委托三家商业银行即汇丰、渣打和中国银行承办。发钞银行发行港币时，须向香港金融管理局按 1 美元兑 7.8 港元的固定比率上缴等值的美元准备，换取无息负债证书。发钞银行回笼港币时，可按同一比率向金管局交还负债证明书，收回等值美元。这种发行港币的机制确保了美元对港币的汇率基本保持在 1:7.8 左右。

（三）其他传统的盯住汇率制

其他传统的盯住汇率制，是指一国将本币盯住另一货币或一篮子货币（多种货币按固定权重的组合），与其保持相对固定的比率。本币同所盯住货币的汇率一般不超过中心汇率上下各 1%。货币当局通过外汇干预或其他手段将汇率水平维持在这一波动范围之内。采取盯住汇率制的国家大多为发展中国家，我国人民币汇率制度在 1994～2005 年之间被国际货币基金组织认定为属于这一汇率制度。

（四）水平区间盯住

水平区间盯住，是指本币对外币仍然规定中心汇率，但波动幅度相对其他传统盯住汇率安排要大，超过中心汇率上下各 1%，或其最高值和最低值之间的波动幅度可以超过 2%。采用这一汇率安排比较典型的国家是 20 世纪 70 年代末参加欧洲货币体系汇率机制的国家。

（五）爬行盯住

爬行盯住，是指本币盯住外币，并经常根据选定的经济指标（如通货膨胀率差异等）对汇率进行小幅调整。汇率调整的幅度可根据通胀变动对汇率变动的要求来设置，也可根据对未来通胀的预期来确定。

（六）爬行区间盯住

爬行区间盯住汇率制度与爬行盯住基本相同，只是调整幅度或波动幅度更大，可超过 2%。

（七）不公开干预目标（路径）的管理浮动

在这一汇率制度下，货币当局会对汇率加以干预，但事先不公布干预目标及路径。干预的手段可以是直接的外汇买卖也可以施加间接的政策措施。

（八）独立浮动

独立浮动，是指本币不与其他任何货币相关联，汇率主要由市场供求决定，货币当局不会试图将汇率稳定在某一水平上的汇率安排。货币当局可能对汇率进行适当干预，但主要目的是防止汇率的过度波动。采用这一汇率制度的国家主要是美国、英国、日本、加拿大、澳大利亚和瑞士等发达国家及一些新兴的工业化国家，它们都拥有较充分的货币政策自主权。

二、人民币汇率制度

在计划经济体制下，我国实行严格的外汇管理制度，人民币汇率主要根据经济形势发展需要而进行调整。党的十一届三中全会以后，随着我国改革开放的不断深入，人民币汇率制度经历了四次大的变革：

（1）1979～1984 年。人民币经历了从单一汇率到双重汇率再到单一汇率的变迁。这一时期出现了官方汇率与贸易外汇内部结算价并存的现象，主要是为了鼓励出口创汇。

（2）1985～1993 年。人民币汇率形成机制逐步向市场转轨，官方牌价与外汇调剂价格并存，挂牌式单一汇率再度向事实上的双重汇率回归。

（3）1994～2005年。1993年12月，国务院正式颁布了《关于进一步改革外汇管理体制的通知》，出台一系列重大举措，具体包括：实现人民币官方汇率和外汇调剂价格并轨；建立以市场供求为基础的、单一的、有管理的浮动汇率制；取消外汇留成，实行结售汇制度；建立全国统一的外汇交易市场等。1994年1月1日，人民币官方汇率与外汇调剂价格正式并轨，我国开始实行以市场供求为基础的、单一的、有管理的浮动汇率制，人民币汇率形成机制市场化取得实质性突破。但1997年亚洲金融危机爆发后，中国主动收窄了人民币汇率浮动区间。此后人民币对美元汇率基本保持稳定，形成了事实上的钉住美元的准固定汇率制。

（4）2005年5月至今。2005年7月21日，我国在坚持"主动性、渐进性和可控性"原则基础上对人民币汇率形成机制进行改革，人民币汇率不再盯住单一美元，而是选择若干种主要货币组成一个货币篮子，同时参考一篮子货币计算人民币多边汇率指数的变化。实行以市场供求为基础、参考一篮子货币进行调节、有管理的浮动汇率制度。同时宣布人民币对美元一次性升值2%。

人民币汇率形成机制改革后，中国人民银行于每个工作日闭市后公布当日银行间外汇市场美元等交易货币对人民币汇率的收盘价，作为下一个工作日该货币对人民币交易的中间价。自2006年1月4日起，中国人民银行授权中国外汇交易中心于每个工作日上午9时15分对外公布当日人民币对美元、欧元、日元和港币汇率中间价，作为当日银行间即期外汇市场（含OTC方式和撮合方式）及银行柜台交易汇率的中间价。

近年来，关于人民币升值问题成为全球关注的焦点。一些西方发达国家纷纷指责中国操纵人民币汇率谋求不正当的贸易利益，比如美国认为人民币汇率是美中贸易逆差的主要原因。2005年7月至2008年7月，人民币对美元升值21%，而中国对美国贸易顺差反而大幅增长，事实证明以贸易问题来迫使人民币升值是毫无道理的。

三、人民币升值对我国经济的影响

2005年人民币汇率形成机制改革之后，人民币汇率进入上升通道。经济是货币的坚强后盾，随着中国经济地位的上升和综合竞争力的增强，人民币升值将是一个长期趋势。但从短期来看，人民币升值对中国经济而言是一柄双刃剑，利弊共存。究竟利弊孰大孰小，取决于升值的幅度及经济体的适应能力。现将有利影响和不利影响分述如下[㊀]。

（一）有利影响

1. 促进国内企业加快技术创新步伐

一方面，从进口的角度看，可以降低引进技术设备的成本，从而促进技术进步；另一方面，人民币升值将降低外向型企业的利润空间，迫使它们改进管理效率并加快技术进步。人民币升值将淘汰一些落后产能，促使国内企业由传统的低加工生产向高附加值及高技术产品的生产转变。

2. 有助于抑制通货膨胀

在升值条件下，国内的产品价格并没有受到影响，而进口产品以本币表现的价格下降，以进口产品为投入物的产品成本相应下降，最终将带动一般物价水平的下降，进而达到紧缩

㊀ 周宇.人民币汇率机制[M]，上海社会科学出版社，2007年9月，第246页。

通货的目的。在通货膨胀期间，本币升值无疑是避免恶性通货膨胀的有力武器。

3．有助于降低贸易顺差及外汇储备水平

人民币升值不利于出口，有助于进口，必然会降低我国的外贸顺差，进而有助于降低我国过高的外汇储备水平。人民币升值还可抑制我国外汇占款过快增长的局面，减轻中央银行进行公开市场操作的压力，稳定国内货币供应及物价水平。

4．有利于提高居民的福利水平

人民币升值后，进口消费品价格下降，国内居民的消费水平上升。此外，人民币升值一定程度上还可降低境外旅游的报价，使国内居民花更少的钱获得相同的休闲体验。

5．有利于"走出去"战略的实施

近年来，我国逐步实施"走出去"战略，鼓励大型企业到海外投资，充分利用国外资源和国际市场。人民币升值后，企业同样的资本可以折算成更多的外汇，提高企业对外投资水平。

6．缓和贸易摩擦

我国积累的巨额贸易顺差，经常会受到美、欧、日国内政治和利益集团的责难。随着中国对外贸易的不断扩大，与其他国家的贸易摩擦也越来越多。我国近年来频繁遇到的反倾销诉讼和其他贸易争端均和贸易顺差有关，以美国为首的西方国家将其对中国的贸易逆差归咎于人民币汇率定价过低，致使人民币升值与否成为减少贸易摩擦的关键。

（二）不利影响

1．降低产品国际竞争力而引发失业

人民币升值将导致我国产品出口价格大幅提高，部分产品将失去价格竞争力。以外币计算的劳动力成本的上升不利于加工贸易的发展。出口受阻和成本上升将使部分承受能力差的企业率先破产，破产企业的增加将导致失业率上升，很可能引发系列的经济、社会和政治问题。

2．诱发国内经济衰退

人民币升值不仅使外部需求大幅减少，而且不利于吸引出口导向型的国外直接投资，如果国内需求不能迅速扩大以填补外部需求减少的空缺，很有可能造成国内经济增长率下降。

3．加剧国内投机，形成资产泡沫

人民币升值，会带来更大的升值预期，减少外商对中国的直接投资，会吸引更多的非直接投资的短期资本的流入，带来资本与金融账户顺差，强化人民币升值压力。国际游资对地产、股市等的投资和投机，将制造虚假繁荣和泡沫，使国民经济落入泡沫经济的泥潭难以自拔。泡沫经济的破裂将严重影响中国经济与金融的安全。

4．人民币过快升值将阻碍人民币国际化进程

虽然近年来我国财政收入增长较快，但隐性财政赤字问题仍然不容乐观，这些隐性赤字包括国有银行坏账、社保基金缺口、政府债券发行累积的国内债务及无法统计的地方政府欠账等。这些隐性财政赤字所隐含的都是人民币贬值的内部压力。在解决这些问题之前，贸然对人民币过快升值，将会导致人民币更大幅的贬值，从而加剧未来汇率的波动。人民币要走向国际化必须保持相对稳定，以赢得国际社会的认可，否则将延缓人民币国际化进程。

第四节　外汇市场

一、外汇市场的含义与种类

外汇市场是进行外汇交易或货币兑换的场所与网络。外汇市场交易的货币主要是各种可自由兑换货币，如美元、欧元、日元和英镑等。外汇市场的主要功能是调剂外汇余缺、对冲外汇风险及外汇投机等。外汇市场是一种“零和博弈”的市场，汇率变化使交易一方盈利必定使交易的另一方亏损，并且盈亏相等，因此，通过外汇市场只能分散或转移外汇风险，却不能消灭风险。外汇市场的参与主体主要包括外汇银行、外汇经纪人、顾客和中央银行等。外汇银行是经中央银行授权或批准从事外汇交易的商业银行，它是外汇市场的主体，大宗外汇交易都是在银行间交易市场进行。外汇银行既从事自营外汇买卖，也从事代理外汇买卖业务。外汇经纪人是专门为外汇买卖双方撮合交易以获取佣金的中间商人，一般不承担外汇买卖过程中产生的风险。顾客一般指外汇银行的客户，包括进出口商、国际投资者、旅游者、外汇投机者等。中央银行既是外汇市场的监管者，也是外汇市场的直接参与者。它通过干预外汇市场以调节本国外汇市场供求状况，稳定本币汇率，实现预定的政策目标。

1．根据外汇交易组织形式可分为有形外汇市场和无形外汇市场

有形外汇市场是指外汇交易在固定的场所内进行，有一定组织机构和交易规则，直接参与交易者须具有一定资格的外汇市场。此类市场主要出现在欧洲大陆国家，又称“大陆式市场”。无形外汇市场是指没有固定交易场所，所有外汇买卖均通过连接于市场参与者之间的电话、电传、电报及互联网等通信工具进行的抽象交易网络。目前，无形市场是外汇市场的主要组织形式，因其最早产生于英国和美国，故又称为“英美式市场”。

2．根据外汇交易主体不同可分为外汇批发市场和外汇零售市场

外汇批发市场又称“银行间市场”，是外汇银行之间相互买卖外汇而形成的市场。银行间外汇市场主要从事大宗外汇交易，是当今外汇市场的主体，其交易量占整个外汇市场交易量的90%以上。外汇零售市场又称“客户市场”，是指外汇银行与一般顾客（进出口商或个人等）进行外汇买卖的市场。外汇零售市场交易的外汇数量起点低，规模也不是很大。

3．根据交易类型可分为现汇、期汇、外汇期货、外汇期权等市场

现汇市场是即期外汇交易的场所与网络，即期外汇交易是指外汇买卖成交后在两个营业日内办理货币交付手续的外汇业务。远期外汇市场是指外汇买卖成交后不立即交割而是在约定的未来时间进行交割的外汇业务发生的场所或网络。外汇期货市场是指按一定规则买卖标准化外汇期货合约的市场，该市场具有固定的交易场所和清算机构，参与者须具备一定资格并获得批准。外汇期权市场与外汇期货市场一样，都是有组织的交易场所，外汇期权是指按约定价格买卖某一外汇的选择权，外汇期权合约就是以这种选择权为标的合约。期权合约是在期货合约基础上产生的，与期货合约一样具有标准化的格式与交易规则。

二、外汇市场的特点

（一）外汇市场是全球规模最大的市场

近年来，伴随世界经济与国际贸易的增长，外汇市场上的交易品种不断增多，外汇交易量不断攀升。因货币兑换、套期保值、外汇头寸调剂及外汇投机而发生的外汇交易每日数不胜数，银行间外汇市场单笔外汇交易额高达数亿美元。据统计，全球外汇市场每日外汇交易成交额超过 2.5 万亿美元，远高于其他各类金融市场和商品市场的交易规模，成为全球规模最大的市场。

（二）外汇市场是全球一体化的市场

外汇市场全球化一体化表现在三个方面：①在地理分布上呈现全球化。以全球主要外汇市场为例，美洲有纽约、多伦多，欧洲有伦敦、巴黎、法兰克福、苏黎世、米兰、布鲁塞尔和阿姆斯特丹，亚洲有东京、中国香港和新加坡等。②现代通信技术与计算机技术使各个外汇市场互联互通，形成全球化的外汇交易网络。③各个外汇市场在交易规则、交易方式上基本趋同，且各个外汇市场价格相互影响，不同市场的汇率存在均等化趋势。

（三）外汇市场是全天候市场

目前世界上已形成了一些主要的国际外汇交易中心，如伦敦、巴黎、纽约、法兰克福、苏黎世、中国香港、新加坡、悉尼和巴林等。由于这些外汇市场遍布全球，因时差的关系，它们的营业时间相互交错、此起彼伏，形成了一个 24 小时不间断的全天候外汇市场。例如，各主要外汇市场的营业时间一般从早上 9 点到下午 5 点。以北京时间为准，每天早上 6 点开市的是澳大利亚的悉尼，从世界最东端的悉尼开始，依次经东京、中国香港、新加坡，到中东的巴林，再到伦敦及欧洲大陆的外汇市场，最后到美国纽约、洛杉矶，又回到悉尼，全天都有外汇市场营业。不管在何时何地均可通过通信网络与正在营业的外汇市场连接并从事外汇交易。由于某些外汇市场（如巴林）全周营业，国际外汇交易事实上可以全年不间断进行㊀。

三、我国外汇市场的现状与存在的问题

改革开放以后，我国真正意义上的外汇市场才开始逐步形成。1979 年，为了满足企业调剂外汇余缺的需要，我国实行外汇留成与上缴制度。1980 年 10 月，国务院批准开办外汇调剂业务，在外汇分配领域引进市场机制，并逐渐形成计划与市场共同调节外汇资源分配的制度。从 1988 年开始，在各省市、自治区、直辖市和部分计划单列市相继成立了外汇调剂中心，在北京成立全国外汇调剂中心。虽然覆盖全国的外汇调剂市场已基本建立，但是现代意义上的外汇市场并未形成，其理由是，外汇调剂市场只具备调剂外汇余缺的功能，而现代意义上的外汇市场除此以外还有货币风险管理、价格发现和投机功能。

1994 年，我国对外汇管理体制进行重大变革，取消了外汇留成与上缴制度，实行银行结售汇制度，并在此基础上建立银行间外汇市场。1994 年 4 月，中国外汇交易中心在上海挂牌成立，到 1996 年年末，基本上形成了一个遍及全国的外汇交易系统，形成全国统一的外汇市

㊀ 戴建中. 国际银行业务[M]，清华大学出版社（北京交通大学出版社），2008 年 11 月，第 186 页。

场，与初期的外汇调剂市场相比，在组织结构、交易内容、交易方式和管理调控上都有很大进步。

按交易的币种划分，我国的外汇市场可分为两大市场，①人民币与外币间市场。该市场包括银行间即期外汇市场、远期外汇市场（含掉期交易）、银行与客户间即期结售汇市场、远期结售汇市场和人民币无本金交割远期市场（non-delivery forward，NDF）。从规避汇率风险角度看，有意义的是银行与客户间远期结售汇市场、银行间远期外汇市场和NDF等三个远期市场。其中，NDF属于离岸市场，1996年后开始出现于新加坡，1997年亚洲金融危机之后交易日趋活跃，目前，新加坡与中国香港是人民币NDF交易的主要市场[㊀]。我国外汇市场的发展与汇率制度变革息息相关。1994年我国实行单一的、以市场供求为基础的有管理浮动汇率制度，这时成立了银行间即期外汇市场。1997年亚洲金融危机前夕，开始允许部分银行开办远期结售汇业务。2005年7月我国对汇率制度实行改革之后不到一个月，国家外汇管理局就发出通知，允许符合条件的银行间外汇市场参与主体开展银行间远期外汇交易，同时允许取得交易备案资格六个月以上的市场会员开展银行间即期与远期、远期与远期相结合的人民币对外币掉期交易。此外，凡是获准办理远期结售汇业务6个月以上的银行，向外汇局备案后即可开办掉期交易。外汇管理和汇率制度的变化与我国外汇市场建设高度相关不是偶然的，原因在于随着汇率波动可能性加大，监管当局不失时机地推出新的外汇交易品种以供市场选择，防范由货币错配引起的外汇风险。②外币与外币间市场。最先开办外币与外币交易的是银行与客户间的零售市场，主要为了满足客户外汇买卖、投资理财和外汇风险管理的需要。银行提供此类服务必须通过国际金融市场上的运作才能完成。2005年5月18日，我国银行间外汇市场正式推出外币与外币间的八个外币对交易（欧元/美元、澳元/美元、英镑/美元、美元/日元、美元/加元、美元/瑞士法郎、美元/港元和欧元/日元）。

虽然我国外汇市场近年取得了很大发展，但与经济主体防范汇率风险的要求相比还有很大差距，与发达国家外汇市场相比更不可同日而语。我国外汇市场发展与我国经济总规模（位列全球第二）和对外贸易规模（位列全球第三）很不相称。概括起来，我国外汇市场发展滞后表现在：

（1）规模小、业务品种不全。根据国际清算银行的调查数据，2007年年初全球外汇市场的日均交易量就达到了3.2万亿美元。然而直到2010年6月末，我国外汇交易日均交易量只有56.29亿美元[㊁]（不含即期交易），可见，中国这个全球第一大外汇储备国和第二大经济体，其外汇市场规模仅在全球占到了千分之几的水平，与其经济发展规模严重不匹配。外汇市场的广度与深度不仅落后于发达国家的外汇市场，而且与相当多的发展中国家存在差距。在资本账户逐步开放和汇率弹性不断增大的今天，规模如此小的外汇市场远远不能满足经济主体规避汇率风险的需要。更值得注意的是，我国的外汇市场衍生品种少，目前来看，真正能用得上的只有远期结售汇交易、银行间远期交易、掉期交易。互换交易层次很低，只允许人民币与外币无本金利率互换，期权交易是空白，而期货交易在历史上曾出现过，但由于许多企业违规经营和盲目参与造成大面积亏损而被取缔。

（2）外汇市场主体发育不成熟。①由于银行结售汇制度改革仍不彻底，央行被动承担外汇风险的局面并未有大的改观，外汇储备余额仍在不断攀升。如果不能藏汇于民，那么外汇市场

㊀ 高扬.构建人民币汇率的避风港-中国外汇衍生品市场研究[M]．中国经济出版社，2006年5月，第16页。

㊁ 中国人民银行．2010年上半年国际收支报告，2010年9月。

主体缺乏风险规避的经验，就很难成熟起来。②外汇市场的准入限制过多。由于市场主体偏少，很容易形成垄断性交易。③缺乏外汇经纪人。外汇经纪人是介于外汇买卖双方之间促成交易并收取佣金的中间人。外汇经纪人有助于沟通信息、提高交易效率和防止垄断交易。缺乏外汇经纪人会导致市场信息不灵和交易不顺畅。④银行间外汇做市商制度有待进一步完善。

（3）交易成本高。表现在两个方面：①中央银行外汇干预成本高，为了冲销买入外汇所投放的基础货币，央行被迫发行票据，而票据利息支出给财政收支带来很大压力。②市场主体参与交易的成本高。这突出地表现在买卖价差上，在我国外汇市场，许多币种买卖差价达10个基点以上，而国际市场上，差价很小，并免收佣金，如欧元对美元买卖价差只有3个点，美元对日元价差也仅有4个点，其他币种价差基本上在5个点左右。交易成本高的原因在于外汇市场的技术含量低、组织方式不合理和一些制度上的障碍因素等。

（4）流动性差。金融市场流动性首先或主要表现为金融交易能否迅速地、无阻碍地进行。同样，外汇市场流动性也首先表现为外汇交易能够连续、顺利地进行。由于我国外汇市场参与者少、交易成本高、竞争机制不充分、基础设施不完善，因而外汇市场的流动性不高，突出表现在交易时间与规模不连续，对于急需规避汇率风险的交易主体来说，在这样一个缺乏广度与深度的市场上很难如愿以偿。

本章小结

外汇是国际支付与结算的手段，其基本特点是可兑换性与可偿付性；外汇市场是买卖外汇的场所与网络，全球外汇市场是一个全天候、高度一体化的市场；汇率是一种货币用另一种货币表现的价格，它反映了两种货币的比价关系，对汇率定义的准确理解有助于我们掌握好汇率的计算问题；汇率制度是一国关于汇率决定与浮动方式的制度安排，如何确定合理的汇率制度是一个艰难而又重要的决定，发展中国家在汇率制度选择上必须慎之又慎。

人民币汇率已经成为全球瞩目的焦点，但人民币汇率不能成为实施贸易摩擦的工具。汇率制度选择是一个国家的主权，我们必须根据本国经济发展需要合理确定人民币的汇率水平。

【关键概念】

外汇（foreign exchange）

汇率（foreign exchange rate）

交叉汇率（cross rate）

直接标价法（direct quotation）

实际汇率（real exchange rate）

浮动汇率制度（floating exchange rate system）

固定汇率制度（fixed exchange rate system）

复习思考题

一、判断题

1．外汇就是外国的货币。　　　　（　　）

2．人民币是自由兑换货币。（　）

3．现钞买入价要大于现汇买入价，但它们的卖出价是一样的。（　）

4．一般地，汇率是哪种货币的价格，货币兑换过程就看成是哪种货币的买卖。（　）

5．同商品买卖一样，货币的买卖也遵循“贱买贵卖”的原则。（　）

6．外汇的买入价与卖出价都是站在客户的角度来报价的。（　）

7．只要人民币对美元升值，就可以解决美国对华贸易逆差问题。（　）

8．只要一国经济快速增长，其货币必定升值。（　）

9．汇率计算的关键是要将汇率看成“货币的价格”，更重要的是要清楚知道汇率表现的是“哪种货币的价格”，原因在于汇率涉及两种货币。（　）

10．中国香港特别行政区没有中央银行，也没有货币局，货币发行委托三家商业银行即汇丰、渣打和中国银行承办。（　）

二、不定项选择题

1．根据外汇买卖交割时间的不同，可将外汇分为（　　）。

A．自由外汇与记账外汇　　B．即期外汇与远期外汇

C．官方外汇与私人外汇　　D．经常账户外汇与资本账户外汇

2．下列关于汇率的说法，正确的是（　　）。

A．一种货币用另一种货币表示的价格

B．两种货币相互交换的数量关系

C．是货币强弱的标志

D．一种货币国内价值在国际市场上的表现

3．用本币表现外币的价格，这是（　　）。

A．直接标价法　　B．间接标价法

C．美元标价法　　D．应收标价法

4．当前人民币汇率制度属于（　　）。

A．固定汇率制度　　B．浮动汇率制度

C．联系汇率制度　　D．有管理的浮动汇率制度

5．一国货币升值对贸易收支产生的影响是（　　）。

A．出口与进口都增加　　B．出口与进口都减少

C．出口减少，进口增加　　D．出口增加，进口减少

6．根据外汇交易组织方式的不同，可将外汇市场分为（　　）。

A．有形外汇市场　B．无形外汇市场　C．即期外汇市场　D．远期外汇市场

7．1994 年我国对外汇管理和汇率制度实行重大改革，主要内容包括（　　）。

A．建立以市场供求为基础的、单一的、有管理的浮动汇率制

B．取消外汇留成，实行银行结售汇制度

C．建立全国统一的外汇交易市场等

D．实行以市场供求为基础、参考一篮子货币进行调节、有管理的浮动汇率制度。同时宣布人民币对美元一次性升值 2%

8．香港联系汇率制度具有自动调节机制，可将美元对港元汇率基本稳定在（　　）。

A．1:7.5　　B．1:7.8　　C．1:8.0　　D．1:8.3

9．固定汇率制的优点包括（　　　）。

A．保持了货币政策自主权　　　　B．为宏观经济政策提供了自律

C．有利于促进贸易与投资　　　　D．可以隔离来自外部的经济冲击

10．银行的现钞价与现汇价的关系是（　　　）。

A．钞买价大于汇买价，钞卖价与汇卖价相同

B．钞买价小于汇买价，钞卖价与汇卖价相同

C．钞买价大于汇买价，钞卖价与汇卖价不同

D．钞买价小于汇买价，钞卖价与汇卖价不同

三、简答题

1．简述外汇的作用。

2．简述决定汇率的因素。

3．汇率对一国经济的影响有哪些？

4．人民币升值对我国经济有何影响？

5．简述汇率制度的种类。

6．简述外汇市场的特点。

综合技能训练

1．已知银行外汇牌价：USD/SF　　1.273 0/40

试问：（1）若询价者买入美元，汇率如何？

（2）若询价者买入被报价币，汇率如何？

（3）若询价者买入报价币，汇率又如何？

2．我国某外贸公司出口一批货物，价值为 100 万美元。设当日牌价为：

USD/CNY　　7.111 0/40

试求该公司需要用多少人民币。

3．我国某公司出口一批货物，外汇收入 15 万美元，已知银行外汇牌价为：

USD/CNY　7.625 0/80　　　　GBP/CNY　12.222 0/50

试求该公司可以结汇多少元人民币。

4．某同学大学毕业后想出国留学，可能去美国、英国或日本，假定这三地的每年学费及生活费分别为 10 万美元、5 万英镑和 1 000 万日元，请到附近一家银行网点查看外汇牌价，为该同学选择一个费用最小的留学地点。

第五章　外 汇 交 易

学习目标

了解外汇交易的概念、特点及外汇交易的规则、术语和程序；理解远期和掉期外汇交易的应用策略；掌握传统外汇交易的基本原理、交叉汇率的计算方法。

新闻导读

美元套利交易是外汇净流入波动的主要原因

2007 年年底，美元进入降息周期，人民币利率持续高于国际市场美元利率，特别是 2009 年下半年以来，中美利率差总体呈扩大态势，人民币对美元汇率逐步恢复升值预期。受利差和汇差双重收益诱导，境内市场主体的跨境美元套利交易规模开始扩张，加剧了我国外汇收支的波动。主要表现为两种形式：

（1）境内外汇贷款。境内外汇贷款利率主要参考国际市场利率，在中美利率差扩大的情况下，企业借用外汇贷款的融资成本相对较低，而人民币升值预期进一步加大了企业“负债外币化”倾向。2009 年和 2010 年上半年，我国金融机构外汇贷款余额分别增加 1 358 亿美元和 323 亿美元。银行为满足境内外汇贷款需求，不断调回境外资产，国际收支平衡表数据显示，2009 年和 2010 年上半年，我国银行境外资产净回流分别为 663 亿美元和 212 亿美元。

（2）跨境外汇融资。随着外汇贷款投放的不断扩大，银行自身外汇流动性趋紧，外汇贷款利率有所升高，企业开始运用跨境外汇融资的方式获取境外外汇资源。对外贸易中，境内银行在接受境内企业人民币全额质押或扣减境内企业授信额度后，以信用证、承兑、保函等保证方式从海外分行、境外银行、本行离岸部获取贴现、代付、授信等各种外汇融资便利，为境内企业延迟进口付汇、提前出口收汇提供金融服务，为锁定汇率风险，境内市场主体在即期外币负债的同时多选择买入境内或离岸市场远期美元。此外，今年上半年国内房地产企业在宏观调控下境内融资困难，开始通过境外关联公司从境外获取贷款，然后再将资金以外商投资方式投入境内，这也是上半年房地产行业外商直接投资大幅增长的重要原因。

市场主体的境内外外汇融资延迟了直接购汇和对外付汇，加大了我国外汇净流入压力。5 月份欧洲主权债务危机深化，市场避险情绪升高，外汇融资反向套利平仓交易上升，当期购、付汇需求扩大，致使 5、6 月份外汇净流入趋缓。

（摘自中国人民银行发布的《2010 年上半年国际收支报告》）

点评：外汇市场既是套期保值的场所，也是投机的场所。美元与人民币的利差，尤其是人民币的升值预期是产生美元套利交易的重要原因。适当的投机交易是外汇市场的润滑剂，但过度投机则使汇率出现异常波动，给市场主体带来很大风险，因此，外汇市场监管是必不可少的。本章主要介绍传统外汇交易的基本知识。

第一节 外汇交易概述

由于国际经济交易的发生和随之而产生的国际结算、国际投资、外汇融资和外汇保值等业务的需要，人们需要将外国货币兑换成本国货币，或将本国货币兑换成外国货币，这便产生了外汇交易。在全球200多个国家中，超过160多种不同的货币被个人、企业和政府用来完成贸易和金融交易。虽然世界上有很多不同种类的货币，但是，每天交易量的85%都是集中于G7国家的货币，即俗称的“主要货币”。外汇市场平均日交易量3.2兆美金，令其成为全球最大，同时也是流通性最高的市场。外汇交易是国际金融业务中最基本、最重要和规模最大的业务，是国际金融研究的主要内容之一。

一、外汇交易的概念、特点及种类

（一）外汇交易的概念

外汇交易，是指外汇买卖的主体为了满足某种经济活动或其他活动需要时，按一定的汇率和特定交割日而进行的不同货币之间的兑换行为。它可以用本国货币兑换外国货币，也可以用外国货币兑换本国货币，或以一种外国货币兑换另一种外国货币。因此，外汇买卖、外汇交易、买卖外汇指的是同一个概念。

（二）外汇交易的特点

众所周知，普通商品的交易，一定要具有几个条件：要有市场上的买卖双方；要有可以用作交换的商品；要提供商品交换的场合或地点。对于外汇交易来说，这几个条件也是必不可少的，但外汇交易又有它自己的特点。

1．交易时间的连续性

由于全球各金融中心的地理位置不同，形成了时间差，分布在世界各地的外汇市场在交易时间上具有继起性，全球外汇交易可以24小时全天候不间断地进行，为投资者提供了没有时间和空间限制的投资场所，投资者可以利用迅捷发达的通信网络，寻找最佳时机进行交易。例如，投资者上午在纽约市场上买进日元，晚间香港市场开市后如果日元上扬，他便可以在香港市场上卖出，而不论其身在何处。

2．交易品种的简单性

外汇交易的商品不是一般的实物商品，而是交易作为一般等价物的货币。与普通市场需要关注成千上万的商品种类不同，外汇市场只需要关注几种货币对的走势就可以了，例如，欧元/美元,美元/日元等,因为这些主要货币对的交易量大约占了整个外汇市场交易额的90%。

3．交易规则的公平性

外汇市场是当今全球日交易额最大、流通性最高的市场，以至于很少甚至没有人可以操纵外汇市场，即操控外汇交易的价格，这就使得外汇交易更加透明也更具有公平性。外汇市场的高流通性使市场趋势非常明显，在外汇市场上获利要比在股票市场上更加依靠技术分析。

4．外汇交易的双向性

由于外汇的买卖会同时牵涉到一买一卖，即买入一种货币的同时就卖出另一种货币，因此外汇交易没有卖空的约束。外汇投资者可以买升，也可以买跌，不受市场升跌周期及法例的限制，做法极其灵活。换句话说，不论市场的走势是向上或向下，对外汇投资人而言，获利的机会都是均等的。

5．杠杆式外汇交易

杠杆操作是指用少量的钱来办更多的事，你的钱就相当于杠杆的支点，可以提高资金的使用效率。杠杆式外汇交易对投资者的资金要求甚低，交易者只需付出 1%至 10%的保证金，就可进行 10 至 100 倍额度的交易。举例而言，假如外汇交易商提供了 200:1 的杠杆，这意味着 50 美元的保证金可以买卖价值 10 000 美元的某种货币。同样，动用 500 美元的保证金，一个交易者就能够交易价值 100 000 美元的某种货币。

杠杆式外汇交易保证金的金额虽小，但实际动用的资金却十分庞大，而且外汇价格每日的波幅又很大，如果投资者在判断外汇走势方面失误，就很可能损失惨重。一旦遇上意料之外的市场状况而没有及时采取措施，不仅本金全部赔掉，而且还可能要追加差额。这就是说，杠杆式外汇交易实质上属于一种高风险的金融交易工具，投资者切不能掉以轻心，在决定杠杆倍数时，必须明白其中的风险。

（三）外汇交易的种类

外汇是伴随着国际贸易而产生的，外汇交易也是国际间结算债权、债务关系的工具。但是，近十几年来，外汇交易不仅在数量上成倍增长，在实质上也发生了重大的变化。外汇交易的种类也随着外汇交易的性质变化而日趋多样化。

根据外汇交易的参与者不同，外汇交易可以分为：

（1）零售性外汇交易，即银行与客户间的外汇交易。企业或个人由于贸易、旅游、投资、投机等原因需要进行货币兑换而与外汇银行进行的外汇交易。

在外汇交易中，商品和劳务进出口双方、对外投资双方等构成了外汇的买方和卖方。一般地，交易双方很难在外币种类、数额、交割等方面达成完全一致。再者，由于双方信用、财力的差异，交易和交割的风险也较大。因此，外汇交易通常是由承办外汇业务的银行（或其他金融机构）承担的。外汇供给方将外汇卖给外汇银行，外汇银行付出本国货币。外汇需求方将本币付给外汇银行，买入自己所需要的外汇。其中，外汇银行对法人的外汇交易，采用转账结算，而对居民个人的外汇交易通常在银行柜台上结算。由于这种交易单笔资金量较小，故称为零售外汇交易。

（2）批发性外汇交易，即银行同业间的外汇交易，它是指银行与银行、银行与其他金融机构之间进行的外汇交易。

外汇银行在对客户买入或卖出外汇后，其自身所持有的外汇就会出现多余或短缺，银行账户上的多头头寸或空头头寸会形成外汇敞口和风险，因此外汇银行会根据其头寸的总差额和汇率走势，在银行同业外汇市场做外汇即期或远期抛补交易，以保持本行资产负债的合理配置，保持外汇头寸平衡，将风险减少到最低程度。这种银行与银行或其他金融机构之间的外汇交易就称为批发性交易。

(3) 中央银行与外汇银行间的外汇交易。各国中央银行是外汇市场的特殊参与者，它进行外汇买卖不是为了谋取利润，而是要达到对市场自发形成的汇率进行干预，对外汇储备的构成进行调节，平衡外汇头寸等目的。其根本的旨意是为了监督和管理外汇市场，引导汇率向对其经济有利的方向变动，使之有利于本国宏观经济政策的贯彻或符合国际协定的要求。

根据外汇交易的方式不同，外汇交易又可分为：现钞、现货、合约现货、期货、期权、远期交易等。具体来说，现钞交易是旅游者和出于其他各种目的需要，外汇现钞者之间进行的买卖，包括现金、外汇旅行支票等；现货交易是大银行之间，以及大银行代理大客户的交易，买卖约定成交后，最迟在两个营业日之内完成资金收付交割；合约现货交易是投资人与金融公司签订合同买卖外汇的方式，适合于大众投资；期货交易是按约定的时间，并按已确定的汇率进行交易，每个合同的金额是固定的；期权交易是把将来是否购买或者出售某种货币的选择权预先进行的交易；远期交易是根据合同规定在规定日期办理交割，合同金额可大可小，交割期也比较灵活。

二、外汇交易的规则、术语和程序

外汇交易市场是无形市场，在这个市场上，每天都发生数额巨大的外汇交易，并且在一般情况下都能保持正常运转，各种外汇交易都能有条不紊地进行，这是由于所有参与者都严格遵守各种约定俗成的外汇交易规则和程序。

（一）外汇交易的主要规则

在外汇市场上，为了保证外汇交易的正常运行，各地外汇市场逐步形成了一些约定俗成的惯例。对于投资者来说，了解这些惯例是很有必要的。

(1) 外汇交易报价通常以美元为中心。除非特别说明，几乎全部的外汇交易均采用以某种货币对美元的买进或卖出的形式进行。

(2) 外汇银行的报价一般都采取双报价方式，即在外汇交易中报价方必须同时报出买入价和卖出价。在采用直接标价法时，买价在前，卖价在后。在采用间接标价法时，卖价在前，买价在后。要正确判断在一个报价中哪一个是买入价、哪一个是卖出价，只需把握一个原则：银行贱买贵卖才能实现盈利。无论交易对方是卖还是买，双向价格的买卖价差是银行外汇交易的主要利润来源。至于报刊公布的外汇交易中间价，只是供读者参考，不能作为外汇交易的依据。

(3) 汇率一般用5位有效数字表示，由大数和小数两部分构成。大多数的汇率，其小数点后第二位以前的数为大数，以后的数为小数。如人民币兑美元汇价 USD/CNY 为 6.825 4/81，其中 6.82 为大数，54/81 为小数。

由于外汇市场上交易非常繁忙，外汇报价员力求简练，因此，外汇交易报价通常只报最后两位数，如上述人民币兑美元汇价只报出：54/81，即两位基本点。无论数值的大小，汇率从右边向左边数过去，第一位称为“X 个（基本）点（BP）”，它是构成汇率变动的最小单位。第二位称为“X 十个（基本）点”，如此类推。如 GBP/USD 即期汇率由 1.443 8 变为 1.441 8，就说 GBP/USD 汇率下跌了 20 个点。

(4) 银行间外汇交易额通常以 100 万美元为基础单位进行买卖。如交易中 One Dollar 表示 100 万美元，Four Dollar 表示 400 万美元，而个人通过外汇交易平台进行的外汇买卖业务中也有以 10 万元基础货币为一个交易单位的情况。一个交易单位叫做一手（Lot），如果交易额低于 100 万美元，应事先说明。

（5）交易双方必须恪守信用，共同遵守“一言为定”的原则和“我的话就是合同”的惯例，交易一经成交不得反悔、变更或要求注销。

（二）外汇交易中的常用术语

1．货币对

外汇交易中每种货币都有一个固定的由三个英文字母组成的国际标准组织（ISO）代码标志。货币对由两个 ISO 代码加一个分割符表示，例如，USD/JPY（美元/日元）120.01，其中第一个代码美元为“基础货币”，有时也称为主要货币，第二个则是“计价货币”。无论买或卖，都是在交易基础货币。买卖价之间的差额就称为“点差（Spread）”，点差的大小是由基本点来衡量的。如上例中，GBP/USD1.441 8/1.443 8，两个价格中有 20 个基本点的点差，20 个点的价差是外汇经纪商或银行的收入。

所有与美元兑换的货币对叫做“主要货币对”，其中最常见的四种主要货币对是：EUR/USD 即欧元/美元、GBP/USD 即英镑/美元、USD/JPY 即美元/日元、USD/CHF 即美元/瑞士法郎。

如果一个货币对中不包括美元，则该货币对为交叉货币对。例如，EUR/JPY。我们可以从上述主要货币对中得出英镑、欧元、日元和瑞士法郎的交叉汇率。

2．牛市与熊市

牛市（Bull Market）是指价格有上升趋势的市场。熊市（Bear Market）是指价格有下降趋势的市场。

3．卖空与买空

当投机者预期某种货币如美元将贬值时，就在外汇市场趁着美元价格相对较高时先行预约卖出，到期如果美元汇率真的下跌，投机者就可按照下跌的汇率买进美元现汇来交割美元远期，赚取差价利润。这种投机方式的特点就是“先卖后买”，即以预约的形式进行交易，卖出时自己手边并无外汇，因此称这种交易为“卖空（Sell Short）”或称为做空头。与卖空交易操作程序相反的就是“买空”（Buy Long）或称为做多头。当投机者预期某种货币将升值时，就在外汇市场趁着该种货币价格相对较低时先行预约买进该种货币的远期，到期该货币汇率若真的上升，投机者就可按照上升的汇率卖出该货币的现汇来交割远期。买空的特点就是“先买后卖”。投机者是根据对外汇变动的预期，有意持有外汇的多头或空头，希望利用汇率变动来赚取利润。

（三）外汇交易的程序

询价→报价→成交→确认→交割

1．询价（asking）

询价内容一般包括交易货币的即期汇率或远期汇率的买入价和卖出价、交易金额、交易类型与合同的交割期限。询价当事人通常要主动地说明自己单位的名称，即自报家门，以便让报价行知道交易对手是谁，并决定其交易对策。

2．**报价**（quotation）

报价行的外汇交易员在接到询价后，立即报出该货币的即期汇率或远期汇率的买入价和卖出价，这是外汇买卖成交的基础。另外，报价时还必须遵守“一言为定”的原则，只要询价方愿意按报价交易，报价行就不得反悔或变更。

3．**成交**（done）

询价方首先表示买入或卖出某种货币、数量、期限的交易价格，然后由报价行承诺。与此同时，外汇交易通信工具的多通道话音记录仪会将交易对话过程一字一句地记录下来，打印纸上的记录即可作为交易的原始凭证或交易合约。

4．**确认**（confirmation）

一旦报价行的交易员说“成交了”（Ok，Done），合同即告成立，双方就要受合同的约束。同时，按一般惯例，双方会不厌其烦地再相互证实一下买卖货币的汇率、金额、交割日及资金结算办法等。

5．**交割**（delivery）

这是外汇买卖的最后一道程序，是买卖双方结算各自款项，了结债权、债务关系的行为，也即交易双方各自按照对方当事人的要求，将卖出的货币及时准确地存入对方指定的银行存款账户中。

第二节　即期外汇交易

一、即期外汇交易的概念

即期外汇交易（spot exchange transactions）又称为现货交易或现汇交易，是指外汇买卖成交后，交易双方于当天或两个营业日（working day）内办理交割手续的一种交易行为。即期外汇交易是外汇市场上最常见、最普遍的一种交易方式，其交易量约占全部外汇交易量的三分之二，居各类外汇交易量之首。

即期外汇交易中营业日、交割和交割日的含义如下：

营业日是指除了节假日之外的工作日。如果遇到双方任何一家银行是非营业日，则交割日应该顺延到下一个营业日。需要注意的是在顺延的问题上有一个例外，如果交易涉及美元，并且交割日是标准交割日，成交日后的第一天是美国的假日而另一个国家的银行是营业日，成交日后的第二天是双方银行的营业日则交割日不用顺延，仍然可以在原标准交割日交割。比如 6 月 26 日进行的美元与英镑的外汇交易，6 月 27 日是美国的假日，而英国银行是营业日，6 月 28 日是双方银行的营业日，则应该在 6 月 28 日交割而不用顺延。

交割就是交易双方各自按对方的需要，将卖出的货币及时解入对方指定账户的处理过程，是交易双方履行交易契约，进行钱货两清的行为。

交割日也叫起息日（value day），是指买卖双方支付货币的日期。

一般来说，外汇买卖“零售”业务大都在当日成交和收付，而银行同业间外汇“批发”业务的交割日有 3 种类型：

（1）当日交割（value today，简写 VAL TOD），即交割日为成交日当天。

（2）次日交割（value tomorrow，简写 VAL TOM），即交割日为成交日后第一个营业日。

（3）标准交割日（value spot，简写 VAL SP），它是指在交易成交后第二个营业日交割，目前大部分的外汇买卖采用这种方式。

[例 5-1] 银行与客户间的即期外汇交易运作范例

A 代表客户，B 代表银行。

A：Spot DLR JPY，Pls.（请问即期美元兑日元报什么价？）

B：MP，124.20/30（稍等，价格是 124.20/30 日元。）

A：Taking USD10.（买进 1 000 万美元）

B：OK，Done，I Sell USD 10 Mio AG JPY At 124.20/30，VAL JULY 20，JPY PLS To ABC BK Tokyo，A/C NO.1234 56（我卖给你 1 000 万美元买进日元，汇率为 124.20/30，起息日为 7 月 20 日，日元请付至东京 ABC 银行，账号为 123 456。）

A：USD To XYZ BK N.Y. A/C 65 421，CHIPS UID 09 458.TKS for the deal.（美元请付至纽约 XYZ 银行，账号为 654 321，CHIPS UID 09 458。多谢你的交易。）

从以上询价报价交易过程中可以看到，实际外汇交易中为节约时间往往将许多单词、数字进行简化，由于历史、习惯等原因最后就形成了许多特殊的行话。

二、即期外汇交易的报价依据

即期外汇交易报价时考虑的主要因素有：

1．外汇市场的行情

市场行情是报价行报价的决定性依据，它包括：现行的市场价格，如市场上一笔交易的成交价或是市场上核心成员的买价及卖价。市场的预期，即指报价行报价时，市场上某种货币可能正处于上升或下降的压力之下。如果市场有明显的预期，货币的价格走势就较易往预期的价位波动。交易员必须了解目前市场的预期心理，而调整本身的持有部位，使本身的部位处于有利的状况，如此报出来的价格才不会违反市场走势，而遭到重大的损失。

2．报价行的外汇头寸

当报价行已经持有询价方所询货币的多头并且金额很大时，报价行在报价时会报价较低以便于抛出该种货币，减少风险；反之，则会报价较高。

3．询价者的交易意图

一般地，询价方在询价时不必透露买卖意图，而报价行必须同时报出买价和卖价。有经验的交易员在报价时，能够推测询价方的交易目的（买入或卖出），借此调整报价。如询价方意欲卖出某种货币，报价则稍稍压低一点；反之则抬高一点。

4．国际经济政治及军事最新动态

报价行所在国家及西方主要国家（如美国、日本、德国、英国等）经济的繁荣或萎缩、财政的盈余或赤字、国际收支的顺差或逆差、政治军事的动荡与稳定等，都会引起外汇行市的动荡不安，从而引起某种货币价格的上升或下降，因此报价行的外汇交易员必须时刻注意这些新闻并以此调节本行的报价。

三、即期汇率的套算

人们根据汇率制定的不同方法，将汇率分为基础汇率（basic rate）和套算汇率（cross rate）。基础汇率，是一国所制定的本国货币与基准货币（往往是关键货币，比如美元）之间的汇率，它是本币与其他外币汇率计算的基础，因此称为基础汇率。所谓套算汇率，是指在基础汇率的基础上套算出的本币与非关键货币之间的汇率。例如，2011 年 1 月 24 日人民币兑美元的汇率为 1 美元等于 6.581 6，瑞士法郎兑美元的汇率为 1 美元等于 0.960 3 瑞士法郎，则利用这两个汇率可以计算出 1 瑞士法郎等于 6.853 7 元人民币。

那么如何进行汇率的套算呢？下面分两种情况举例加以说明。

1．两种货币对第三种货币的汇率均采用相同的标价法

[例 5-2] 某日外汇市场上英镑对美元、澳大利亚元对美元的汇率分别为

GBP/USD　1.811 0/20

AUD/USD　0.823 5/45

试求某 A 银行的 GBP/AUD 双向汇率。

分析思路：本题的意思是，知道英镑的美元价和澳大利亚元的美元价，求英镑的澳元价或英镑对澳元的双向汇率。从两个汇率都涉及的货币（美元）发行国来看，两个汇率均为直接标价法。下面分别求英镑的买入价和卖出价。

（1）英镑的澳元买入价

英镑的澳元买入价，即 A 银行向客户购买一英镑需支付多少澳元。假设 A 银行先收入某客户 1 英镑（澳元暂未付），然后在外汇市场将其卖给 B 银行从而得到 1.811 0 美元（此时 A 银行成了客户，A 卖出英镑，B 买入英镑，适用英镑买入价），再将 1.811 0 美元卖给 C 银行，A 卖出美元，C 则卖出澳元，适用澳元的卖出价，因此可以换得的澳元数为

$$1.811\,0 \div 0.824\,5 = 2.196\,5$$

这时，A 银行可将这 2.196 5 澳元支付给客户，作为换回 1 英镑的代价，即英镑对澳元的买入价为 2.196 5。

（2）英镑的澳元卖出价

英镑的澳元卖出价，即 A 银行卖出 1 英镑可以收回多少澳元。假设 A 银行自己没有 1 个英镑可卖，它只能先用澳元换美元，再用美元换英镑，那么究竟需要多少澳元才能换回一个英镑呢？我们把兑换顺序颠倒一下，要换一个英镑需要 1.812 0 美元，要换 1.812 0 美元，则需要 1.812 0÷0.823 5=2.200 4 澳元，A 银行卖出 1 英镑至少要收回 2.200 4 澳元才不致亏损，即英镑对澳元的卖出价应为 2.200 4。

注意本例中假定所有银行外汇牌价相同，并且 A、B、C 可能为同一家银行，在这里将其分开是为了分析问题的方便。

2．两种货币对第三种货币的汇率标价不同

[例 5-3] 某日外汇市场报价如下

GBP/USD　1.566 0/70

USD/SF　1.853 0/40

试求 GBP/SF 的双向汇率。

从两个汇率都涉及的货币（美元）发行国立场看，前一个汇率为直接标价，后一个汇率为间接标价，说明标价方法不同。解题思路同上，最终计算的结果为

（1）英镑的瑞士法郎买入价为：1.566 0×1.853 0=2.901 8

（2）英镑的瑞士法郎卖出价为：1.567 0×1.854 0=2.905 2

根据上述运算过程与结果，我们总结出计算套算汇率（交叉汇率）的一般规律：**标价相同，交叉相除；标价不同，同边相乘**。标价相同是指两个基准汇率均为直接标价或间接标价。交叉相除是指斜杠两边代表汇率的数字交叉相除，即一个汇率买入价除以另一个汇率的卖出价，一个汇率的卖出价除以另一个汇率的买入价，从而得到双向汇率。标价不同是两个汇率一为直接标价，一为间接标价。同边相乘是指斜杠左边的数字与左边的数字相乘，斜杠右边的数字与右边的数字相乘。同时要注意计算结果所代表的汇率，有一个简单的判定方法“分数法”，即将汇率表达式看成分数形式，然后进行乘除法运算，则根据结果进行判定。比如例 5-2 中，如果用第一个汇率的数字除以第二个汇率的数字，计算结果为（GBP/USD）÷（AUD/USD）=GBP/AUD，则说明用第一个汇率交叉相除第二个汇率，得到的双向汇率是 GBP/AUD 的汇率。如在例 5-3 中，（GBP/USD）×（USD/SF）=GBP/SF，则说明计算结果只能是 GBP/SF 的汇率。当然只要知道了 GBP/AUD 和 GBP/SF 的汇率，就很容易得到 AUD/GBP 和 SF/GBP 的汇率。

[例 5-4] 已知某外汇市场牌价

USD/EUR	0.812 5/45	USD/HKD	7.773 3/53
GBP/USD	1.476 2/72	USD/JPY	91.05/91.20

试求 EUR/HKD 和 GBP/JPY 的双向汇率。

即期汇率的套算实例

USD/EUR	0.812 5/45
USD/HKD	7.773 3/53
交叉相除	
EUR/HKD	9.543 6～9.569 6
即：7.773 3÷0.814 5=9.543 6	7.775 3÷0.812 5=9.569 6
GBP/USD	1.476 2/72
USD/JPY	91.0 5/20
同边相乘	
GBP/JPY	134.41/72
即：1.476 2×91.05=134.41	1.477 2×91.20=134.72

第三节 远期外汇交易

一、远期外汇交易的概念

远期外汇交易（forward exchange transaction）又称期汇交易，是指外汇买卖成交后，于两个营业日以外的其他时间办理交割的外汇业务。这种外汇交易的实现需要两个步骤：首先

是买卖双方签订远期外汇合约（forward exchange contract），合约规定交易货币的种类、金额、约定的远期汇率、交割时间及地点等交易内容；其次是到未来约定的时间进行交割。

远期外汇合约一经签订，双方必须按合约有关条款履行，不能任意违约。银行与普通私人或信誉不熟悉的企业等客户进行远期外汇交易时，一般还要求这些客户提供一定的保证金（通常为交易额的十分之一），以防汇价出现超乎异常的不利变动时，客户不履行契约使银行遭受损失，并且，一旦汇价变动对客户造成的损失超过了保证金时，银行还将通知客户增加保证金。对于客户所交的保证金，银行通常支付存款利息。

远期外汇交易与即期外汇交易的主要区别在于交割日的不同，远期外汇交易从成交日到交割日至少相隔两天。远期外汇交易的期限一般有 1 个月、2 个月、3 个月、6 个月、12 个月，其中最常用的是 3 个月的远期外汇交易，因为国际贸易付款往往是在 3 个月之后。一般而言，交割日在一年以内的为远期外汇交易，交割日在一年以上的为超远期外汇交易。

远期外汇交易的特点是现在通过远期合约把外汇交易的条件确定下来而将来进行交割，即交易者现在就可以确定将来自己支付或收入外汇的买卖价格。通过远期外汇交易，避免了汇率变动的风险，能够将国际贸易和国际信贷的外汇成本和收益予以固定，便于核算，因此远期外汇交易便成为一种最主要的防范汇率风险的方法。

二、远期外汇交易的交割日

确定远期外汇交易的交割日通常遵循以下的惯例：

（1）节假日顺延。远期交割日若不是营业日，则顺延至下个营业日才是合格的远期交割日。

（2）不跨月。遇节假日顺延时不能跨过交割日所在月份。若顺延之后，跨月为下一个月份营业日，则选择当月的最后一个营业日为合格远期交割日。

（3）日对日。任何外汇交易都以即期交易为基础，若远期合约是以天数计算，其天数以即期交割日后的日历日的天数作为基准，而非营业日。在日历天数上，远期交割日日数与即期交割日相同，即先算出即期交割日，再加上星期数或月数，就是远期交割日。假如一笔远期外汇交易的交易日是 2010 年 3 月 12 日星期五，即期交割日就是 2010 年 3 月 16 日（交易日之后两个营业日），则 1 个月期交割日为 2010 年 4 月 16 日星期五，3 个月期交割日为 6 月 16 日。

（4）月对月。月底日对月底日，如果即期交割日是月份的最后营业日，则标准的远期交割日是相关币种国家每个月的共同最后营业日。

三、远期外汇交易的类型

远期外汇交易的类型通常有以下几种：

（1）固定交割日的远期外汇交易。这是标准的远期外汇交易，即双方按照事先规定的交割时间，到期办理交割。

（2）选择交割日的远期外汇交易，通常又称择期外汇交易，是指交割日期不确定的远期外汇交易，即买卖双方可以在约定期限内的任何一个营业日办理交割。

择期外汇交易又分为完全择期交易和部分择期交易。其中部分择期交易又称确定交割月份的远期外汇交易，即交易合约中规定某一月份中的任何一天都可以作为履约的交割日，如3月15日达成的两个月期部分择期外汇交易合同，其交割日为从5月1日到5月17日之间的任何一个营业日。而完全择期交易又称未确定交割日期的远期外汇交易。合约规定交易双方可将签订远期外汇合同后的第三天到约定期满日之间的任何一天作为履约的交割日，如2月5日签订的3个月期未确定交割日期的远期外汇合约，则交易双方可在2月8日到5月7日期间的任何一个营业日按合约交割。

（3）无本金交割远期外汇交易（non-deliverable forwards）简称NDF，它是指客户与银行约定远期汇率及交易金额，并于未来指定日期，就先前约定汇率与即期市场汇率之差价结算差额，而无须交割本金。

NDF主要用于实行外汇管制国家的货币，目前亚洲地区的人民币、韩元、新台币等货币的非交割远期交易相当活跃。NDF结算的货币是自由兑换货币（一般为美元），无需对NDF的本金（受限制货币）进行交割。NDF的期限一般在数月至数年之间，主要交易品种是一年期和一年以下的品种，超过一年的合约一般交易不够活跃。

四、远期汇率的报价与计算

远期汇率的报价有两种方法：①完整汇率（outright rate）报价法。直接将各种不同交割期限的远期买入价、卖出价完整地表示出来，这种方法与即期汇率报价没有区别。②远期差价报价法，又称掉期率（swap rate）或点数汇率（points rate）报价法。这种方法不直接报出远期汇率的完整形式，而是只报出即期汇率与各期的远期差价，再根据即期汇率与远期差价来计算远期汇率。

即期汇率与远期汇率有三种关系：①升水（premium）。远期汇率大于即期汇率表示被报价货币升水。②贴水（discount）。远期汇率小于即期汇率表示被报价货币的贴水。③平价（at par）。平价表示即期汇率与远期汇率相等。升贴水的幅度一般用基点数表示，双向汇率则有两个基点数，那么如何判定升水或是贴水？请记住：左小右大，表示被报价货币的升水；左大右小，表示被报价货币的贴水。报价货币升贴水情况则刚好与被报价货币相反。下面举例说明。

[例5-5] 某日伦敦外汇市场英镑对美元的远期汇率为

即期汇率　　1.811 0/20

一个月远期差价　　30/35

三个月远期差价　　60/70

分析思路：首先分析哪种货币为被报价货币，根据前面的知识，英镑在前应该是被报价货币，其次看远期差价点数情况，左小右大，表示被报价货币（英镑）的升水，报价货币（美元）则相反，即为贴水。接下来的问题是如何根据即期汇率和远期差价计算远期汇率。请记住：**左小右大往上加，左大右小往下减。**

[例5-6] 某日巴黎外汇市场欧元对美元的报价为

即期汇率　　1.812 0/50

3个月远期差价　　60/20

6个月远期差价　　110/60

先看升贴水情况，欧元是被报价货币，远期差价点数为左大右小表示欧元的贴水和美元的升水。根据左大右小往下减的规律，计算3个月和6个月远期汇率

1.812 0/1.815 0	1.812 0/1.815 0
−0.006 0/0.002 0	−0.011 0/0.006 0
1.806 0/1.813 0	1.801 0/1.809 0

在远期外汇交易中，外汇银行报出某种货币远期汇率的升贴水，是有一定依据的。远期汇率的决定主要取决于三个基本因素：即期汇率、买入货币与卖出货币间的利率差和远期期限的长短。

五、选择交割日的远期外汇交易

根据交割日的不同，可将远期外汇交易分为固定交割日的远期交易和选择交割日的远期交易。

（一）固定交割日的远期外汇交易

这种交易的交割日期是确定的，外汇买卖成交之后，交易双方在某一个确定的日期进行交割，既不能提前也不能推后。

（二）选择交割日的远期外汇交易

这种交易又叫择期交易，事先没有确定一个交割日期，只规定一个期限，交易一方可在约定期限内的任何一个营业日要求对方按约定的汇率进行交割的远期外汇交易。这类交易比较适合外汇收付款日期不能确定的对外贸易。在择期交易中，询价方（客户）有权选择交割日期（当然选择一个最有利的日期），为公平起见，报价方（银行）可以报一个在约定期限内最有利的价格。一般地，报价银行的报价遵循以下两条原则：

（1）报价银行买入被报价货币。若被报价货币升水，则选择期内第一天的汇率报价；若被报价货币贴水，则按期内最后一天的汇率报价。

（2）报价银行卖出被报价货币。若被报价货币升水，则选期内最后一天汇率；反之，则选期内第一天汇率报价。

[例 5-7] 某日法兰克福市场的 EUR/USD 外汇牌价如下

即期汇率	1.221 0/30
1 个月远期差价	30/40
3 个月远期差价	60/80

客户根据业务需要：

（1）买入美元，择期从即期到 1 个月。

（2）卖出美元，择期从 1 个月到 3 个月。

分析思路：

（1）客户买入美元，即银行买入欧元，从即期到 1 个月，欧元为升水，因此，选择第一天汇率（最低价）买入价即：EUR/USD=1.221 0。

（2）客户卖出美元，即银行卖出欧元，从 1 个月到 3 个月，欧元为升水，因此，选择最高价即 3 个月卖出价即 EUR/USD=1.223 0+0.008 0=1.231 0，这里要注意加上基点数时须乘以 0.000 1。

六、远期外汇交易的应用

采用远期外汇交易的方式，可以在成交日将未来交割的汇率予以事先确定，因此，远期外汇交易通常被进出口商、外汇银行等用来套期保值规避风险或进行投机。

（一）保值交易

保值（hedge）性远期外汇交易，是指交易者在已知未来远期外汇头寸的情况下，利用远期外汇交易对未来的外汇头寸进行抛补，从而发挥保值的作用。

在浮动汇率制下，汇率经常波动，而在国际贸易中进出口商从签订贸易合同到货款结算需要经过一段相当长的时间（一般为 30～90 天），在此期间贸易双方都要承担汇率变动的风险。若计价货币汇率上浮，对进口商意味着要以较多的本币才能兑换一定数量的外币对外支付，将遭受损失；而对出口商意味着一定数量的外币将兑换更多的本币，将获利。反之则相反。因此，进出口商一般通过外汇银行进行远期外汇交易进行保值。具体地说，出口商在签约时可按当时汇率将所得的远期外汇卖给银行；而进口商可预先向银行买进期汇。这样不仅可以使贸易双方避免了汇率变动的风险，而且可以锁定贸易利润和成本。

[例 5-8] 某年五月中旬美国出口商向英国出口价值 1 000 万英镑的机器设备，预计三个月后收到货款，到时需把英镑兑换成美元核算盈亏。当时纽约外汇市场即期汇率水平为 GBP/USD=1.673 2/37，三个月远期英镑贴水 20 点，三个月后即期汇率为 GBP/USD=1.669 0/95，那么

（1）美国出口商如果不采取保值措施，三个月后会收回多少美元？

（2）如果美国出口商现在采取保值措施，如何利用远期外汇交易进行套期保值？

分析思路：

（1）如果美国出口商不采取保值措施，三个月后收到 1 000 万英镑，换得美元 1 669 万美元。

（2）如果美国出口商现在采取保值措施，利用远期外汇市场避险的具体操作是：在美国出口商与英国进口商签订贸易合同的同时，与银行做一笔卖出三个月 1 000 万英镑的远期外汇交易，三个月后，可以换得（1.673 2–0.002 0）×1 000 万=1 671.2 万美元，不但避免了 2.2（1 671.2–1 669=2.2）万美元的损失，而且在签订贸易合同时就可以确定该笔交易的收入。

上例说明的是远期外汇交易为交易者避免损失的情况，但需要注意的是：如果到时的即期汇率对希望保值一方不利的话，那么也要与另一方进行交割。如果该交易者不做其他交易获利，则该交易者虽然提前确保了外汇兑换的价格，但是也享受不到汇率波动对自己有利的好处，也就是说，远期外汇交易可能带来相对的损失。远期外汇交易规避风险时的特点是能将未来的货币支出成本或收益提前“锁定”，但不一定能令交易者避免外汇损失。

（二）投机交易

外汇投机交易（speculate in foreign exchange）是指投机者通过买卖现汇或期汇，有意保持某种外汇的多头或空头，以期在汇率实际发生变动后获得收益。投机交易一般没有贸易背景，投机商只是希望能够通过贱买贵卖获得差价收益。

利用远期外汇交易进行投机主要有两个方向：卖空（sell short）和买空（buy long）。卖空是指投机商预测未来某种货币会贬值，则现在就卖出该种货币，待将来便宜的时候再把这

种外汇买回来；反之，买空指投机商预测未来某种货币会升值，则现在就买进该种货币，待将来升值的时候再将其卖出。

进行投机是指投机者基于对汇率变动的预期而主动在远期制造外汇头寸以谋利，买空、卖空都是基于正确的汇率变动趋势预测，一旦预测不准确将会使投机者遭受损失。

[例 5-9] 假设东京外汇市场上 6 个月的远期汇率为 USD1=JPY104，某投机者预计半年后即期汇率将是 USD1=JPY124，若该预测准确，该投机者买进 6 个月的远期美元 100 万，可获利多少？若签完远期合约过了 4 个月，市场上汇率 USD1=JPY124，估计不会再涨了，该投机者的决策如何？

分析思路：根据远期合约，投机者买进 100 万 6 个月的远期美元，半年到期时支付 1.04 亿日元，投机者将 100 万美元现汇卖掉得 1.24 亿日元，可获利 2 000 万日元。若预测不准确，则会蒙受损失。

若远期合约过了 4 个月，市场汇率就涨至 124，且估计不会再涨了，就与银行签订一份与先前的远期合约到期日相同，但方向相反的合约，卖出 2 个月的远期美元 100 万，到期时两个合约相抵，提前 2 个月获利 2 000 万日元。

[例 5-10] 外汇市场上 3 个月的远期汇率 GBP1=USD1.600 0/10，一个美国投机者预测英镑将贬值，预计 3 个月后英镑即期汇率将为 GBP1=USD1.550 0/10。设交易金额为 100 万英镑，问该投机者如何操作？

分析思路：该美国投机者预测英镑会贬值，就先卖后买，进行英镑的卖空交易。

首先，与银行签订远期合约，卖出远期英镑 100 万，3 个月后可收回 160 万美元。

成交时投机者只需支付少额的保证金，无需实际支付英镑。在交割日投机者要支付 100 万英镑，收入 160 万美元。

然后，即 3 个月后的交割日，投机者可在现汇市场上买进即期英镑 100 万履行远期合约，只需付出 155.1 万美元。这一买一卖的交易让投机者获利 4.9 万美元。

若投机者与银行签订合约后 2 个月，市场的英镑汇率就跌至 1.550 0/10，估计不会再跌了，则可以与银行签订一个与原合约相反的合约，买进 1 个月的远期英镑 100 万。到期时，两个买卖合约相抵，提前 1 个月获利 4.9 万美元。若该投机者预计不准，英镑不跌反而上涨，该投机者就会蒙受损失。

第四节 掉期外汇交易

一、掉期外汇交易的概念

掉期（swap transaction）交易是指在买进或卖出一定期限的某种货币的同时，卖出或买进期限不同，金额相同的同种货币的远期外汇。例如，某银行在 5 月 6 日买进即期英镑 100 万，同时卖出一个月远期英镑 100 万。这里买入英镑现汇的同时卖出其期汇，该银行所做的就是一笔掉期交易。

在掉期交易中，交易者只是将所持有的外汇期限作了掉换，如在上例中，交易者原来持有英镑现汇，掉期交易后变为持有 1 个月远期英镑，其持有的货币种类和金额并没有发生变化。

掉期外汇交易有以下特点：

（1）买卖同时进行，即一笔掉期交易必须包括买进一笔外汇及卖出一笔外汇，并且买卖活动在时间上几乎同时进行。

（2）买卖外汇的货币种类相同、金额相等。

（3）交割的期限不同，即买卖外汇的交割日期是错开的，如在上例中即期买入英镑的一笔交易交割日是在5月8日（如果是标准交割日，而且是双方的营业日），远期卖出一个月英镑交割日应该在6月8日。

掉期交易是复合的外汇买卖，其操作涉及即期交易与远期交易或买卖的同时进行。外汇掉期交易主要用于银行同业之间的外汇交易，一些大公司也经常利用掉期交易进行套利活动。

二、掉期外汇交易的类型

掉期交易通常被称为外汇交易上的“集成电路”，充分了解其本质特征，并掌握其基本形式，便能在实际应用中组合出多种交易形式。掉期交易主要用于套期保值，规避外汇风险，其基本交易类型一般有以下几种：

（1）即期对远期的掉期交易（spot-forward swaps）是指买进或卖出一笔现汇的同时，卖出或买进一笔期汇的掉期交易。这是在国际市场上最常见的掉期交易，主要用于避免外汇风险、货币的转换、外汇资金头寸的调整。如在短期资本输入输出中，如果将一种货币掉换成另一种货币，就要做这种形式的掉期交易。

（2）远期对远期的掉期交易（forward against forward）是指两笔货币金额相同、方向相反、交割期限不同的远期外汇交易。如在买进或卖出较短交割期的远期外汇（如30天）的同时，卖出或买进较长交割期的远期外汇（如90天）。这种交易方式既可以用于套期保值，也可以用于投机。

（3）即期对即期的掉期交易（spot against spot）是指两笔数额相同、交割日相差一天、方向相反的外汇掉期交易。如一种是今日掉次日（today/tomorrow swap）又称隔夜交易（O/N, over-night），即一笔即期交易的交割日是成交日当天，另一笔即期交易的交割日是成交日后的第一个营业日；还有一种是明日掉后日（tomorrow / next swap）又称隔日交易（T/N, tom-next），即一笔即期交易的交割日是成交日后的第一个营业日，另一笔即期交易的交割日是成交日后的第二个营业日。

即期对即期的外汇掉期交易，主要用于外汇银行同业进行短期资金拆借，其目的在于避免进行短期资金拆借时因剩余头寸或短缺头寸的存在而遭受汇率变动的风险。

三、掉期外汇交易的应用

在掉期交易中，即期交易使用的是即期汇率，远期交易使用的是远期汇率。由于两笔交易的数量相等，方向相反，成本只取决于两笔交易所用汇率的差额，称为掉期率，以基本点报价。

掉期交易的基本作用是防范国际贸易和国际投资活动中因时间不一致所造成的汇率变动的风险，掉期交易能为国际贸易和投资活动提供有效的保值措施。

[例5-11]　一家美国投资公司需要100万英镑现汇进行投资，已知即期汇率为GBP/USD=1.677 0/80，2个月的远期汇水为20/10，预计2个月后收回投资，问公司应该如何利用掉期交易防范汇率风险？

解：2 个月的远期汇率为

GBP/USD=（1.677 0–0.002 0）/（1.678 0–0.001 0）=1.675 0/1.677 0

该公司可以这样操作：

在即期市场上买进 100 万英镑，需付出 1 678 000 美元，同时在期汇市场上卖出 100 万英镑 2 个月的期汇，可收回 1 675 000 美元。

在这笔掉期交易中投资者承担了 3 000 美元差额，但这样做可以固定成本，可以用最小的代价保证预计的投资收益不再因汇率的变化而遭到损失。

[例 5-12] 美国一公司 1 个月后有一笔 100 万欧元的应收款，6 个月后又有一笔 100 万欧元的应付款，若该公司想通过掉期交易来固定成本，应如何操作？假设当时的即期汇率为：EUR/USD=1.332 5/1.340 0，1 个月远期汇水为 30/40，6 个月的远期汇水为 110/160，其掉期成本是多少？

解：该公司可以做这样的掉期交易：卖出 1 个月期 100 万欧元，同时买进 6 个月期 100 万欧元。

1 个月的远期汇率是：EUR/USD=（1.332 5+0.003 0）/（1.340 0+0.004 0）=1.335 5/1.344 0

6 个月的远期汇率是：EUR/USD=（1.332 5+0.011 0）/（1.340 0+0.016 0）=1.343 5/1.356 0

卖出 1 个月期 100 万欧元应收回的美元金额是：100×1.335 5=133.55（万美元）

买进 6 个月期 100 万欧元所支付的美元金额是：100×1.356 0=135.60（万美元）

所以，掉期成本为：135.60–133.55=2.05（万美元）。

第五节 套汇和套利交易

一、套汇交易

套汇交易（arbitrage）是指利用不同市场、不同货币和不同交割期限在汇率上的差异而进行的低买高卖，赚取差价利润的外汇交易。套汇分为地点套汇、时间套汇（掉期交易）及利息套汇（套利交易），通常所说的套汇一般是指地点套汇。

地点套汇是指套汇者利用两个或两个以上外汇市场中某种货币在汇率上的差异来进行交易，从中赚取汇差收益。套汇业务要产生电传费用佣金等开支，套汇净收益取决于汇差收益和套汇成本。在外汇市场上，套汇者贱买贵卖的结果使外汇市场的汇率水平趋于一致，当汇差收益等于套汇成本时，套汇活动就停止了。

地点套汇又可分为直接套汇和间接套汇，其中最简单的形式是直接套汇。

1．直接套汇

直接套汇又称两地套汇，是指利用两个不同地点的外汇市场之间，在某一短暂时刻某种货币的汇率差异，按照贱买贵卖的原则，赚取汇差收益的外汇买卖活动。

[例 5-13] 设在同一时间内，出现下列情况

伦敦外汇市场上：GBP1=USD1.621 5/1.622 5

纽约外汇市场上：GBP1=USD1.624 5/1.625 5

问：套汇者如何利用两地汇差进行套汇？

解：不难看出，英镑汇率在纽约市场上相对较高，套汇者首先在纽约市场上以GBP1=USD1.624 5的价格出售英镑，然后在伦敦市场上以GBP1=USD1.622 5的价格购入英镑。这一卖一买，在不计套汇成本的前提下每英镑可获毛利0.002 0美元。若套汇者用100万英镑进行套汇，则可得2 000美元，受益还是相当可观的。

2．间接套汇

间接套汇（indirect arbitrage）又称三角套汇（three point arbitrage）和多角套汇，是指套汇者利用三个或三个以上不同地点的外汇市场中三种或多种不同货币之间的汇率差异，赚取汇率差额的一种套汇交易，套汇活动通常在三个外汇市场间进行。

间接套汇相对于直接套汇比较复杂，因为不能直接看出三地市场是否存在汇差，是否有利可图，所以在做间接套汇之前首先要进行可行性判断，判断的方法有套算比较法和汇价积数法。

（1）套算比较法。套算比较法是指将其中两个汇率进行套算，得出的式子与第三个汇率进行比较，只要有差异，就可以进行套汇。

（2）汇价积数法。汇价积数法是把三地市场汇率变成同一标价法，然后将三个买入价或卖出价相乘，如果连乘积是1或几乎等于1，说明市场之间的货币汇率关系处于均衡状态，没有汇差或只有微小汇差，扣除套汇成本，无利可图。如果连乘积不等于1，说明存在汇率差异，有套汇的机会。连乘积与1的差额越大，可能获取的利润越大。

[例5-14] 某日的某一时刻，纽约、巴黎、伦敦三地市场的汇率为

纽约外汇市场：USD1=EUR6.187 0/95

巴黎外汇市场：GBP1=EUR7.825 4/74

伦敦外汇市场：GBP1=USD1.671 5/35

问：这三地是否存在套汇的可能？套汇者拟以100万美元进行套汇，收益是多少？

解：

首先分析有没有套汇的可能。

方法一：套算比较法

通过对巴黎外汇市场和伦敦外汇市场两地的汇率套算出

$$USD/EUR=(GBP/EUR)\div(GBP/USD)$$

$$=(7.825\,4\div1.673\,5)/(7.827\,4\div1.671\,5)=4.676\,1/4.682\,9$$

与纽约外汇市场的汇率进行比较，存在较大的汇差，巴黎和伦敦两地外汇市场美元兑欧元的汇价比纽约外汇市场低，三地套汇有利可图。

方法二：汇价积数法

首先把三地外汇市场的汇率报价全部变成间接标价法

纽约外汇市场：USD1=EUR6.187 0/95

巴黎外汇市场：EUR1=GBP（1/7.827 4）/（1/7.825 4）

伦敦外汇市场：GBP1=USD1.671 5/35

然后把三地单位货币的买入价相乘，得到

$$6.187\,0\times(1/7.827\,4)\times1.671\,5=1.321\,2\neq1$$

说明存在套汇机会

套汇过程如下：

第一步：因为纽约外汇市场的美元价格较高，所以首先在纽约外汇市场卖出100万美元，可得到的欧元金额为

$$100\times6.1870=618.7（万欧元）$$

第二步：在巴黎外汇市场卖出618.7万欧元，可得到的英镑金额为

$$618.7\times（1/7.8274）=79.04285（万英镑）$$

第三步：在伦敦外汇市场卖出79.042 85万英镑，收回美元

$$79.04285\times1.6715=132.1201（万美元）$$

即套汇者投入100万美元，最后可得132.120 1万美元（未扣交易费用）。这说明套汇者以100万美元进行套汇，收益是：132.120 1–100=32.120 1（万美元）。

二、套利交易

套利（interest arbitrage）交易也称利息套汇，是指投资者在两国短期利率出现差异时，投资者将资金从利率低的国家调往利率高的国家，以赚取利差的外汇交易。进行套利交易要承担将来汇率变动的风险，根据是否对套利交易所涉及的风险做远期外汇交易进行抵补，套利交易可分为无抵补套利和抵补套利。

1．无抵补套利

无抵补套利（uncovered interest arbitrage）是指在有关的货币汇率比较稳定的情况下，资金持有者利用两个不同市场上的短期利率差异，把资金从利率低的国家调往利率高的国家，以赚取利率差额的一种外汇交易。

例如，英国短期市场的存款利率为年息9%，美国的短期存款利率为年息11%。英国某套利者有100 000英镑，存入伦敦的银行6个月，到期利息为4 500英镑（100 000×9%×6/12），本息和为104 500英镑。如果外汇市场的汇率是GBP/USD=1.665 1/81，把100 000英镑兑换成166 510美元存在美国银行6个月，到期利息为9 158.05美元（166 510×11%×6/12），本息和为175 668.05美元。假定6个月到期时，汇率仍没有变化，那么175 668.05美元再换回英镑就可得105 310.26英镑（175 668.05÷1.668 1），比存在英国产生的利息多810.26英镑（105 310.26–104 500），这就是无抵补套利的收益。

2．抵补套利

抵补套利（covered interest arbitrage）是指套利者在套利时，为避免汇率变动抵消了套利收益，同时做一笔掉期外汇交易进行保值的套利交易。抵补套利往往是在汇率不稳定的情况下进行的套利活动。

抵补套利交易=无抵补套利交易＋掉期交易。做掉期交易时由于高利率货币有贴水，所以买入高利率货币的现汇，卖出高利率货币的期汇时，投资者要付出一定的成本，即掉期成本。抵补套利收益=利差收入–掉期成本。做抵补套利的前提条件是：掉期成本或说高利率货币的贴水率必须低于两种货币的利率差，否则套利将无利可图。

[例 5-15] 某年 3 月 15 日，美国 6 个月存款年利率为 4%，英国 6 个月存款年利率为 6%，假定当日即期汇率 GBP/USD=1.613 4/44，6 个月的汇率为 95/72，美国套利者拥有套利资本 200 万美元，他预测 6 个月后英镑兑美元的汇率可能大幅下跌，因此在进行套利交易的同时，与银行签订远期外汇买卖合同，做抵补套利。该套利者抵补套利的收益是多少？假定在当年 9 月 15 日的即期汇率为 GBP/USD=1.5 211/21，做抵补套利与不做抵补套利，哪一种对套利者更有利？

解：6 个月远期外汇汇率为

GBP/USD=（1.613 4–0.009 5）/（1.614 4–0.007 2）=1.603 9/1.607 2

6 个月美元存款的本息和为

200×（1＋4%×6/12）=204（万美元）

6 个月英镑存款的本息和为

$$\left(\frac{200}{1.6144}\right)+\left(\frac{200}{1.6144}\times 6\%\times\frac{6}{12}\right)=127.6016\text{（万英镑）}$$

所以，抵补套利的收益为

127.601 6×1.603 9–204=0.660 206（万美元）=6 602.06（美元）

如果不做抵补套利，其收益为

127.601 6×1.521 1–204=–9.905 21（万美元）=–99 052.1（美元）

由此我们可以看出，做抵补套利对投资者更有利，抵补套利比无抵补套利多赚取 105 654.1 美元，也就是说在未计交易成本的情形下，抵补套利比无抵补套利大约多获利 10.6 万美元。

本章小结

本章主要包括两部分的内容：第一部分是外汇交易概述，包括外汇交易的概念、特点及种类，外汇交易的规则、术语和程序；第二部分介绍了传统外汇交易的主要方式，包括外汇即期交易、远期交易、掉期交易等外汇交易方式。

即期外汇交易是在外汇交易成交后立即交割或在极短的时间内完成交割的外汇交易，一般称之为在两个营业日内进行交割的交易。汇率的套算遵循银行“收益最大化”的原则。若是交叉相除，则为：小÷大/大÷小；若是垂直相乘，则为：小×小/大×大。

远期外汇交易是以约定的币种、汇率和交割期限，将一种货币兑换成另一种货币的交易。其货币交易指在未来某一约定日交割，通常的约定期限有 1 个月、3 个月或 6 个月等。远期外汇交易的主要目的是为了锁定将来的外汇收益或成本。远期汇率的报价方法有两种：直接报价法和点数报价法。点数报价法直接报出远期汇率的点数，通过用即期汇率加减远期汇率数，即可算出远期汇率。

掉期交易是指在买进或卖出一定期限的某种货币的同时，卖出或买进期限不同，金额相同的同种货币。掉期交易可以被用来轧平不同期限的外汇头寸、调整外汇交易的交割日，从而起到保值避险的作用。

套汇交易是指利用不同市场、不同货币和不同交割期限在汇率上的差异而进行的低买高卖，赚取差价利润的外汇交易。套汇的机会是很短暂的，频繁的套汇使得各个外汇市场的汇率趋于一致，从而使套汇的前提不复存在。

套利交易是指投资者在两国短期利率出现差异时，投资者将资金从利率低的国家调往利率高的国家，以赚取利差的外汇交易。根据是否对套利交易所涉及的风险做远期外汇交易进行抵补，套利交易可分为无抵补套利和抵补套利。

【关键概念】

空头（short position）

多头（long position）

即期外汇交易（spot exchange transactions）

远期外汇交易（forward exchange transactions）

升水（at premium）

贴水（at discount）

平价（at par）

远期汇率（forward rate）

掉期交易（swap transactions）

套利（interest arbitrage）

复习思考题

一、判断题

1. 即期外汇又称现汇，是指外汇交易达成后，交易者在两个营业日之内就可以完成资金收付的外汇。（ ）

2. 升水与贴水在直接与间接标价法下的含义截然相反。（ ）

3. 在其他条件不变的情况下，利率高的货币远期汇率会升水，利率低的货币远期汇率会贴水。（ ）

4. 若预期人民币升值，投机者应该做外汇多头，即买入外汇，卖出人民币。（ ）

5. 若预期人民币升值，进口商应该卖出远期外汇合约。（ ）

6. 一般而言，远期的时间越长，期汇的买卖差价越大。（ ）

7. 即期外汇交易也称现汇交易，其外汇买卖必须在当日办理交割。（ ）

8. 外汇投机者在进行投机时，往往要通过外汇的实际交割来赚取汇率的差价。（ ）

9. 投资者若预测外汇将会贬值，便会进行买空交易。（ ）

10. 掉期就是将即期外汇交易与远期外汇交易结合在一起所做的一个反方向资金流动。（ ）

二、不定项选择题

1. 最经常也是最普遍的一种外汇交易方式是（ ）。

A. 期货交易　　B. 期权交易　　C. 即期交易　　D. 远期交易

2．远期外汇比即期外汇价格高时，说明外汇（　　）。

A．升水　　B．贴水　　C．平价　　D．中间价

3．抵补套利实际上是（　　）相结合的一种外汇买卖交易。

A．远期与掉期　　B．无抵补套利与即期

C．无抵补套利与远期　　D．无抵补套利与掉期

4．如果美元对德国马克的即期汇率为：USD1=DEM1.543 0～1.544 0，美元对港元的即期汇率为：USD1=HKD7.727 5～7.729 0，则德国马克对港元的即期汇率为（　　）。

A．DEM1=HKD5.004 9～5.009 1　　B．DEM1=HKD5.014 9～5.009 1

C．DEM1=HKD5.004 9～5.109 1　　D．DEM1=HKD5.200～5.009 1

5．在外汇市场进行外汇交易的基本程序是（　　）。

A．做交易前的准备工作　　B．报价和询价

C．议价　　D．成交

E．调价

6．外汇银行对外报价时，一般同时报出（　　）。

A．交割价　　B．中间价

C．买入价　　D．卖出价

E．市场价

7．如果投机者预测外汇汇率上涨，先买进期汇，等到汇率上涨后再卖出现汇的投机活动称为（　　）。

A．做多头　　B．做空头　　C．买空　　D．卖空　　E．投机

8．以下哪些可以作为远期外汇交易的交割日（　　）。

A．成交的当日　　B．成交后的第 2 个营业日

C．成交后的第 3 个营业日　　D．成交后的一周

E．成交后的一个月

9．直接标价法下，远期汇率等于即期汇率（　　）。

A．加升水　　B．减升水　　C．加贴水　　D．减贴水

E．加远期差价或减远期差价

10．间接标价法下，远期汇率等于即期汇率（　　）。

A．加升水　　B．减升水　　C．加贴水　　D．减贴水

三、简答题

1．即期外汇交易报价的依据是什么？

2．外汇掉期交易的特点是什么？

3．远期外汇交易为什么能成为一种主要的防范汇率风险的方法？

综合技能训练

1．已知 USD/HKD=7.276 0/78

USD/JPY=114.33/43

求：HKD/JPY。

2．已知 USD/HKD=7.276 0/78

EUR/USD=1.212 7/49

求：EUR/HKD。

3．索尼公司向美国出口电器，价值 1 000 万美元，6 个月收到货款。签订贸易合同时，东京外汇市场上的即期汇率 USD1=JPY125.50，6 个月的美元贴水 50 点。索尼公司预计 6 个月后市场上的即期汇率有可能为 USD1=JPY105，索尼公司因美元贬值、日元升值损失多少日元？如何利用远期业务保值？

4．法国某银行 9 个月期英镑超卖 100 万，上午没有马上补进，等到收市时才成交。该上午的即期汇率为 GBP1=FRF10.300 0，9 个月期的英镑升水 0.1，下午收盘时的即期汇率为 GBP1=FRF10.500 0。该银行因补进超卖的远期英镑迟了半天，损失多少法国法郎？如何避免这种损失？

5．一个美国人投资在美元上的年收益率为 8%，而美元借款年利率为 8.25%，投资在英镑上的年收益率为 10.75%，而英镑借款的年利率为 11%，假定外汇行市如下：

即期　　　GBP1=USD1.498 0/1.500 0

一年期　　GBP1=USD1.460 0/1.463 5

假定这个美国人无自有资金，能否套利？用计算表明。

6．已知某日法兰克福外汇市场欧元对美元的报价为：

即期汇率　　1.211 5/50

3 个月　　40/60

6 个月　　120/148

试求：（1）欧元对美元 3 个月和 6 个月的远期汇率。

（2）某客户卖出美元，择期从 3 个月到 6 个月，银行应选择的汇率是多少？

第六章　外汇期货与期权

学习目标

了解金融期货的产生与发展过程；理解外汇期货、外汇期权交易的概念、特征；掌握外汇期货、外汇期权的具体应用策略。

新闻导读

人民币期权开闸利于外向型企业避险

国家外汇管理局日前批准中国外汇交易中心在银行间外汇市场组织开展人民币对外汇期权交易。为防范风险，借鉴国际经验，在推出初期采用普通欧式期权的买入期权产品形式，并实行实需交易原则和备案管理市场准入原则，将银行期权交易的 Delta 头寸纳入结售汇综合头寸统一管理。这样，中断四年之久的人民币期权交易终将于 2011 年 4 月 1 日正式推出。

人民币期权的推出将对我国的金融市场及实体经济产生深远的影响。首先有利于完善国内外汇市场人民币对外汇衍生产品体系，推动国内期权市场的有序发展。期权市场是一国金融市场的重要组成部分，在国内期货市场飞速发展，同时人民币期权市场稳步发展之后，有望继续推出商品期权及其他金融期权市场（如利率期权、股票期权、期货期权等市场），充分发挥市场在资源配置中的基础性作用，从而推动中国金融市场功能的逐步完善。其次，有利于增加人民币的汇率弹性，推动人民币定价的市场化与国际化进程。人民币期权市场建立后，将使企业、银行拥有更多的外汇投资渠道和汇率避险工具，有利于人民币汇率形成机制更为均衡合理，对人民币国际化进程亦有促进作用。因此，从长期来看，人民币汇率的浮动将更为灵活，有利于推动人民币定价的市场化与国际化进程。最后，为实体经济提供避险服务，满足市场主体多层次的避险需求。

自 2005 年 7 月 21 日起，我国开始实行以市场供求为基础、参考一篮子货币进行调节、有管理的浮动汇率制度。随着人民币汇率弹性的增强，企业、银行等市场主体运用衍生产品进行避险保值的需求日益上升。目前对外汇避险操作只能采用远期结售汇，推出人民币对外汇期权交易会使企业（尤其是外向型企业）在规避汇率风险上有更多选择。同时帮助商业银行进行头寸管理，使人民币报价更加市场化，为商业银行规避人民币汇率风险提供更多选择。

（作者：田满文，摘自期货日报，2011 年 2 月 25 日）

点评：外汇期权与外汇远期、期货及货币互换，共同构成了国际金融市场最基础的四种外汇衍生产品。外汇期权的买方拥有在未来某一时间以某一价格买入或卖出某种外汇产品的权利。通过购买外汇期权，买方可以将外汇价格波动的风险锁定，其成本仅在于购买外汇期权的费用。自2005年汇率改革以来，我国外汇市场先后推出了外汇远期、外汇掉期和货币掉期三类人民币外汇衍生产品，加上这次推出的人民币对外汇期权交易，我国外汇衍生品市场已基本成形。推出外汇期权，不仅在于提供了新的避险工具，还将进一步促进人民币汇率的市场化，推进人民币的国际化进程。但是对于外汇期权交易可能带来的风险，监管当局不能掉以轻心，此次外管局明确把外汇期权产品类型定为普通欧式期权，同时要求客户办理期权业务应符合实需原则，只能买入期权，禁止卖出期权，也是出于规避风险的考虑。本章主要介绍外汇期货与期权交易的基本原理及具体运作机制。

第一节　金融期货概述

一、金融期货的概念

金融期货（financial futures），是指以金融工具为标的物的期货合约。金融期货交易是指交易者在特定的交易所通过公开竞价方式成交，承诺在未来特定日期或期间内，以事先约定的价格买入或卖出特定数量的某种金融商品的交易方式。金融期货交易具有期货交易的一般特征，但与商品期货相比，其合约标的物不是实物商品，而是金融商品，如外汇、债券、股票指数等。外汇期货交易属于金融期货，金融期货除了外汇期货交易之外，还包括黄金期货、利率期货、股票指数期货等。

期货交易是商品生产和商品交换发展到一定阶段的产物。国际期货市场的发展，大致经历了由商品期货到金融期货，交易品种不断增加，交易规模不断扩大的过程。商品期货是指标的物为实物商品的期货合约。19世纪初期，芝加哥是美国最大的谷物集散地，随着谷物交易的不断集中和远期交易方式的发展，1848年由美国82位谷物交易商人在芝加哥发起组织了世界上第一个较为正规的期货交易所——芝加哥期货交易所（Chicago Board of Trade，CBOT）。交易所成立之初采用远期合同交易方式，特点是实买实卖，合同到期进行实物交割，钱货两清。随着交易量的增加和交易品种的增多，投机商进行合同转卖的情况越来越普遍。为了规范交易，芝加哥期货交易于1865年用标准化的期货合约取代了远期合同，并实行了保证金制度。随着这些交易规则和制度的不断完善和发展，期货交易方式最终形成。在农产品期货发展的基础上，金属期货、能源期货也相继推出。

1972年，受商品期货交易成功经验的启发，芝加哥的另一家大型交易所——芝加哥商品交易所（Chicago Mercantile Exchange，CME），开辟了国际货币市场（international monetary market，IMM），首次推出包括英镑、加拿大元、西德马克、法国法郎、日元和瑞士法郎等在内的外汇期货合约。外汇期货合约的交易，标志着金融期货这一新的期货类别的产生。随后，各种新的金融期货交易品种也在各个期货交易所被陆续推出。

金融期货问世至今只有短短几十年的历史，远不如商品期货的历史悠久，但其发展速度却比商品期货快得多。目前，金融期货交易已成为金融市场的主要内容之一，在许多重要的金融市场上，金融期货交易量甚至超过了其基础金融产品的交易量。随着全球金融市场的发展，金融期货日益呈现国际化特征，世界主要金融期货市场的互动性增强，竞争也日趋激烈。

二、金融期货交易的特征

为了说明金融期货交易的特征，我们把金融期货交易与商品期货交易及金融现货交易加以比较。

（一）金融期货交易与商品期货交易

金融期货交易是在商品期货交易的基础上发展起来的，两者在交易机制、合约特征、机构安排方面大致相同，但它们也有不一样的地方。

1．交易对象不同

商品期货交易的对象是具有实物形态的商品，例如，农产品、金属等。金融期货交易的对象是与金融相关的期货合约，其合约标的物不是实物商品，而是传统的金融产品，如股票、股指、货币、汇率、利率等，有些金融期货没有真实的标的资产，如股指期货。

2．持仓成本不同

持仓成本是指将期货标的物持有到期货合约期满日所需的成本费用。这种成本费用包括三项；储存成本、运输成本、融资成本。各种商品都需要在储藏所存放，需要仓储费用。金融期货标的物，无论债券、股票或是外汇，所需的储存费用大大低于商品期货标的物，有些金融期货标的物如股价指数甚至不需要储存费用。不仅如此，有些金融期货的标的物存放在金融机构还有利息可收，例如，股票的股利、债券与外汇的利息等，有时这些利息会超出存放成本，产生持有收益（即负持有成本）。一般商品较之金融产品而言，另一项较大的费用是运输费用，而金融产品有些甚至不需要运费，如股指期货。

此外，由于金融期货市场对外部因素的反应比商品期货更敏感，其价格的波动更频繁、幅度更大，因而比商品期货具有更强的投机性。

（二）金融期货交易与金融现货交易

金融现货通常是指政府、企业、金融机构所发行的信用工具，如货币、债券、股票等。金融期货是金融现货的衍生品。现货交易的发展和完善为金融期货交易奠定了基础，同时，金融期货交易也是现货交易的延伸和发展。金融期货的交易对象都是与金融产品有关的合约，金融期货的价格是在金融现货价格的基础上得到的，而且有一定的联动关系。市场参与者在现货市场交易时，往往会在期货市场对交易的金融产品进行保值。金融期货交易与金融现货交易之间的差别主要有以下几点：

（1）交易目的不同。金融现货买卖属于产权转移，而金融期货交易的目的不在于获取实际的金融产品，期货交易主要着眼于风险转移和获取风险收益。

（2）价格决定不同。金融现货交易一般采用一对一谈判决定成交价格，而金融期货交易必须集中在交易所里以公开拍卖竞价的方式决定成交价格。

（3）交易制度不同。金融现货可以长期持有，而金融期货则有期限的限制；金融期货交易可以买空卖空，而金融现货只能先买后卖；金融现货交易是足额交易，而金融期货交易是保证金交易，因而风险较高。另外，期货交易价格波动有每日最大涨跌幅的限制。

（4）交易的组织化程度不同。金融现货交易的地点和时间没有严格规定，金融期货交易严格限制在交易所的交易大厅内进行；金融现货交易信息分散，透明度低，而金融期货交易信息比较集中，透明度高；金融期货交易有严格的交易程序和规则，具有比金融现货市场更强的抗风险能力。

第二节 外汇期货

一、外汇期货交易概述

（一）外汇期货交易的概念

外汇期货交易（foreign exchange futures transaction）是买卖双方在期货交易所内，通过公开竞价买进或卖出在未来某一日期，根据协议价格，交割标准数量外汇合约的合同交易。这种交易实质上是统一标准化合约的买卖，并没有真正移交外汇。外汇期货合同主要内容有：交易币种、交易单位、交易时间与地点、价格最小变动单位等。

外汇期货交易最早产生于美国。浮动汇率制下，各种货币之间汇率的频繁、剧烈波动，外汇风险较之固定汇率制下急速增大，这大大影响了正常的国际贸易和国际投资活动，市场迫切需要一种便利有效的防范外汇风险的工具。在这一背景下，1972 年美国芝加哥的商品交易所设立国际货币市场（IMM）分部，推出了外汇期货交易。英国的外汇期货市场建立比美国晚了 10 年，1982 年伦敦国际金融期货交易所（London International Financial Future Exchange，LIFFE）正式成立。目前大部分国际金融中心都开办了外汇期货交易，交易量最大的是国际货币市场（IMM）和伦敦国际金融期货交易所（LIFFE）。

（二）外汇期货交易的特征

1．期货合约标准化

外汇期货交易是“见钱不见物”的交易，即交易的对象是期货合约。外汇期货合约是标准化的远期合约，交易币种、单位、交易时间和地点都是统一规定的。不同交易所的期货合约的规格不尽相同，但其内容基本相同。

外汇期货交易合约的标准化主要体现在三个方面：①合同金额标准化，即外汇期货合同是统一格式的标准化合同，在交易数量上是用合同的数量来表示。买卖最小单位是一个合同，大的可以是多个合同。每份合同的金额，不同的货币有不同的规定。如 IMM 规定每份英镑、日元、加元、欧元的期货合同金额分别是 6.25 万英镑、1250 万日元、10 万加元、12.5 万欧元。②交割日期标准化，即外汇期货交易有固定的交割时间。如芝加哥国际货币市场的交割日为 3月、6月、9月、12 月的第三个星期三。伦敦国际金融期货交易所的交割日期为 3 月、6 月、9 月、12 月的第二个星期三。③报价和价格变动范围标准化，即外汇期货交易的外币都规定每日的最低价格和最高波动限额，只要达到或突破限额，当天的交易即告终止。在 IMM 交易的期货合约的报价都是以美元为基础货币，以交易货币为报价货币。由于不同外汇期货的合约规模及最小变动价位不同，因此不同外汇期货合约的最小变动值也存在着较大的差异。例如，IMM 英镑期货的最小变动价位是 2“点”，即每次价格变动的最小幅度是每英镑 0.000 2 美元，而每份英镑期货合约的规模为 62 500 英镑，因此每份英镑期货合约的最小变动值为 12.5（62 500×0.000 2=12.5）美元。

2. 公开竞价制度

外汇期货交易是一种场内交易，即在有形的交易所内，采用公开叫价的方式进行交易，一般是买方报买价，卖方报卖价。交易双方互不了解，通过公开叫价竞争达成的外汇期货合约买卖，有利于维护外汇期货市场的公平、公开与公正的竞争原则，保护交易者的利益。

3. 保证金制度

由于期货交易买卖双方互不了解，进行交割或对冲的时候是通过清算所进行的，因此为了防止信用风险，期货交易的买卖双方都必须交纳一定比例的保证金（margin），以确保在因期货价格发生不利变动而造成的亏损时能及时支付。清算所每天对会员头寸的盈亏进行衡量，盈利了就向其保证金账户中打入相应资金，获利可以提走，亏损了就从其保证金账户中扣除相应资金，这种做法叫做逐日钉市制，其目的是控制期市风险。

（三）外汇期货交易的程序

一般地，外汇期货市场主要由交易所、清算所、经纪人、交易者四部分组成。外汇期货交易是在交易所内进行的，其基本程序包括开户、委托、叫价、成交、清算和交割等步骤。

（1）开户。期货交易者必须首先在经纪人公司开设账户，交纳保证金并委托经纪人公司为其办理期货合约买卖。

（2）委托。期货交易者将买入或卖出的订单，通过经纪人公司通知其场内的代表，将订单交给交易大厅的场上经纪人。

（3）叫价。场上经纪人在执行订单时，在交易栏杆边大声叫喊要买入或卖出的数量与金额。由于交易所大厅内人头攒动，非常喧闹，交易所的会员一般难以听清彼此的对话，所以在报价时往往是借助于约定俗成的交易手势来谈交易，如手心向内表示买入，手心向外表示卖出，十指的不同位置和形状表示不同的数字。

（4）成交。如果交易成功，场上交易人便将交易结果通知经纪人公司及交易者，同时将成交的订单交清算所进行清算。

（5）清算。外汇期货交易的清算都是通过交易所清算委员会监督下的清算所进行的。清算所实行会员制，其主要作用是监督会员账户的外汇头寸，及时收取保证金，以规避外汇交易中的信用风险和价格风险，确保外汇期货市场稳定、有序地运行。

（6）交割。外汇期货交易者可以随时买入或卖出，一般在合约到期日之前做一笔相反方向的交易进行平仓，因此外汇期货交易在到期日实际交割的很少。

二、外汇期货交易的应用

（一）套期保值

外汇套期保值是指预期将来某一时间要支付或收到一笔外币资产时，为了避免汇率变动带来的损失，在外汇期货市场买入或卖出相应的外汇期货合约以达到保值的目的。

按外汇期货交易买卖方向的不同，套期保值型外汇期货交易可分为买入套期保值和卖出套期保值。买入套期保值又称多头套期保值，是指债务人为了防止将来支付的债务因外汇价格上涨而损失，在外汇期货市场上做先买后卖的交易，以便用期货市场的盈利去平衡现货市场的亏损。卖出套期保值又称空头套期保值，是指债权人为了防止将来所收到的债权因外汇价格下跌而贬值，在外汇期货市场上做先卖后买的交易，同样是用期货市场的盈利去平衡现货市场的亏损。

［例 6-1］美国某进口商从加拿大进口一批农产品，价值 500 000 加元，6 个月后支付货款。为防止 6 个月后加元升值，进口商在期货市场上买进 5 份（每份加元期货合约为 100 000 加元）9 个月后到期的加元期货合约。签订合同时的即期汇率为：CAD1=USD0.846 0，期货合同价格为 CAD1=USD0.845 0。6 个月后市场的即期汇率为：CAD1=USD0.849 0，期货价格为 CAD1=USD0.848 9。问美国进口商如何利用期货交易避险？

解：为防止 6 个月后加元升值，美国进口商可以进行多头套期保值。

首先，在外汇期货上，美国进口商买进 5 份期货合约，则其进行外汇期货交易的投资收益为

（0.848 9−0.845 0）×500 000=1 950（美元）。

其次，在现货市场，美国进口商签订合同时货款的美元金额为

500 000×0.846 0=423 000 9（美元）。

如果美国进口商 6 个月后买入加元支付货款，则需要付出

500 000×0.849 0=424 500（美元）。

现货市场的损失为：424 500−423 000=1 500（美元）。现货市场的损失由期货市场的收益来弥补，且有盈利 1 950−1 500=450（美元）。

（二）投机交易

投机者根据对外汇期货价格走势的预测，买进或卖出一定数量的外汇期货合约，有意识地将自己处于汇率变动的风险之中。如果投机商想获得利润，则预测价格的方向必须与市场价格的实际走势相同。如果预测错误，投机商则要承担相应的风险损失。

外汇期货投机可分为多头投机和空头投机。多头投机是投机者预测外汇期货价格将要上升，从而先买后卖，希望低价买入、高价卖出对冲。空头投机是投机者预测外汇期货价格将要下跌，从而先卖后买，希望高价卖出、低价买入对冲。

［例 6-2］在 10 月 11 日，英镑外汇期货价格为 GBP1=USD1.650 8。某投机者预测英镑期货将进入熊市，因此入市进行操作，于 11 月 6 日进行平仓。假设此时的期货行情为 GBP1=USD1.641 9。该投机者操作金额为 100 万英镑，若不考虑各种费用，投机者如何利用机会赚取投机收益？（1 份英镑期货合同金额为 25 000 英镑）

解：投机的基本原理就是靠贱买贵卖来赚取差价。

在 10 月 11 日，投机者预测英镑期货价格将会下跌，应以 GBP1=USD1.650 8 的价格卖出 40 份 12 月期英镑期货合约。11 月 6 日，英镑果然下跌，以 GBP1=USD1.641 9 价格买进 40 分 12 月期期货合约进行平仓。其盈利如下

40×25 000×（1.650 8−1.641 9）=8 900（美元）

三、外汇期货交易与外汇远期交易的比较

在外汇市场上，传统的远期外汇交易方式与外汇期货交易在许多方面存在着相同或相似之处，为了更好地把握外汇期货交易的特征，我们把外汇期货交易与外汇远期交易之间的关系通过表 6-1 加以比较。

表 6-1 外汇期货交易与外汇远期交易的比较

比较项目	外汇远期交易	外汇期货交易
交割日期	将来	将来
合约特点	量身定做，满足多样化要求	高度标准化
交易地点	场外交易	交易所内交易
交易金额	每份合约交易金额不固定	每份合约交易金额固定
交易币种	较多	较少
交易者	主要是金融机构和大企业	法人和自然人均可参加
交易信息	通常不公开	公开、透明
保证金要求	无	有初始保证金和维持保证金
合约实现方式	到期交割	提前对冲平仓或到期交割
组织	由双方信誉保证	清算所组织清算，为所有交易者提供保护
价格确定	银行报价或双方协商	公开叫价，撮合成交
价格波动限制	无	有
流动性	远期外汇合约不可以流通转让	外汇期货合约可以流通转让

外汇期货交易与外汇远期交易相比有其不足之处，主要是外汇期货的期限、金额等条件都是标准化的，因而很难完全符合每项具体的国际经济交易对远期交易的实际需要。另外，在外汇期货到期前，若出现亏损，交易者必须及时追交保证金，从而增加了持有成本。因此，如果交易者在未来某日确实需要所交易的外汇，则外汇期货交易的成本高于远期外汇交易。

第三节 外汇期权

一、外汇期权交易概述

（一）外汇期权交易的概念

期权交易产生于 17 世纪的阿姆斯特丹，而真正发展是在第二次世界大战后。1973 年布雷顿森林体系崩溃，国际金融市场汇率变动频繁，给国际贸易和国际投资带来很大的不便，所以急需一种有效的、低成本的、回避汇率风险的金融工具，外汇期权便应运而生。

期权（option）又称选择权，是指赋予买方在规定的期限内按双方约定的价格买进或卖出一定数量的某种资产的权利。对于期权的买方来说，期权合约赋予其交易的选择权，在合约有效期内，期权买方可以行使其购买或出售标的资产的权利，也可以放弃这个权利。而对于期权的卖方来说，他必须承担履行合约的义务，没有选择的权利。在期权交易中，作为给期权卖方承担义务的报酬，买方通常事先支付给卖方一定的费用，称为权利金或期权费（premium）。期权交易与远期外汇交易及外汇期货交易最显著的区别，就在于上述的期权买卖双方权利义务的不对等，以及由此产生的买方向卖方支付的期权费。

外汇期权又称货币期权，它赋予期权买方在契约到期或到期日之前，以预先确定好的价格买进或卖出一定数量某种外汇资产的权利。外汇期权合约的双方当事人中，期权出售方一般为银行，期权购买方一般为企业，当然银行与银行之间也进行期权交易。外汇期权交易是一种低成本的规避汇率变动的金融工具。1983 年，芝加哥商品交易所（Chicago Mercantile Exchange，CME）也把外汇期权作为交易品种在国际货币市场分部（TMM）挂牌上市，在随后的二十几年里，外汇期权市场规模不断扩大，新的交易品种和交易策略不断涌现，成为一类引人注目的金融衍生工具。

在外汇期权交易中，每笔外汇期权都涉及协定价格、期权费、即期汇率三种不同的价格。

协定价格（contract price）或执行价格（exercise price）是指期权合约中事先确定的买卖外汇资产的价格。期权费是指期权买方支付给期权卖方的选择权利费用，代表外汇期权本身的价值。外汇期权费因交易类型、期限及汇率的波动性等因素而不同。

期权交易报价的方式主要有两种：①点数报价法，比如某年某个交易所三个月到期的执行价格 GBP/USD 1.652 0 英镑期权合约的报价为 2.03 美分，即 0.020 3 美元，表示期权买方购买每一英镑的期权权利需支付 0.020 3 美元。②百分比报价法，即期权费为交易金额的百分比，比如 100 万美元买权的价格为 6.2%，即表示期权费为 100×0.062=6.2（万美元）。

（二）外汇期权交易的特点

（1）买卖双方权利义务不对等。期权的买方可以选择执行期权合约也可以不执行，期权的卖方只能承担被选择的权利，不得拒绝接受。

（2）买卖双方收益风险不对称。外汇期权交易买卖双方的收益和风险是不对称的，对期权的买方而言，其成本是固定的，而收益是无限的，即不管汇率变动如何，买方的损失费莫过于期权费。但对期权的卖方而言，其最大收益是期权费，损失是无限的。

（3）选择性强。外汇期权交易可选择不同的协定汇率，而远期外汇交易只能选择按照即期汇率以一定的升、贴水或折扣买进或卖出。

（4）期权费不能收回。外汇交易的期权合约不论是履行还是放弃执行，外汇期权买方支付的期权交易费都不能收回。

（三）外汇期权交易的类型

1．看涨期权和看跌期权

按照外汇期权买卖的性质来分，外汇期权有看涨期权和看跌期权。看涨期权（call option）也叫买权，是指期权的买方在合约有效期内按照约定的价格购进或放弃买进一定数额外汇的权利，它是期权购买方预期汇率将上涨时购买的期权。看跌期权（put option）也叫卖权，是指期权的买方在合约有效期内按照约定的价格出售或不出售一定数额外汇的权利，它是期权购买方预期汇率将下跌时购买的期权。

2．美式期权和欧式期权

按照行使期权的有效期来划分，可分为美式期权和欧式期权。美式期权（American-style option），是指期权买方可以在期权合约所规定的有效期内任何时候都能执行的外汇期权。欧式期权（European-style option），是指期权买方只能在期权合约到期日才能执行的外汇期权。显然，美式期权具有更大的灵活性。

二、外汇期权交易的应用

外汇期权交易的作用与远期外汇交易和外汇期货交易相似，都有保值避险和投机的功能，但外汇期权交易比前两者更加灵活。外汇期权最大的特点在于它可根据不同的交易需求，选择不同的期权组合，从而产生在期限、金额、风险、收益上的灵活性，这也是外汇期权近几年发展迅速、备受青睐的主要原因。

（一）保值避险

运用外汇期权交易保值的原理与运用外汇期货保值的原理是相同的，都是通过避免和减少外汇汇率变动风险而达到保值的目的。比如一个出口商合同约定 3 个月后收到货款，为了避免汇率变动的风险，他可以利用远期外汇交易或外汇期货交易，将未来的外汇收入以预先确定的价格卖给银行，但如果交割时市场的汇率比合约中的预定汇率高，他这样做的同时等于放弃了汇率变动可能给他带来的好处。但是，如果出口商购买的是一份卖出 3 个月期的外汇收入的看跌美式期权，在合约有效期内，出口商可随时根据现货市场上的汇率情况决定是否履行合约，这样就灵活多了。因此，期权交易给买方带来了选择的权利，使买方既可避免汇率变动可能带来的风险损失，又可保留汇率变动带来的好处。

[例 6-3] 某英国进口商 3 个月后将向美国出口商支付 100 万美元的货款，该进口商预期美元升值，所以买进了 100 万美元的看涨期权，执行价格为 GBP/USD=1.253 4，期权费报价为 2.5%，即期汇率为 GBP/USD=1.250 0，3 个月后，盈亏情况根据当时的即期汇率而定。

（1）若 3 个月后，即期汇率为 GBP/USD=1.220 0，进口商是否履行期权合约？

（2）若 3 个月后，即期汇率为 GBP/USD=1.253 4，则进口商如何操作？

（3）若 3 个月后，即期汇率为 GBP/USD=1.222 75，则进口商如何操作？

（4）若 3 个月后，即期汇率为 GBP/USD=1.223 5，进口商是否履行期权合约？

（5）若 3 个月后，即期汇率为 GBP/USD=1.256 0，进口商如何操作？

解：进口商要支付的期权费为 100×0.025=2.5（万美元），相当于 2.5÷1.250 0=2（万英镑）。

（1）若 3 个月后，即期汇率为 GBP/USD=1.220 0，正如进口商所料，美元价格上涨了，则执行期权。英国进口商购买 100 万美元需要支付 100÷1.253 4=79.783（万英镑），加上期权费 2 万英镑，共支付 81.783 万英镑，利用期权保值收益为 100÷1.220 0−81.783=0.184（万英镑）。

（2）若 3 个月后，即期汇率为 GBP/USD=1.253 4，则进口商可以选择执行期权，也可以选择不执行期权，损失是期权费 2 万英镑。

（3）若 3 个月后，即期汇率为 GBP/USD=1.222 75，则选择执行期权，需要付出 81.783 万英镑，如果不做期权交易在市场购买 100 万美元也需要支付英镑为 100÷1.222 75=81.783（万英镑）。进口商执行期权的结果是不盈不亏。

（4）若 3 个月后，即期汇率为 GBP/USD=1.223 5，进口商可选择执行期权，只需要付出 81.783 万英镑。如果进口商在市场上购买美元，需要支付 100÷1.223 5=81.733（万英镑），利用期权交易该出口商仅仅亏损了 81.783−81.733=0.05（万英镑）。

（5）若 3 个月后，即期汇率为 GBP/USD=1.256 0，则不执行期权。进口商在市场上买美元只需要支付英镑 100÷1.256 0=79.618（万英镑），损失期权费，但该出口商获得了汇率波动对自己有利的好处。

（二）投机交易

外汇期权交易除了作为比较理想的避险保值工具之外，还起到外汇投机的作用。当投机者预期汇率趋于上涨时，做多头投机交易，即购入外汇看涨期权。当投机者预期汇率趋于下跌时，做空头投机交易，即购入外汇看跌期权。如果预期准确，投机者在现汇市场做一笔反向的交易，一买一卖，从中获利。如果预期失败，投机者就放弃执行期权合约，损失的仅仅是期权费。

[例 6-4] 假设某年 6 月 8 日，外汇市场期权交易的协定价格为 USD1=CHF1.243 2，期权费率为 USD1=CHF0.018 5。某投机者预测 3 个月期美元汇率将上涨，拟买卖 100 万美元进行投机。问：该投机者将如何操作？假定 3 个月后的即期汇率为 USD1=CHF1.263 7，计算其损益额。

解：该投机者预测 3 个月期美元汇率将上涨，应按协定价格购入 3 个月期美元看涨期权，支付的期权费是 100×0.018 5=1.85（万瑞士法郎）。3 个月后，市场上的即期汇率上涨幅度若超过投机者购买期权的成本，就执行期权，将期权交易中购入的美元在即期外汇市场上出售，从而获利。3 个月后，若市场的汇率下跌，投机者就放弃行使看涨期权，其损失的是期权费。

如果 3 个月后的即期汇率为 USD1=CHF1.263 7，即市场汇率上涨。投机者选择执行期权，获得的收益是 100×1.263 7−100×（1.243 2+0.018 5）=0.2（万瑞士法郎）。

本 章 小 结

本章共分三节：第一节金融期货概述，主要介绍了金融期货的概念及其特征；第二节外汇期货，介绍了外汇期货的概念、外汇期货交易的特征、交易程序及外汇期货交易的应用，并指出了外汇期货交易与外汇远期交易的区别；第三节外汇期权，介绍了期权、外汇期权的有关概念及外汇期权的类型，交代了外汇期权交易的特点，重点叙述了外汇期权的应用过程。

金融期货是指以外汇、债券、股票指数等金融工具为标的物的期货合约。金融期货交易是指交易者在特定的交易所通过公开竞价方式成交，承诺在未来特定日期或期间内，以事先约定的价格买入或卖出特定数量的某种金融商品的交易方式。金融期货交易具有期货交易的一般特征，但与商品期货相比，其合约标的物不是实物商品，而是金融商品。

外汇期货交易是一种新型的金融创新业务，它是指在有组织的交易所内买卖外汇期货合约的一种外汇业务。这种交易实质上就是统一的标准化合同的买卖，其主要作用是给进出口商规避汇率波动的风险进行套期保值、外汇投机者获取投机利润提供一种途径。

外汇期权是赋予契约购买方在契约到期日或到期之前以预先协定的价格买进或卖出一定数量某种外汇资产的权利。它是一种灵活的避免汇率变动风险的金融工具，期权合约购买方的最大损失是期权费。外汇期权的经济功能主要是避险保值和投机获利。

【关键概念】

金融期货（financial futures）
外汇期货（foreign exchange futures）
期权（option）
期权费（premium）
执行价格（exercise price）
外汇期权（foreign exchange option）
美式期权（american-style option）
欧式期权（european-style option）
看涨期权（call option）
看跌期权（put option）

复习思考题

一、判断题

1．当预计期货价格将下降，应该买入多头套期保值。（ ）

2．当预测期货价格上升，应该做多头投机，即先买后卖。（ ）

3．在期货交易所无论交易何种货币保证金是一样的。（ ）

4．绝大多数期货合同都是在到期日以实际交割兑现。（ ）

5．与外汇期货交易相比远期外汇交易的成本较低。（ ）

6．外汇期货套期保值的目的就是回避或降低外汇风险，确保外币资产或负债的价值。（ ）

7．对外汇期权的买方来说，它克服了远期与期货交易的局限性，能在市场汇率向着对买方有利方向波动时使其获得无限大的利润。（ ）

8．外汇期权价格与期权的期限成反比关系。即期权的期限越长，其价格越低。（ ）

9．看跌期权的空头方有卖出的权利，多头方有应对方要求买入该项资产的义务。（ ）

10．在期权交易中，期权的买卖双方都可以选择到期是否执行合约。（ ）

二、不定项选择题

1．金融期权交易的类型主要有（ ）。

A．外汇期权　B．利率期权

C．股票期权　D．股票指数期权

2．下列交易对象不需要缴纳保证金交易的是（ ）。

A．现货交易　B．金融期货交易

C．远期交易　D．期权交易

3．采取方向相反的买卖行为，是（ ）。

A．现货交易　B．期货交易

C．期权交易　D．套期保值交易

4．外汇期货相对于外汇远期而言具有下列优点（ ）。

A．交易集中　B．数量灵活

C．范围广泛　D．规格统一

5．以下有关外汇期权交易特点的叙述，说法正确的是（ ）。

A．期权合约买卖双方的收益和风险不对等

B．买卖的期权合同是标准化的

C．期权费不能收回

D．对于期权合同的购买者来说，保留了汇率变动可能带来的收益

6．客户在合同到期日必须履行合同，实行交割的外汇交易是（ ）。

A．远期外汇交易　B．欧式期权

C．美式期权　D．择期外汇交易

7. 可以在合同期内任何一天放弃执行合同的外汇交易是（　　）。

A. 掉期交易　　B. 欧式期权　　C. 美式期权　　D. 择期外汇交易

8. 外汇期货交易报价的内容是（　　）。

A. 买方报买价　　B. 卖方报卖价

C. 买方和卖方同时报买价和卖价　　D. A 和 B

9. 所谓金融期货，是指以（　　）作为标的物的期货合约。

A. 美元　　B. 国库券　　C. 金融工具　　D. 股票

10. 在股指期权市场上，如果预期股市会在交易完成后迅速上涨，以下哪种交易风险最大？（　　）

A. 卖出看涨期权　　B. 卖出看跌期权

C. 买入看涨期权　　D. 买入看跌期权

三、简答题

1. 外汇期货交易与外汇远期交易的异同点主要有哪些？

2. 外汇期权交易双方的权利和义务是什么？

3. 欧式期权与美式期权有何不同？

综合技能训练

1. 假设某年 2 月 10 日的市场行情：即期汇率为 USD/CHF=1.277 8/88，4 月期的瑞士法郎期货价格为 CHF/USD=0.783 1。某公司预计 2 个月后要在现货市场上买入 CHF1 000 000，以支付进口货款。为避免 2 个月后 CHF 可能升值带来的风险，该公司拟通过外汇期货市场进行套期保值。假设 2 个月的市场行情：即期汇率为 USD/CHF=1.276 0/70，4 月期的瑞士法郎期货价格为 CHF/USD=0.784 3。请问该公司为规避汇率波动风险将如何操作？（1 份瑞士法郎期货合同价值为 CHF125 000）

2. 5月中旬，美国某进口商签订了从瑞士一家公司进口货物的协议。协议中规定美国进口商应在 1 个月后支付 62 500 瑞士法郎，此时即期汇率为 USD1=CHF1.529 0。为了避免瑞士法郎升值的风险，该进口商购买了一份瑞士法郎欧式看涨期权，合约情况如下：期权的执行价格是 USD1=CHF1.538 0，有效期是 1 个月，期权费率是 CHF1=USD0.009 6。假设 1 个月以后出现了三种情况，针对瑞士法郎汇价的变动，请为该进口商分别设计规避汇率波动风险的期权投资策略：

（1）若在到期日，瑞士法郎即期汇价为 USD1=CHF1.650 0，进口商如何操作？

（2）若在到期日，瑞士法郎即期汇价为 USD1=CHF 1.600 0，进口商如何操作？

（3）若在到期日，瑞士法郎即期汇价为 USD1=CHF1.400 0，进口商又如何操作？

3. 美国 A 企业计划到日本去投标，标书规定投标的货币为日元。投标截止日为 3 月 1 日，定标日为 5 月 1 日，支付则在 6 月 1 日。该企业按现价的计划中标金额为 1 亿美元。投标时的即期汇率为 USD1=JPY108.00/11，两个月的远期汇水为 80/60，3 个月的远期汇水为 120/96。

请分析：为了避免汇率风险，A 企业最好选择何种外汇交易方式？

第七章　外汇风险管理

学习目标

了解企业外汇风险的含义及种类；理解外汇风险形成的原因；掌握企业防范外汇风险的基本方法。

新闻导读

为切实掌握汇率制定权——建议开办人民币在岸 NDF 业务

人民币汇率近期呈加快升值之势，已突破了 6.6 元关口。这就带来经济主体重视防范人民币汇率风险的问题，以及对人民币衍生产品的迫切需求。

近年来，离岸市场上的无本金交割远期外汇交易（即 NDF）在新加坡和我国香港市场发展迅速，交易量几乎一年增一倍，集中反映了国际投资者规避汇率风险、寻求套期保值的强烈愿望。相比而言，内地人民币衍生产品市场发展较缓，仅有的远期结售汇业务、人民币掉期交易远不足以满足银行、企业和个人的需求。随着我国资本项目管制的进一步放松，跨境贸易人民币结算的快速推进，人民币国际化步伐加快，境外投资者数量、额度的不断增加，着力推进国内衍生产品市场建设，开放境内人民币市场已成具有迫切和现实意义的课题。

目前，与离岸外汇市场相比，内地人民币外汇产品只有远期和掉期两种，而境外离岸市场上人民币产品已不下 10 种。除了人民币 NDF 外，人民币外汇期权、人民币外汇期货期权和人民币结构性期货期权等，均发展神速。在这种情况下，发展人民币在岸 NDF 应是完善境内人民币外汇衍生品市场的可行选择。况且，开放内地人民币 NDF 市场，实现离岸 NDF 在岸化，对于我国掌握人民币汇率定价权具有十分重要的战略意义，同时有助于促进汇率价格的有效性。

当然，推进人民币 NDF 发展需要综合考虑多方面利害关系，把握好市场活力与风险度，同时更需要多个部门紧密配合。在岸人民币 NDF 能否成功推出要受各种因素的影响，需要各种宏、微观政策支持及相应的配套措施跟进。

首先，应加快实现利率市场化，由此加快发展人民币外汇包括期货、期权等在内的衍生品交易，实现各利率产品定价市场化，促进货币市场形成市场化的基准利率体系，为远期汇率合理定价创造条件。其次，大力发展场内交易。目前，我国的人民币/美元外汇期货及期权已在美国芝加哥商品交易所上市，这势必对离岸人民币 NDF 市场产生影响。我国的相关期货交易所在多年运行基础上也积累了不少经验，为我国发展外汇期货奠定了基础。因此，在时机成熟时，可考虑在内地开拓外汇期货市场。再次，充分利用上海浦东新区的改革政策，开办在岸 NDF 交易试验区，稳步推进在岸人民币 NDF 交易市场，既为我国本外币衍生品市场作有益探索，也为将来内地全面推行 NDF 交易市场发展积累经验。

此外，现阶段应放宽结售汇业务的“实需”要求，拓宽市场的深度和广度。包括：放宽银行即期外汇留存头寸的限额，放宽“实需原则”的规定，鼓励和引导更多的市场主体参与，放宽银行间市场人民币外汇日波动空间限制，增加人民币汇率弹性。在此基础上，逐步向具备资格的法人银行放开境外人民币外汇无本金远期交割和期权业务，扩大境内人民币定价权的影响力。同时，允许辖内有衍生品经营资格的法人银行代理内地企业参与我国香港 NDF 和 NDO 市场交易，并将以美元计价结算改为以人民币计价结算，这既能满足市场主体的现实交易需求，又能丰富我国香港人民币业务品种，也能将目前已存在的境外与境内套利交易纳入内地金融机构正常的统计监测系统，更重要的是通过离岸和在岸市场的互动，进一步扩大境内人民币定价权的影响力。

还有一个不可忽视的措施是，尽快引入境外金融机构入市交易，增加外汇衍生品市场主体。不妨考虑在我国银行间市场未延伸至境外之前，让上海有衍生品经营资格的银行进入银行间外汇市场，参加人民币外汇衍生品交易。同时，支持具备资质的银行取得外汇衍生品经营资格，满足其自身避险需求和对外提供服务的需要。推动大型涉外企业集团加入银行间外汇市场，并逐步取得外汇衍生品经营资格，既满足企业集团金融衍生品交易集中管理的要求，又能为集团成员单位提供更加适当的外汇风险管理方案。

最后，为全面掌握银行的负债情况，监管部门理应尽快建立银行跨境资金流动和银行境外资产负债及损益统计监测体系。

（摘自《上海证券报》，作者：王大贤，2010 年 2 月 25 日）

点评：人民币无本金交割远期外汇交易（NDF）在境外市场非常活跃，这说明了两个问题：一是市场对人民币汇率风险的避险需求十分旺盛，国内外汇市场难以满足；二是国内对外汇市场管制严格，外汇衍生品创新只能到境外离岸金融市场进行。目前中国外汇市场发展处在两难境地。选择不创新，市场合理的避险需求得不到满足；选择创新，又担心新型金融工具所带来的风险。但是，外汇市场不创新就没有发展，关键是如何在控制风险的前提下大胆进行金融工具的创新。如果能在境内发展人民币 NDF 交易，企业防范外汇风险就多了一种选择。本章主要探讨企业外汇风险的防范问题。

第一节　外汇风险概述

一、外汇风险的内涵

在经济全球化时代，跨国经济活动日益频繁，那些经常使用外汇的企业和个人日益受到外汇风险的影响。外汇风险是一国经济主体（包括政府、银行、企业或个人）在对外经济活动中因使用外币计价结算而带来的风险。外汇风险属于投机性风险㊀，作为风险主体既有损失的可能性，也有获利的可能性，本书主要关注其损失的可能性，原因在于企业外汇风险管理

㊀ 保险学中将风险分为纯风险与投机性风险。纯风险是指只有损失的可能而无获利机会的风险，是可保风险；投机性风险是指既有损失的可能也有获利机会的风险。

的目标是保障正常经营利润的实现，而非通过外汇投机获得投机收益。

二、外汇风险形成条件分析

从理论上讲，如果汇率固定不变，即便使用外汇也不会出现汇兑损益或外汇风险。因此，汇率变化方式或汇率制度是构成外汇风险的客观环境，汇率变化是构成外汇风险的第一条件。从国际上看，人为设计的以固定汇率制为核心内容的布雷顿森林体制解体之后，浮动汇率制度成为主流，尤其是发达国家货币汇率波动日益频繁与剧烈，致使现行牙买加体系下各国经济主体面临的外汇风险不断扩大，发展中国家因其汇率制度选择余地有限，加上外汇风险避险工具缺乏，国内企业深受外汇风险之苦。从国内看，2005 年 7 月人民币汇率制度改革以后，由事实上盯住美元的固定汇率制逐渐向参考一篮子货币定值的、有管理的浮动汇率制度转变，人民币汇率形成机制中的市场力量进一步增加，其波动的幅度与频率进一步扩大，在此背景下，涉外企业面临的外汇风险也为之大增。因此，外汇风险管理显得尤为重要。

外汇风险形成因素还包括货币因素与时间因素。企业的全部经济活动如果只涉及一种货币（全为本币或全为外币），那么其计价结算或会计处理就不存在货币兑换问题，也就不会产生汇兑损益，也谈不上外汇风险。因此，在经济活动中使用不同货币是外汇风险产生的第二个条件。构成外汇风险的第三个条件是外汇的收付（或兑换）或外汇资产与负债的期限存在时间差。如果收入一笔外汇的同时付出一笔同样金额同样币种的外汇，企业不会有外汇风险。或者同样币种、同样期限的一笔外汇资产与一笔外汇负债，它们相互冲销，也不会有外汇风险。

从会计角度看，外汇风险的形成还与敞口头寸（exposure position）有关，这是构成外汇风险的第四个条件。外汇头寸是指企业外币资产或外币负债的存量。企业每一币种的外汇头寸状况有四种类型：①头寸平衡且期限相同，即外币资产等于外币负债，外币资产与负债期限匹配；②头寸平衡但期限不同，即外币资产与负债虽然在数量上相等但期限不匹配；③多头（long position），即外币资产大于外币负债；④空头（short position），即外币资产小于外币负债。敞口头寸是外币资产与负债在数量与期限上不匹配的差额，这部分资产或负债暴露于外汇风险之中，敞口头寸还可理解为预期的外汇收入与外汇支出在金额与时间上的不匹配，这同样会带来外汇风险。上述第二、三、四种情况存在敞口头寸，而第一种情况没有敞口头寸，汇率变动对资产与负债的影响相互抵消，不存在外汇风险的问题。

概言之，外汇风险形成的条件或因素主要包括四个方面：①汇率变化；②货币因素；③时间因素；④敞口头寸。上述四个条件只要有一个不存在，外汇风险就不会发生，因此，这为我们下一步进行外汇风险管理与防范提供了思路。

三、外汇风险的种类

（一）交易风险

交易风险（transaction risk）是指在使用外币进行计价收付的交易中，经济主体因计价外汇汇率变动而造成的实际收益与预期收益不一致的可能性。交易风险往往与某一笔涉及外汇收付的交易有关，并且直接影响企业的现金流量与利润。可能存在交易风险的具体交易包括国际贸易、国际债务、国际投融资和货币兑换等对外经济活动。交易风险主要表现在以下三个方面。

1．国际贸易结算风险

在商品或服务进出口活动中，在合同签订到货款结算之间因汇率变化而给当事双方带来损失的可能性。比如，某企业出口一批货物，总价 100 万美元，合同签订时的汇率为 1 美元兑 7 元人民币，但一个月后收回货款时汇率已变化为 1 美元兑 6.6 元人民币，该企业损失人民币收入：100×（7−6.6）=40（万元）。

2．国际投融资风险

国际投融资风险是指在国际借贷、国际筹资、国际投资等活动中，因债权债务发生时与清偿时的汇率变化而给投融资主体带来损失的可能性。比如，国内某企业在英国某银行借款 1 000 万英镑，约定期限 1 年，年利率为 5%，贷款合同签订时的英镑汇率为 1 英镑兑 12.5 元人民币，一年后贷款偿还时的汇率变为 1 英镑兑 12.8 元人民币，这时需要偿还的贷款本息为 1 050（1 000+1 000×5%）万英镑，按借入日折算人民币为：1 050×12.5=13 125（万元），但按偿还日汇率需要人民币：1 050×12.8=13 440（万元），即因汇率变化致使国内某企业在英镑贷款本息偿还时多支付 315（13 440−13 125）万元。

再比如，我国某公司于某年 5 月向巴西进行直接投资所使用的实物资本与货币资本总计为 5 000 万雷亚尔（巴西货币单位）。投资后的第一年获得税后利润 800 万雷亚尔，这些利润全部以美元汇回国内。美元兑雷亚尔的汇率在投资日为 2.025 9，而到 1 年后的利润收回日，因雷亚尔贬值，美元兑雷亚尔汇率变为 2.614 6，雷亚尔贬值幅度约为 30%，导致该公司蒙受大约 30%（以美元计）的利润损失。这说明在对外直接投资过程中，投资国货币贬值会使投资者的投资收益大幅减少，存在较大的外汇风险。

3．外汇买卖风险

在外汇买卖中，从交易日到交割日的汇率变化对买卖双方所带来的风险就叫外汇买卖风险。比如在 1 个月远期外汇交易中，某银行在交易日以 1 欧元兑 1.231 5 美元买入 100 万欧元，但一个月后汇率变为 1 欧元兑 1.211 5 美元，则因外汇买卖风险，该银行损失 2（100×1.231 5−100×1.211 5）万美元。

（二）会计风险

会计风险（accounting risk）又叫折算风险（translation risk），是指银行或企业在会计处理或外币债权债务决算时，将功能货币统一折算为记账货币入账时，因交易发生时的汇率与折算时的汇率不同而出现账面盈亏的可能性。比如，国内某公司拥有 100 万英镑存款。假定年初时英镑对人民币汇率为 15.5，则年初财务报表中该笔英镑存款可折算为 1 550 万元人民币。一年后，该公司在编制财务报表时，汇率变为 1 英镑兑 14.5 元人民币，这笔英镑存款折算人民币为 1 450 万元。在两个不同日期的财务报表中，由于英镑贬值，同样的 100 万英镑存款折算成人民币，其账面价值减少了 100 万元人民币，这就是会计风险。

同一般企业相比，经营多币种业务的银行及在国外有子公司的跨国企业的会计风险尤其突出。目前国内大部分银行可以经营外币业务，年终决算时，首先分别编制人民币报表及各币种外币报表，然后按照会计法规的要求将外币报表统一折算为人民币报表，在这个过程中，会计风险难以避免。而跨国企业则面临两个层面的会计风险：①当它们以东道国货币入账和编制报表时，需要将功能货币转换成东道国货币，这时面临会计风险；②当它们向总公司上报会计报表时，又需要将东道国货币折算成总公司所在国的货币，同样面临会计风险。

会计风险不同于交易风险，因为它和现金流量及货币收付无关。会计风险的大小与会计折算方式有关。对于会计报表的货币转换，目前国际上大致有四种折算方法，见表 7-1。

表 7-1　不同折算方法下跨国企业子公司会计风险的分布

会计折算方法	面临会计风险的项目	没有会计风险的项目
流动与非流动法	流动资产与流动负债	非流动资产与非流动负债
货币与非货币法	货币性资产负债（所有金融资产与所有负债）	非货币性资产负债（真实资产包括存货或固定资产等）
时态法	货币性资产负债；以市场价格入账的真实资产	以原始成本入账的真实资产
现行汇率法	所有资产与所有负债	—

1．流动与非流动法

流动与非流动法将企业所有外币资产负债分为流动资产与负债和非流动资产与负债两类。在编制会计报表时，对于流动性资产与负债按入账时的现行汇率进行折算，由于现行汇率经常变化，这部分资产与负债面临会计风险；对于非流动资产与负债，则按资产负债发生时的原始汇率折算，由于汇率不变，不存在会计风险。

2．货币与非货币法

货币与非货币法将资产负债划分为货币性资产负债和非货币性资产负债。货币性资产负债包括所有金融资产和一切负债，按现行汇率进行折算，这时面临会计风险；非货币性资产负债只包括真实资产（含存货、固定资产等），按原始汇率折算，因而没有会计风险。

3．时态法

时态法建立在货币与非货币法基础之上，所不同的是对真实资产进一步细分为两部分：①如果真实资产以现行市场价格入账，则按现行汇率折算，这部分真实资产面临会计风险；②如果真实资产按原始成本计价，则按原始汇率折算，这部分真实资产就不存在会计风险。当全部真实资产都按原始成本计价时，时态法等同于货币与非货币法。

4．现行汇率法

现行汇率法，即全部外币资产与负债不管其发生时的汇率是多少，一律按折算时的现行汇率进行折算。这样，企业所有外币资产与负债均面临会计风险。目前，该方法已被美国等西方发达国家广泛采用。

（三）经济风险

当企业经常进口商品或出口商品时，由于不利的汇率变动而使企业出现收入不断减少或成本不断增加的持续性风险，这种在一定时间内长期存在的外汇风险被称作经济风险[㊀]。换言之，经济风险是汇率长期内的变动可能会有利于竞争对手的产品的风险。经济风险主要产生于以下两类企业：①任何以一种货币发生成本支付而以另一种货币获得收入的企业；②任何在国内外市场上与外国同行竞争的企业。经济风险是长期存在的，会影响企业的财务状况与市场地位，进而影响公司的发展战略。经济风险根据其对企业的影响方式可分为直接经济风险与间接经济风险。

㊀ 布赖恩·科伊尔（英）．货币风险管理（上）[M]．亓丕华，等译．北京：中信出版社，2002 年 5 月，第 44 页。

1．直接经济风险

直接经济风险是来自企业未来进出口业务中的外汇风险。比如，一个加拿大商人从瑞士进口以瑞士法郎定价的光学仪器，然后在本国市场上销售，消费者以加拿大元支付。这位加拿大商人面临着对瑞士法郎的直接经济风险。如果加拿大元对瑞士法郎贬值，为了进口光学仪器，他不得不支付更多的加拿大元。如果加拿大元长期贬值，他要么提价将过高的成本转嫁给消费者，要么接受利润持续减少的现实，但提价会使销售额下降，直接经济风险使该商人进退两难。与交易风险不同的是，直接经济风险只与价格尚未确定的未来交易相关。一旦签订了进口合同，这种直接经济风险就会立即转变为这位商人的交易风险。

2．间接经济风险

间接经济风险是指不利的汇率变动削弱企业成本竞争力与价格竞争力的可能性。上文中对于加拿大商人而言面临的是对瑞士法郎的直接经济风险，而对瑞士光学仪器供应商而言，如果存在来自墨西哥的同行竞争，那么他有对墨西哥比索的间接经济风险，因为瑞士法郎对墨西哥比索的升值将使加拿大商人转向墨西哥进货。汇率变动还影响着不同国家生产商的相对成本。如果一家用美元支付成本的美国生产商在世界市场上和一家用欧元支付成本的法国生产商竞争，它们产品的竞争成本将会受到欧元兑美元汇率变动的影响，这种影响就属于间接经济风险。

20 世纪 80 年代早、中期，美元币值相对于其他货币更为坚挺。其后果是，德国和荷兰的啤酒制造商对美国的啤酒销售额增加，大约挤占了 5%的市场份额。而 1987 年，美元开始贬值，当美元对德国马克和荷兰盾的比价跌至 1980 年水平时，进口啤酒的实际价格大幅上升，于是美国啤酒制造商得以收复其失地。

本例中，欧洲和美国啤酒制造商都有针对美元对欧洲货币汇率的经济风险。美元升值时，将有利于提高欧洲同行的竞争力；美元贬值时，它会增强美国制造商在产品价格上的竞争力。可见，经济风险严重影响不同国家同类企业的国际竞争力。

在经济全球化时代，经济风险具有普遍性，即使一个企业没有对外贸易和对外投资，也会存在经济风险，那是因为汇率变化可能会增强竞争对手的竞争优势，从而使自己在竞争中居于下风。对于企业而言，经济风险比交易风险和会计风险更需要加以防范，因为其影响是深远的，而交易风险与会计风险的影响则是一次性的。

四、外汇风险对企业的经济影响

外汇风险同企业面临的其他风险如市场风险、利率风险、信用风险等一样，会对企业的正常经营与持续发展产生重大影响，但外汇风险对企业的影响表现出不同的特点。虽然我们关注外汇风险的不利一面，但事实上汇率的变动带给企业的不仅是损失的可能性也有盈利的可能性。下面从三个方面分析外汇风险对企业的经济影响。

（一）交易风险对企业的影响

交易风险与现金流量和货币收付活动直接相关，因此交易风险很可能导致企业现金收入的减少或者现金支出的增加，从而降低企业的预期利润，对企业股东而言，则意味着每股收益率的降低，直接影响企业股票的市场表现。当然，未套期的外汇交易风险也有可能让企业获利，但这不是正常企业所为，正常企业应该专注于其核心业务，而非通过外汇投机来谋取不可预测的利益。

（二）会计风险对企业的影响

会计风险主要影响企业资产负债的账面价值。对跨国企业而言，海外资产账面价值的减少或者外币负债成本的上升，将首先导致子公司资产净值的降低，最终引起母公司账面利润的下降，并降低每股收益。会计风险会影响到企业向股东和社会公开营业报告书的结果，有可能导致企业股票价格的变动，进而对企业经营管理、效益评估及税收等产生影响。

（三）经济风险对企业的影响

经济风险可能削弱企业的竞争优势，进而改变企业与其竞争对手的相对竞争力，造成企业市场份额与长期收益率的下降，最严重时可能迫使企业退出市场。因此，经济风险往往影响企业长远经营战略。比如，如果汇率变动有利于企业的资金营运，企业就会采取大胆的经营战略，不断扩大生产规模和海外市场；如果汇率变动不利于企业的资金营运，企业则会采取保守的经营战略，尽量收缩规模与海外市场。可见，经济风险在某种程度上决定了企业的兴衰成败。

第二节　外汇风险管理概述

一、外汇风险管理的基本原则

外汇风险对企业的正常经营活动及经营发展战略会产生重大影响，因而加强企业的外汇风险管理就显得十分必要。外汇风险管理就是对外汇风险进行识别、衡量和分析，并在此基础上采取积极有效的措施加以控制与防范，将外汇风险造成的损失降低到最低限度的过程。

企业必须充分认识外汇风险的普遍性与客观性，正视外汇风险的存在，合理确定外汇风险的承受范围，对于超出承受范围的外汇风险，必须选择合理的方法、工具或手段进行控制、降低、转移或消除，以保障企业正常经营活动的顺利开展。在外汇风险管理上还要遵循以下指导原则。

（一）综合衡量原则

在风险识别的基础上，应对所有外汇风险进行综合衡量，尤其是对不同币种的敞口头寸应进行综合轧差处理，切忌只对单币种进行管理，防止对外汇风险估计出现偏差。同时对交易风险、会计风险与经济风险也要全面审视与衡量，不能漏掉一些重要的外汇风险因素。

（二）资产保值增值原则

资产保值增值原则要求进行外汇风险管理时，一方面不能让资产受汇率波动影响而出现损失，另一方面也不能为了避免外汇风险而放弃获得收益的机会。在充分控制外汇风险的前提下，要让资产在运动中增值，将风险损失与资产收益综合考量，实现资产收益的最大化。

（三）经济性原则

世界上没有免费的午餐，外汇风险管理是需要代价的，不同的风险控制方法、技术和工具具有不同的成本。我们要做到，在安全保障一定的情况下追求成本的最小化，或者在风险管理成本最小的情况下追求安全保障的最大化。在选用某一方法时，如果规避风险所减少的损失金额小于为此付出的成本，这种外汇风险管理就是失败的。因此，我们在选择风险管理方法时，尽量选用成本最小、效果最优的方法。

二、外汇风险管理的基本策略

企业外汇风险管理是否成功，关键在于能否选择合适的风险管理策略。策略的选择必须结合企业本身经营特点、财务状况、管理水平及所处的外部金融市场环境，有时可以选择一种策略，有时可以选择多种策略的组合，以保障外汇风险管理目标的实现。外汇风险管理策略大致有以下几种。

（一）风险控制策略

外汇风险控制就是采取适当的方法与手段控制外汇风险发生损失的概率及风险损失的大小。风险控制包括了风险防范与减少损失两个环节。风险防范就是损失发生之前尽量控制风险因素，从而降低损失发生的概率；减少损失就是损失发生之后，通过一定措施防止损失的扩大，将损失降低到最低限度。对外汇风险有效控制的前提是，必须提高对汇率的预测能力及运用风险管理技术的能力。

（二）风险规避策略

规避风险就是风险主体在充分认识、分析和衡量风险的前提下，采取相应措施规避损失发生的可能性。比如，跨国企业为了防范某一货币的外汇风险，将其在货币所在国的子公司搬迁到其他国家，从而完全规避了对该货币的外汇风险。或者通过套期保值工具提前将汇率锁定，也能达到同样的效果。但这种策略在规避风险的同时，也相应放弃了可能获利的机会，因而机会成本较高。一般在两种情况下采用这一策略：①企业遭受的外汇风险发生损失的概率及损失规模很大；②若选择其他策略，可能成本更高。

（三）风险融资策略

风险融资就是通过开辟多个资金来源用于补偿外汇风险损失。根据资金来源的不同，企业风险融资方法包括以下几种：①风险自担，即企业自己承担全部或部分外汇风险损失。这种方法只能在风险损失较小、企业财务能力较强的情况下使用。一些大型企业可以通过建立外汇风险准备金，以随时弥补外汇风险造成的损失。②利用衍生金融工具。通过购买期货、期权及互换等金融工具来套期保值。比如期货合约，由于现货与期货的价格变化趋势一致，如果我们制造出与现货相反的头寸，不管价格如何变化，现货与期货总会出现一盈一亏，从而可以以盈补亏。③投保汇率变动险。企业通过购买保险可以将外汇风险损失转嫁给保险公司。一旦外汇风险损失发生，保险公司可补偿全部或部分损失。但这一方法只能在国内保险公司开办了汇率变动险的情况下才能使用。④调整合同价格。对于可以预计的外汇风险，可以通过提价或降价的办法将外汇风险转移给交易对手，当然这只是一厢情愿的办法，必须取得交易对手的同意。

（四）风险分散策略

为防止外汇风险的积累，可以通过一定方式分散外汇风险，从而将风险控制在可以承受的范围之内，这就是风险分散策略。具体来说，可以通过货币多元化、融资多元化和业务经营多元化来降低外汇风险。值得注意的是，货币多元化一方面会增加货币错配的机会从而扩大外汇风险，另一方面不同币种价值的升降也会抵消一部分外汇风险，但要注意币种的合理配置。

三、外汇风险管理的基本程序

企业确定了外汇风险管理的总体目标、基本原则及基本策略之后，需要制定外汇风险管理程序，对每个环节进行具体安排，以确保管理目标的实现。一般地，外汇风险管理应包括以下几个程序。

（一）识别外汇风险

风险识别就是确认企业外汇风险的性质、特点。不同企业可能面临不同的外汇风险，不同种类的外汇风险对企业的影响也有所不同，因此，必须全面、深入地分析企业外汇风险状况，为下一步对风险的衡量作准备。通常，交易风险相当容易确认，因为它表现为应收外币或应付外币的数量。同样，只要企业拥有国外子公司就存在折算风险，可见折算风险也是显而易见的。经济风险相对难以确认，因为它的影响具有长期性，间接经济风险更难确认，原因在于它主要取决于外国竞争对手的行动，以及汇率变动对它们在相对成本竞争力上的潜在影响。但一般情况下，只要有国外竞争者，间接的经济风险就总是存在。

（二）度量外汇风险

风险度量就是衡量外汇风险的敞口大小，以及可能带来损失的概率与程度。交易风险与会计风险敞口的计量相对容易，而经济风险的计量往往建立在企业未来业务规模的预测之上，比较难把握。要衡量风险损失发生的概率与程度，就必须事先对汇率有比较可靠的预测，再利用各种模型或方法估算不同种类外汇风险的损失范围与程度。风险度量的目的是为选择风险管理方法打基础。

（三）选择外汇风险管理方案

事实上，结合企业自身特点及外汇风险状况可以制定多种风险管理方案。每一种方案都有其优点与缺点，需要企业根据自身的经营管理目标及现实条件来进行选择。总的原则是，通过综合权衡各种方案的利弊，力求以最小的代价获得最大的外汇业务的安全保障。

（四）实施外汇风险管理方案

实施外汇风险管理方案，即落实外汇风险管理方案的各项具体安排，包括资金、人员、技术等管理资源的落实与部署。企业风险管理部门或主管领导应对风险管理过程进行全程指挥、控制、督促和协调，及时反馈，修正各种偏差，确保各项措施落实到位。

（五）对外汇风险管理效果进行检查与评估

企业相关部门应对外汇风险管理方案的实施效果进行跟踪检查，并对每种方法或措施的效果进行评估。及时发现问题，及时解决问题。不定期地对外汇风险管理情况进行总结，形成书面报告并存档。

（六）改进外汇风险管理工作

外汇市场瞬息万变，没有一套外汇风险管理方案可以让企业一劳永逸。企业必须经常调整外汇风险管理方法与策略，并通过吸取外汇风险管理实践中的经验与教训，不断改进企业外汇风险管理水平。

第三节　企业外汇风险管理方法

本节主要讨论外汇风险管理的具体方法。外汇风险的不同类别具有不同的特点，因此每种外汇风险的防范策略都有所不同，下文就外汇风险的三大类型分别进行讨论。

一、交易风险管理方法

在第一节中，我们分析了外汇风险形成的四个条件：币种、时间、汇率与敞口头寸。换言之，只要解除其中之一，我们就能够控制外汇风险，因此，我们从这里发现了防范外汇风险的四条途径。另外，在外汇风险管理基本策略中，我们提到了风险融资策略，即运用一定的手段与措施弥补外汇风险的全部或部分损失，使企业正常生产经营活动不会受外汇风险的影响，这也不失为一种有效管理外汇风险的重要方法。下面就从这五个方面入手分析企业交易风险的防范手段。

（一）货币视角下的交易风险防范

从币种角度看，交易风险产生的原因在于，经济主体在计价结算时使用了不同的货币或者计价货币价值在一定时间内发生波动，因此，防范交易风险的思路是选择合适的币种或通过合适的手段稳定货币的价值，大致有以下几个方法可以选择。

1．本币计价法

本币计价法，是指在交易过程中不使用外汇，只使用本国货币，当然不存在外汇风险。但使用这一方法的前提是，该国货币必须是能被国际社会普遍接受的自由兑换货币。目前发达国家的企业可以选择这一方法来避险，发展中国家的货币往往不是可自由兑换货币，因此发展中国家的企业很难用本币作为对外贸易与投资的计价货币。人民币目前仍不是可自由兑换货币，我国企业使用人民币作为对外贸易与投资的计价货币还比较困难，但在我国的周边国家如越南、泰国、蒙古、朝鲜等近年来有越来越多的企业愿意使用人民币计价结算，所以我国的边境贸易有一部分可使用人民币交易，这有助于我国企业防范外汇风险。随着我国经济实力的增强和人民币的国际化，人民币终将成为国际货币的一员，到那时，我国企业防范外汇风险将有更大的选择权。

2．币种选择法

币种选择法，是指根据进出口方向选择不同性质的货币以达到避免外汇风险损失的目的。具体做法是，出口时用硬币（hard money）计价结算，进口时用软币（soft money）计价结算。硬币是指汇率比较稳定并具有升值趋势的货币；软币是指汇率经常波动并有贬值趋势的货币。如果出口商用硬币计价结算，那么随着时间的推移，其货物总价值会伴随硬币价值的上升而增加；如果进口商用软币计价结算，那么其需要支付的价款会随时间推移而不断下降。因此，币种选择法不仅有可能规避外汇风险，甚至有可能使进出口商获得汇率变动所带来的利益，但这一方法要求企业对汇率变动趋势有比较准确的判断。

3．选用“一篮子”货币计价法

“一篮子”货币是多种货币按一定权重所构成的组合。由于“篮子”中的货币价值有升有降，其汇兑收益或损失相互抵消，因此“一篮子”货币的币值是相对稳定的。使用“一篮子”货币来计值，有助于减少贸易双方的外汇风险，但“一篮子”货币的币值计算及货款结算较为复杂，因而很少使用。在实践中，往往使用软硬货币搭配计价，操作起来较为方便。比如，一德国出口商向一美国进口商出口货物，假定市场上欧元（硬币）存在升值趋势而美元（软币）存在贬值趋势，这时德国出口商希望用欧元计价，而美国进口商则希望用美元计价，最后双方各让一步，在合同中可以商定一半用欧元，另一半用美元计价结算，双方共同承担外汇风险。这时，不管欧元对美元汇率如何变化，贸易双方面对的外汇风险均比单独使用欧元或美元要减少一半。

4．货币保值法

货币保值法，是指企业在贸易合同中订立货币保值条款以防范外汇风险。根据保值手段的不同可分为黄金保值法、硬币保值法和“一篮子”货币保值法。黄金保值法，是指在签订合同时，将商品的合同货币数量折算为一定数量的黄金，在货款结算时，又将这一定数量的黄金按市价折回成合同货币表示的货款数量。由于黄金价值相对稳定，所以可在一定程度上防范外汇风险。硬币保值法是在签约时将合同货币数量折算为一定数量的硬币，等到结算时再按当时汇率折回成合同货币表示的价款。此方法一般同时规定合同货币与硬币之间汇率波动幅度，在规定的波动幅度内，货款不作调整，一旦超过波动幅度，货款要作相应调整。“一篮子”货币保值法是将合同货币与“一篮子”货币挂钩进行保值，其操作方法同上。在实践中，通常选用特别提款权（SDR）作为“一篮子”货币来进行保值。

（二）时间视角下的交易风险防范

时间视角下的交易风险防范，即调整货款结算时间或者货币兑换的时间从而达到预防外汇风险的目的。

1．期限调整法

期限调整法，是指进出口商根据汇率变化趋势将贸易合同规定的货款收付日期提前或延后以防范外汇风险的方法。比如，在预测计价货币升值的情况下，出口商可以延期收进外汇，以获得外汇升值带来的收益，但对进口商则相反，尽量争取提前支付货款，以避免日后需要用更多的本币才能兑换到同样数量的外汇。如果计价货币存在贬值趋势，做法与上述过程相反。这一方法的局限性有两点：①货款结算时间提前与延后只是贸易一方的一厢情愿，能否实现取决于交易对方的同意；②这一方法能否成功有赖于准确的汇率预测，一旦判断失误将会造成更大的损失。

[案例 7-1]

美国某进口商从德国某出口商处进口一批货物，双方签订了一个以欧元计价，3 个月后付款的贸易合同。假定合同签订后，美元对欧元持续贬值，估计半年之内不会得到改观。这时，美国进口商不需等到 3 个月后付款，只要收妥货物，可以提前用美元兑换欧元支付给德国出口商。虽然有些利息损失，但比起美元贬值带来的汇兑损失要划算。

2．借款法

如果企业在未来有一笔外汇收入，可以使用借款法来防范外汇风险。具体办法是，借入一笔与未来外汇收入等值的、期限与币种一致的资金，并立即将其兑换成本币使用或进行投资（BSI[㊀]），在借款到期日用未来外汇收入进行偿付。很明显，这一方法的实质是将货币兑换时间提前到现在，从而消除了外汇风险，但借款法需要付出支付借款利息的代价。

[案例 7-2]

德国某公司预计 6 个月后有一笔 800 万美元的外汇收入，如果美元在 6 个月内发生贬值，该公司将遭受外汇风险损失。为此，该公司向银行借入期限为半年的 800 万美元贷款，并立即在即期外汇市场兑换为欧元使用。6 个月后，该公司利用收回的 800 万美元归还银行的贷款。由于货币兑换时间提前到现在，因而避免了外汇风险，但是要付出半年银行贷款利息的代价。

3．投资法

投资法与借款法刚好相反，适合于在未来有外汇支付的情况。具体做法是，将本币资金在即期外汇市场换成外汇，金额与未来支付的外汇数量相等，再将这笔外汇在货币市场进行投资（比如购买国债、票据或存入银行等），到期日与未来外汇的支付日一致，投资到期后所得到的外汇本金用于支付企业的外汇欠款。这一方法与借款法在本质上是一样的，都是将未来的货币兑换提前到现在，通过消除外汇风险的时间因素来避险。如果用来兑换外汇的本币是借款得到的，那么投资法又变成了 BSI 法。

[案例 7-3]

英国某公司有为期半年的 1 000 万日元应付账款，如果在半年内日元升值，它将蒙受外汇风险损失。为防范外汇风险，该公司立即用本币在即期外汇市场上购买了 1 000 万日元，并将这笔日元在货币市场上进行为期半年的投资，半年后用收回的日元投资偿付应付账款。

4．票据贴现法

票据贴现法，是指企业将已承兑的外币远期汇票转让给银行，银行扣除贴现日到票据到期日之间的利息后提前兑付票据金额的行为。企业将票据贴现取得的外汇收入提前结汇得到本币则可消除外汇风险。这一方法其实是银行以票据抵押向企业发放外汇贷款，从而将企业的外汇风险转嫁给了银行。银行在票据拒付时，对票据背书人具有追索权，即可向票据贴现企业追回贴现款项。

[案例 7-4]

2010 年 3 月 22 日，某外贸公司持已承兑的外币远期汇票向其开户银行办理贴现，票据金额为 12 万美元，期限 3 个月，到期日为 5 月 22 日，贴现率为 5%，则贴现利息为：120 000×5%×（60÷360）=1 000（美元），银行扣除贴现利息后将余款 119 000 美元支付给外贸公司。这样，外贸公司提前取得了外汇收入，从而避免了美元贬值的风险。

5．福费廷业务法

福费廷（forfaiting）又叫包买票据或买单信贷，是指银行向企业支付外汇购买未到期的、期限在半年以上的已承兑外币汇票。与一般票据贴现不同的是，银行兑付票据后即便遭到拒付也对企业无追索权。对企业而言，利用福费廷业务一方面可以提前取得外汇收入，并将其兑换成本币以规避外汇风险，另一方面企业取得外汇收入后意味着交易的结束，与交易有关

㊀ BSI，即借款—即期合同—投资法（borrow-spot-invest）的简称。这一方法将借款、即期外汇交易和投资三者结合起来防范外汇风险，其中借款分为借入本币和借入外币。根据借款币种的不同可将 BSI 法分为借款法下的 BSI（借入外币）和投资法下的 BSI（借入本币）两种。

的信用风险也随之消失，但这一业务的手续费较高。

6．保理业务法

保理（factoring）是保付代理的简称，是指出口商将国外的外币应收账款无追索权地出售给保理商（主要为银行），提前收回货款并兑换成本币以避免外汇风险的行为。在保理业务中，出口商负责将货物装运后取得的单据（发票、汇票、提单等）提交银行，银行按协议支付全部或部分货款，并负责到期收回应收账款。

7．掉期交易法

掉期交易（swap transaction），是指同时进行两笔币种相同、金额相同、买卖方向相反、交割期限不同的外汇交易，即在买进某种外汇的同时，卖出金额相同的这种货币，但买进与卖出的交割时间不同。外贸企业利用掉期交易可以为远期外汇交易展期（案例 7-5），金融企业可以运用掉期交易避免客户的存贷款货币不匹配带来的外汇风险（案例 7-6）。

[案例 7-5]

德国一家进口商需要从美国进口一批货物，3 个月后需支付货款 150 万美元，为防止美元升值，该进口商买入 3 个月后交割的美元远期合约。3 个月后，交货发生延期，进口商希望将该远期合约展期至 1 个月后。他可以进行掉期交易，即在第一个远期合约到期前两天即期卖出美元同时买入 1 个月后的远期美元，从而将避险的期限延至 1 个月后。

[案例 7-6]

假设某银行预测未来 3 个月后银行的客户存款额超过贷款额 1 亿美元，同时欧元的贷款额超过存款额折合美元也刚好为 1 亿美元，这时银行可以即期卖出 1 亿美元买入欧元，同时买入 3 个月后的远期美元，通过即期对远期的掉期交易规避外汇风险。

（三）汇率视角下的交易风险防范

严格地说，掉期交易是将时间因素与汇率因素结合起来进行外汇风险的防范。下面介绍的方法主要从消除汇率因素角度来防范外汇风险，即通过合约形式事先将未来的汇率锁定，不管未来汇率如何变化，交易双方只能按合同约定的汇率进行交易。当然期权交易更具灵活性，期权购买方有权视交割时市场汇率状况选择或放弃协议汇率。

1．即期外汇交易

即期外汇交易，是指外汇买卖成交后在两个营业日内办理有关货币收付交割的外汇交易。由于即期外汇交易的交割期限很短，因而它的避险作用十分有限。

2．远期外汇交易

远期外汇交易，是指外汇买卖成交后不是立即交割而是约定在未来某一个时间进行交割。由于远期外汇交易的交割期限可以很长，有很好的避险效果，因而其比即期交易使用更为广泛。但银行为防止企业不履行远期合约，往往要对企业进行严格的资信调查，并设置最高交易限额以控制风险。

[案例 7-7]

国内某外贸企业出口一批货物，总价为 1 000 万美元，货款结算日在 3 个月后，该企业为防止人民币对美元升值带来的外汇风险，与银行签订了 3 个月远期外汇合约，交易金额与货物总价相同，约定汇率为 1 美元兑 6.612 0 元人民币。假定 3 个月后即期汇率为 1 美元兑 6.592 0 美元，我们可以计算出该企业通过远期交易可以避免的汇兑损失：1 000×（6.612 0–6.592 0）=20（万人民币元）。

3．外汇期权交易

外汇期权交易是以外汇买卖的选择权（option）为标的交易，即买卖双方达成一项远期外汇买卖合同，期权买方在向期权卖方支付一定期权费之后，有权在到期日或到期日之前要求期权卖方执行所签合同或放弃所签合同。外汇期权对于购买方而言是一项权利，在比较合同汇率与市场汇率之后，有利可图时可以执行，不需执行时也可放弃，期权出售方只能按对方要求办理。与远期外汇交易不同的是，外汇期权在防范外汇风险的同时保留了从汇率变动中获利的机会，而且当远期外汇收支不确定时，使用期权交易比远期外汇交易更有优势。从事外汇期权交易，对期权购买方而言，最大的损失不过期权费。

[案例 7-8]

国内某企业从英国进口一批仪器，合同约定 3 个月后支付英镑。目前即期汇率为 1 英镑兑 13.6 元人民币。在付款前，如果英镑升值，该国内企业就需要更多的人民币购买等量的英镑，从而蒙受损失；相反，英镑贬值时该企业只需付出更少的人民币。于是，该国内企业按 1 英镑兑 13.6 元人民币的协定价格并支付 0.05 元人民币/英镑的期权费，买入一笔看涨期权（买入选择权）。3 个月后，英镑升至 13.8 元人民币，该企业行使期权，按 13.6 元人民币/英镑的协定汇率购买英镑，获得 0.15 元人民币/英镑的利益，即[（13.8–13.6）（收益）–0.05（期权费支出）]。可见，该企业通过购买看涨期权有效地规避了英镑升值带来的外汇风险。

假定 3 个月后英镑贬值至 13.5 元人民币，这时协定汇率已经不具优势，该企业可以放弃期权合同，改为从市场上以低价购买所需英镑。它在受险部分获得了 0.1 元人民币/英镑（13.6–13.5）的收益，但付出了 0.05 元人民币/英镑的期权费支出，净收益为 0.05 元人民币/英镑。因此，不管汇率如何变化，期权交易不但使企业的外汇风险局限于期权费，而且同时保留了获取外汇收益的机会。

[案例 7-9]

假定某法国公司认为，它在 3 个月后需要对外支付 1 000 万加拿大元，那么该公司可以安排买进 1 000 万加拿大元的 3 个月远期外汇合约。但是 3 个月后发现不需要支付这笔款项，它仍然有责任按约定汇率买进 1 000 万加拿大元，换言之当套期保值变得不需要时，它又形成了新的外汇敞口，原来为了预防外汇风险的措施反而制造了新的外汇风险。但使用外汇期权交易则避免了这一现象的发生。原因在于，即使需要避险的交易并未发生，外汇期权不会带来新的外汇风险暴露，其带来的损失不会超过期权费，如果汇率变化有利，执行期权还可以获得额外的收益。

（四）敞口头寸视角下的交易风险防范

前面已经提及，敞口头寸的存在会给企业带来外汇风险，而敞口头寸分两种形式：①存量形式，即外汇资产与外汇负债在金额与时间上的不匹配；②流量形式，即预期的外汇收入（即外汇债权）与外汇支出（即外汇债务）在数量与期限上的不匹配。存量形式的敞口头寸将在下一小节论述，这里主要探讨流量形式的敞口头寸如何预防外汇风险。

1．平衡法

平衡法就是通过制造外汇头寸，使外汇债权债务相互抵消进而消除敞口头寸的方法来防范外汇风险。但在实践中，很难将制造的外汇债权或债务与已有的债务或债权在金额与期限上完全匹配，因此，该方法作用十分有限。

[案例 7-10]

某外贸公司出口一批货物，总价为 850 万美元，3 个月后收款，为避免外汇风险，它可以再安排进口一批货物，总价与币种同出口货物完全相同，并且将付款日安排在上述出口货物的收款日。这样，该公司可在收入 850 万美元的当天，将这一款项支付进口货物的价款。

2．组对法

组对法利用了两种货币的关联性，当企业存在某种货币的交易风险时，人为制造一笔金额与期限相同的、与该种货币关联度大的第三种货币的反向头寸。该货币很可能与第三种货币保持着固定汇率，即它们的价值变化方向与幅度基本一致。组对法与平衡法的区别在于，平衡法是基于同一种货币的对冲，而组对法是基于两种不同货币的对冲，但其防范外汇风险的基本思路是相同的。

[案例 7-11]

某公司出口一批货物，交易双方约定 3 个月后以美元支付价款，为规避美元贬值的风险，该公司可以安排一笔金额与期限相同的港元债务，因为港币实行与美元挂钩的联系汇率制，港元债务与美元债务一样可以使企业的敞口头寸化为零，从而消除外汇风险。当企业无法对有敞口头寸的货币进行套期保值时，可以使用组对法，尤其是企业使用某种国际化程度不高的货币进行交易时，经常选择另一种国际货币与该种货币进行组对，制造反向的外汇头寸以消除交易风险。

（五）风险融资视角下的交易风险管理

上述方法都是在交易风险发生之前所采取的预防措施，那么当交易风险带来损失时我们该如何应对呢？下面几种方法就是为交易风险带来的损失寻找融资途径。虽然这些方法不能预防损失的发生或者不能完全弥补损失，但是使用它们可以防止外汇风险给企业正常的生产经营活动带来太大的影响。

1．价格调整法

前面提及，“出口用硬币，进口用软币”只是贸易一方的一厢情愿，如果对方不同意，很可能出现“出口用软币，进口用硬币”的情况，这时，出口商与进口商无疑面临着外汇风险。价格调整法就是在企业面临不利的计价货币时通过商品价格的调整来弥补部分外汇风险损失。具体做法是，当出口商用软币计价时，可以适当提高商品价格以补偿外汇风险损失；当进口商用硬币计价时，可以要求适当降低商品价格以减少外汇风险可能带来的损失。

[案例 7-12]

国内某公司以软货币美元计价出口一批货物，总价为 100 万美元，按合同签订时的汇率（1 美元兑 6.650 0 元人民币）计算，该公司可结汇人民币 665 万元。为防止美元对人民币贬值产生的损失，该公司与银行叙作一笔远期外汇合约，3 个月远期汇率为 1 美元兑 6.5170 元人民币（贴水率为 2%）。3 个月后收回 100 万美元，按远期合约可兑换人民币 651.7 万元人民币，亏损 13.3 万元人民币。该公司可将美元贴水率计入美元报价，即美元报价应为 100×（1+2%）=102（万美元），若按这一报价，该公司基本上可以弥补外汇风险带来的亏损。

2．期货交易法

期货交易法，是指运用期货的套期保值功能来补偿外汇风险的损失。所谓套期保值，是指在现汇市场上买进或卖出外汇的同时，在外汇期货市场上卖出或买进数量大致相等的期货合约。由于现汇市场与期货市场的外汇价格变动趋势是一致的，因此不管汇率如何变化，两个市场总会出现“一盈一亏、相互抵消”的现象。所以期货市场并不能防止外汇风险的发生，但可以利用期货交易所获得的收益来补偿现汇市场因汇率变化而带来的汇兑损失。

[案例 7-13]

2010 年 1 月 1 日，我国一家跨国公司将其英国子公司的 100 万英镑调回国内使用 5 个月，然后再汇回子公司。该公司通过期货市场进行套期保值以避免外汇风险，具体操作见表 7-2。

表 7-2　期货交易套期保值具体操作

交易日期	现汇市场	期货市场
1月1日	卖出调回的 100 万英镑，即期汇率为 1 英镑=13.6 元人民币，收入 1 360 万元人民币	买入 40 份 7 月份到期的英镑期货合同，每份 2.5 万英镑，共计 100 万英镑，汇率为 1 英镑=13.7 元人民币，共支付 1 370 万元人民币
6月1日	买入 100 万英镑汇回子公司，汇率为 1 英镑=13.8 元人民币，需支付 1 380 万元人民币	卖出 40 份 7 月份到期的英镑期货合同进行对冲，汇率为 1 英镑=13.88 元人民币，可收入 1 388 万元人民币
盈亏	–20 万元人民币	18 万元人民币

例 7-13 中，由于英镑升值，母公司在现汇市场上出现汇兑损失 20 万元人民币，但在期货市场上取得了 18 万元人民币的盈利，净损失为 2 万元人民币。如果该公司不运用期货交易套期保值，那么最终的损失将达 20 万元人民币。

3．投保汇率波动险法

汇率波动险，是指某些国家的保险机构，在国家的支持下，提供货币汇率波动因素方面的险种，对因汇率变动造成的损失给予补偿。经济主体向有关保险公司投保汇率波动险应按规定缴纳保险费，保险公司通常根据不同货币的风险程度确定汇率波动的赔偿幅度，在规定幅度内因汇率变动而蒙受的损失给予赔偿，超过规定幅度的汇率变动损失不予赔偿。若因汇率变动超过规定幅度而产生收益，则该收益归保险机构所有。这种方法可以比较稳妥有效地规避和化解企业面临的外汇风险，但要注意这种保险费用较高，应对保险成本与汇率变动可能造成的最大损失做出权衡后再做决定。

二、会计风险管理方法

与交易风险比较，会计风险无论在风险的成因，还是对企业现金流和税收的影响都有着显著的不同。对于跨国企业来说，不管是以母公司货币计价消除会计风险，还是以子公司当地货币计价消除交易风险，都很难做到两全其美。换言之，会计风险管理与交易风险管理之间存在一定的冲突。因此，企业采取套期保值措施时必须谨慎，因为降低会计风险的好处很有可能不如增加交易风险的损失大。

企业管理会计风险的方法包括：调整现金流量、签订远期合同及资产负债表保值。①调整现金流量，即通过改变母公司及子公司预期现金流量的金额或币种，以降低企业使用当地货币的会计风险。假如当地货币将要贬值，降低会计风险的基本技巧是减少当地货币资产或者增加当地货币债务，最好的办法是将资产头寸转换成硬币，或者将当地货币转换成母公司所在国货币，当然这样调整的结果可能增大子公司面临的交易风险。如果预期当地货币升值，其套期保值的策略刚好相反。②签订远期合同。对那些暴露在外汇风险之下的敞口头寸（资产或负债），企业可以采取远期外汇合同提前锁定汇率，其基本原理与方法同交易风险管理。所不同的是，对交易风险的套期保值往往逐笔进行，而对会计风险的套期保值只需轧差处理。③资产负债表保值。这种方法要求资产负债表上以各功能货币表示的受险资产与受险负债的余额相等，从而使各功能货币的敞口头寸为零，最终达到消除会计风险的目的。该方法的难点在于计算综合会计风险头寸的规模及确定哪些账户、哪些科目需要调整。事实上，每种调整措施都会带来代价，关键是如何权衡外币头寸调整带来的收益与成本，实现综合成本的最小化。

运用上述方法对会计风险进行管理的局限性体现在：①会计风险敞口头寸很难准确计量，因而完全避免会计风险很困难。②能使用远期合同的币种（主要为发达国家货币）有限，并且合同期限难以覆盖会计期间，所以使用远期合同规避会计风险难以达到预期效果。③对会计风险管理会增加企业税收。会计风险损失一般不能从应税收入中扣除，而对会计风险进行套期保值的远期合同收益却包括在应税收入中，因此对会计风险管理要支付额外的税收。④对会计风险的防范往往要付出增加交易风险的代价。

三、经济风险管理方法

经济风险是汇率波动给企业未来现金量或企业竞争力带来的不利影响，这种影响是深远的，严重时可导致企业关门破产，必须加以高度重视与管理。对经济风险的管理涉及企业的生产、销售、原材料供应及财务管理等各个方面。理论上，要对经济风险进行有效管理，取决于企业对汇率长期变化趋势的准确预测。

为应对经济风险的挑战，跨国企业需要及时调整其营销策略、生产策略和财务策略。跨国企业经营策略的细节见表 7-3。下面将从营销、生产及财务等三方面分析经济风险防范的基本方法。

表 7-3　跨国企业的经营策略

营销策略	生产策略	财务策略
市场选择	生产要素组合	资产负债匹配
产品策略	转移生产	业务分散化
定价策略	工厂选址	融资分散化
促销策略	提高劳动生产率	营运资本管理

资料来源：涂永红．外汇风险管理[M]．北京：中国人民大学出版社，2004 年 7 月，第 327 页。

（一）营销策略调整法

营销策略调整法就是根据汇率变动趋势调整企业的营销策略以获得更多国际竞争优势的方法。营销策略调整措施包括市场选择调整、定价策略调整、产品策略调整和促销策略调整。

①市场选择调整。根据汇率变化适时调整企业产品的销售市场及原材料采购市场。比如，在本币升值情况下，对于出口企业，应退出无利可图的贬值国家的市场，并努力巩固本国及其他非贬值货币所在国的市场。对于进口企业，则应扩大中间产品或替代品的进口力度，将中间产品的采购尽可能转向货币贬值国。在本币贬值情况下，上述操作刚好相反。②定价策略调整。当本币升值时，出口企业如果不调整外币价格，则意味着企业利润率的降低，如果提高外币价格则会导致市场份额的下降，因此定价策略的调整关键在于实现市场份额与利润率的平衡。同时，价格调整要考虑商品需求价格弹性的大小。一般地，商品需求价格弹性越小，在本币升值条件下越无必要降低出口商品的外币价格。③产品策略调整。主要措施包括产品创新、推出新产品及产品生产线调整。在本币升值条件下，应加大研发力度，运用产品创新战略赢得市场。在推出新产品时应选择一个汇率变化相对有利的时机。必要时调整产品生产线，以满足国内外多样化的消费需求。④促销策略调整。汇率变化会改变促销预算的外币价值，因此，应根据汇率变动科学有效地分配促销预算。同时，还应根据汇率变动对销售市场的影响适时调整促销战略，以吸引更多的消费者。

（二）生产策略调整法

生产策略调整法主要是通过重组生产要素、改变生产布局及改进管理方法等措施降低汇率变动对商品生产成本的影响。对跨国企业而言，如果汇率变动改变了不同地区的相对生产成本，它可以选择要素价格更低的生产地，可以优化生产要素结构，加强管理以提高劳动生产率等措施消化汇率变动带来的不利影响。比如20世纪80年代，日元对美元升值的情况下，日本大量企业将生产地转移到韩国和中国（包括香港和台湾地区），从而获得更廉价的劳动力及当地货币贬值带来的好处。

（三）财务策略调整法

财务策略调整法是对企业的业务活动与财务结构进行适当调整以分散、转移或消除经济风险的方法。具体措施包括：①匹配外币资产与负债。比如20世纪80年代，德国大众汽车公司对资产负债表进行动态管理，力求其美元债务与其来自美国的销售收入相匹配，以抵消美元贬值对公司利润的不利影响。②经营多样化。在国际范围内分散销售市场、生产地及原材料来源地，这样，来自不同地区的外汇风险有一部分可以相互抵消。此外，经营多样化可使企业根据汇率变动及时调整生产布局以应对经济风险的不利影响。③财务多样化，是指在多个金融市场、以多种货币进行筹资或投资活动。财务多样化既可以分散外汇风险，而且扩大了公司在对外币资产与负债进行匹配时的操作空间。④充分利用转移价格。跨国企业可以运用转移价格调整营运资金的规模和结构，以减轻汇率波动对企业的不利影响。转移价格是跨国公司内部交易时使用的不同于市场价格的价格。通过转移价格的调整可以实现资金在跨国企业内部子公司之间或子公司与母公司之间的转移。为减轻汇率波动对企业的影响，转移价格的制定要达到以下目的：①当子公司所在国货币发生贬值时，在其他条件不变情况下，应尽快将子公司以当地货币表示的利润汇往母国或其他非货币贬值国；②当子公司所在国货币升值时，在其他条件不变时，应将母公司或其他子公司的利润汇往该子公司。

上述方法可以单独使用，也可以搭配使用，究竟如何取舍应根据企业的基本情况及所要达到的经营目标而定。

本 章 小 结

外汇风险是企业在涉外经济活动中使用外汇，因汇率变化而带来损失的可能性。企业外汇风险可分为交易风险、会计风险和经济风险。交易风险是企业使用外汇计价交易时因汇率变动而带来损失的风险；会计风险是由于汇率变动引起资产负债表中某些外汇账户金额变动的风险；经济风险是汇率长期内的变动可能会有利于竞争对手的风险。外汇风险影响到企业的经营收益及可持续经营，必须根据不同类型外汇风险的特点有针对性地加以管理与防范。构成外汇风险的条件包括货币因素、汇率因素、时间因素及敞口头寸因素，由此引申出外汇风险管理的四种视角或思路。在实践中，必须结合企业的实际情况及经营环境选择合理的经济的外汇风险防控手段。

【关键概念】

外汇风险（foreign exchange risk）

敞口头寸（exposure position）

交易风险（transaction risk）

会计风险（accounting risk）

经济风险（economic risk）

复习思考题

一、判断题

1．只要使用外币，就一定存在外汇风险。（ ）

2．银行在办理福费廷业务时拥有追索权。（ ）

3．即期外汇交易必须在当天办理交割手续。（ ）

4．经济风险侧重于每笔孤立的交易因汇率变动而带来损失的可能性。（ ）

5．期货交易法可以完全消除外汇风险。（ ）

6．会计风险不同于交易风险，因为它和现金流量及货币收付无关。（ ）

7．出口时用硬币（hard money）计价结算，进口时用软币（soft money）计价结算。（ ）

8．银行在已贴现票据拒付时，对票据背书人具有追索权，即可向票据贴现企业追回贴现款项。（ ）

9．与交易风险不同的是，直接经济风险只与价格尚未确定的未来交易相关。（ ）

10．会计风险取决于会计折算方式，一般地，企业使用现行汇率法所面临的会计风险最大。（ ）

二、不定项选择题

1．构成外汇风险的因素包括（ ）。

A．货币因素 B．时间因素 C．汇率因素 D．敞口头寸因素

2．外汇风险的种类包括（ ）。

A．交易风险 B．会计风险 C．经济风险 D．信用风险

3. 交易风险可细分为（ ）。
A. 国际贸易结算风险 B. 国际投融资风险
C. 外汇买卖风险 D. 间接经济风险
4. 对企业影响最深远的外汇风险是（ ）。
A. 交易风险 B. 会计风险
C. 经济风险 D. 均不是
5. 对于会计报表的货币转换，会计折算方式包括（ ）。
A. 流动与非流动法 B. 货币与非货币法
C. 时态法 D. 现行汇率法
6. 跨国企业的经济风险管理策略包括（ ）。
A. 营销策略调整法 B. 生产策略调整法
C. 财务策略调整法 D. 价格策略调整法
7. 下列方法中，基于时间因素的方法有（ ）。
A. 货币保值法 B. BSI 法
C. 福费廷业务法 D. 期货交易法
8. 企业管理会计风险的方法有（ ）。
A. 调整现金流量 B. 签订远期合同
C. 资产负债表保值 D. 期限调整法
9. 期货交易可以防范汇率风险的原理是（ ）。
A. 可以锁定汇率 B. 可以调整期限
C. 现货市场与期货市场“一盈一亏、相互抵消”
D. 可变换币种
10. 外汇风险管理策略大致分为（ ）。
A. 风险控制策略 B. 风险规避策略 C. 风险融资策略 D. 风险分散策略

三、简答题

1. 外汇风险构成的基本条件是什么？
2. 外汇风险管理的基本原则是什么？
3. 外汇风险管理的基本策略是什么？
4. 外汇风险种类有哪些？各自有什么防范措施？

综合技能训练

1. 2011 年 10 月 5 日，我国某公司与国外某公司签订了总价为 500 万美元的出口合同，约定 3 个月后按时付款，当前汇率为：USD/CNY=6.6100，3 个月远期汇率为：USD/CNY=6.5800，请问：我国公司应采用什么方法来防范人民币升值所带来的风险？

2. 英国某公司 90 天后有一笔 1 000 万美元的应付款，为控制美元升值带来的风险，可采用借款—即期合同—投资法（BSI）法来加以防范。请说明使用 BSI 法的具体操作过程（假定签约时英镑对美元汇率为：GBP/USD=1.5665）。

第八章 国际金融市场

学习目标

通过对本章的学习，了解国际金融市场的含义、种类及作用；理解传统国际金融市场和欧洲货币市场的区别与联系；掌握国际货币市场与国际资本市场的构成及功能。

新闻导读

中石油的两次 IPO

2000 年 3 月 25 日，经过 105 次一对一会议、22 次团体会议、4 次大型午餐推介会后，历时 16 天的中国石油 H 股全球路演宣告结束。按照招股计划，4 天后的 3 月 29 日 22 时至次日清晨 5 时，中国石油需要确定 H 股的发行价格。对于中国石油的员工来说，这或许是一个永远都难以忘怀的夜晚。

1999 年的相关数据显示，改制之前的中国石油固定资产约占国有及控股企业的 1/20、工业增加值约占国有及控股企业的 1/10、实现利润约占国有及控股企业的 1/4，经过长时间的全球宣传，几乎所有人都预期这块最优质的中国资产能够卖上一个好价钱。

3 月 30 日，中国石油正式对外宣布，公司 H 股发行价为 1.28 港元/股，市盈率只有 10.93 倍。顿时，外界一片哗然。

据称为了将发行价提高一分钱（港元），中石油负责招股的员工与承销商高盛公司的代表进行了长达 3 个小时的争论。最终的结果是，高盛拂袖而去。又经过 3 个小时的考虑后，中石油最终不得不接受高盛给出的每股 1.28 港元这个定价。

3 月 29 日，路演团汇总的信息显示，中国石油获得的订单金额为融资额的 1.16 倍，成功避免了之前中海油海外上市路演失败的厄运。承销商高盛正是利用这个数字给公司定出了上述价格。高盛认为如果发行价提高 0.01 港元，很可能会出现订单不足的情况，会把高质量的投资者拒之门外。这样，进入二级市场后会失去支持力量。

路演前，按照中国石油的预想，公司股票的发行市盈率应该在 12 倍左右，融资金额最多要达 100 亿美元。但是按照最终发行价 1.28 港元每股的价格，发行市盈率仅为 10.93 倍。另外，由于考虑到发行价不高，发行数量出现缩减，由原本计划发行总股本的 20%改为 10%，融资额仅为 29.916 亿美元。

当时，由于国内资本市场太过弱小，明显承受不了大盘股的发行，为了融到足够多的发展资金，所以只能寻求海外市场融资。

公开资料显示，中国石油在H股上市融资不过29亿美元，但上市以来，中国石油给海外投资者的分红累计却已高达119亿美元。其中，仅2005年，中石油就向纽约和香港等投资者派发了总计600多亿元人民币的真金白银。

2007年9月20日，中国证监会突然宣布，四天后（9月24日）发审委将召开发审会审核亚洲最赚钱的上市公司中国石油A股IPO申请。该消息公布后，中国石油H股的价格开始悄然上攻，到四天后，中国石油顺利通过发审会时，中国石油H股股价已从之前的10港元左右顺利突破到了12港元上方。顶着亚洲最赚钱上市公司的光环，一向走势稳健的中国石油H股在12港元的基础上继续狂飙，一度摸高至20港元附近。至10月22日，中国石油正式开始在A股路演时，尽管中国石油H股股价已有所回落，但仍收于18.76港元。

就在中国石油H股股价出现狂飙的时候，巴菲特果断减持了中国石油。巴菲特投资中石油股份已经要追溯到2003年。据2003年4月1日生效的香港《证券及期货条例》，任何持股量超过5%的投资人，如果其持股量变化超越了某个整数百分点位，就必须向香港监管机构申报持股权益。当时，人们发现，很少投资中国企业的巴菲特持有大量中石油H股。巴菲特通过旗下伯克希尔-哈撒韦公司已拥有约11.09亿股中石油H股，约占6.31%的股权。据了解，这部分股票实际上是从2002年就开始慢慢收集的。在持股曝光后，巴菲特加快了收集中石油的步伐。2003年4月9日至4月24日，巴菲特以最低1.61港元、最高1.67港元的每股均价，连续7次增持中石油股份，累计增持股数达到8.58亿股，使累计持股量增至23.48亿股，持股比例达到13.35%（后因中石油配股而摊薄）。其后，巴菲特增持中石油被广泛报道，股价迅速上升，巴菲特也就停止了增持行动。以2003年入股中石油每股均价1.65港元计算，巴菲特在中石油上投入资金约32亿港元。从2007年9月开始，巴菲特开始减持中国石油，每股平均价格12.8港元。

2007年10月下旬，公司以每股16.7元人民币的发行价格公开发行了40亿股A股股票，筹资净额662.43亿元人民币。2007年11月5日，公司A股在上海证券交易所挂牌上市。中石油开盘价48.6元，涨幅191.02%，收盘报价43.96元，此后，股价一路下跌，使得股票市场投资者损失惨重。

点评：没有人不知道股市，也没有人不想从股市中赚一把，但股市却是许多股民的伤心之地。恨也好，爱也罢，股票市场是金融市场的重要组成部分，是一国经济的发动机和晴雨表。就算富得流油的中石油也要从股市中融资以求更大的发展，问题是中国大陆也有股市为何要去香港联交所上市。原来，在金融全球化时代，没有哪个国家的股市是封闭的，本国企业可到外国上市，外国企业也可到本国上市，本国居民可到外国炒股，外国居民可来本国炒股，于是就有了传统的国际金融市场。本章内容将不仅限于国际股票市场，而且包括国际货币市场、国际债券市场和欧洲货币市场等相关知识。

第一节 国际金融市场概述

一、国际金融市场的概念及分类

（一）国际金融市场的概念

金融市场是指资金供应者和资金需求者双方通过信用工具进行交易而融通资金的市场。

换言之，是实现货币借贷和资金融通、办理各种票据和有价证券交易活动的市场。其中，信用工具是指以书面形式发行和流通、借以保证债权人或投资人权利的凭证，是资金供应者和需求者之间进行资金融通时，用来证明债权的各种合法凭证。

金融市场包括国内金融市场与国际金融市场，其中，国际金融市场是指从事各种国际金融业务活动的场所或网络。随着科技进步与发展，尤其是计算机技术的迅猛发展，国际金融市场概念也与时俱进。现代国际金融市场不单包括有形的国际金融业务集中交易的场所，也包括借助计算机与通信工具相互联系的各种柜台交易市场。

（二）国际金融市场的分类

国际金融市场可以用不同的标准进行分类。

（1）按照性质的不同，可以将国际金融市场分为传统国际金融市场和新兴离岸国际金融市场。

传统国际金融市场主要从事市场所在国金融业务，交易主要发生在所在国的居民与非居民之间，并受市场所在国政府的约束管辖。

离岸金融市场是指主要为非居民提供境外货币借贷或投资、贸易结算、外汇黄金买卖、保险服务及证券交易等金融业务和服务的一种国际金融市场，亦称境外金融市场，其特点可概括为市场交易以非居民为主，基本不受所在国法规和税制限制。离岸金融市场在20世纪60年代的兴起，使国际金融市场的发展进入了一个全新的发展阶段。

（2）按资金融通期限的长短可以将国际金融市场分为国际货币市场和国际资本市场。

国际货币市场是指资金借贷期在1年以内（含1年）的交易市场，或称短期资金市场。国际资本市场是指资金借贷期在1年以上的中长期信贷、中长期债券及股票市场，或称长期资金市场。

（3）按经营业务的种类划分可以将国际金融市场分为国际资金市场、国际外汇市场、国际证券市场及国际黄金市场等。

国际资金市场即国际间的资金借贷市场，按照借贷期限长短可划分为短期信贷市场和长期信贷市场。

国际外汇市场是由各类外汇提供者和需求者组成的，进行外汇买卖、外汇资金调拨、外汇资金清算等活动的场所。主要业务包括外汇的即期交易、远期交易、期货交易和期权交易。伦敦是世界最大的外汇交易中心，世界上比较重要的外汇交易市场还包括纽约、苏黎世、法兰克福、东京和新加坡。关于外汇市场的介绍请见第四章第四节。

国际证券市场是国际股票、国际债券等有价证券发行和交易的市场。

国际黄金市场是居民与非居民之间从事黄金现货与期货买卖的市场。

（4）按金融资产交割的方式不同可以将国际金融市场分为现货市场、期货市场和期权市场。

现货市场是现货交易活动及场所的总和；期货市场是进行期货交易的场所。期货与现货相对，是现在进行买卖，但是在将来进行交收或交割的标的物，这个标的物可以是某种商品，如黄金、原油、农产品，也可以是金融工具，还可以是金融指标。它是按照“公开、公平、公正”原则，在现货市场基础上发展起来的高度组织化和高度规范化的市场形式。

期权市场是进行期权合约交易的市场。期权交易指对特定时间内以约定价格购买或出售特定商品的权利进行的交易，最常见的期权交易有外汇、指数、商品期权合约。期权是现代金融学中的重要概念，在实践中具有非常重要的应用价值。

二、国际金融市场的作用

国际金融市场的作用一般有以下几个方面：

（一）推动世界各国经济的发展

国际金融市场能在国际范围内把大量闲散资金聚集起来，从而满足了国际经济与贸易发展的需要，由此推动了生产与资本的国际化。各国可以充分利用国际金融市场，以合理的代价获取发展经济所需的资金。

（二）调节国际收支

国际金融市场的产生与发展，为国际收支逆差国提供了一条调节国际收支的渠道，即逆差国可到国际金融市场上举债或筹资，缓和国际收支失衡的压力。

自 1973 年起，由于原油价格上涨和世界能源危机，许多原油进口国出现了大量国际收支逆差。另一方面石油输出国组织却积累了大量的“石油美元”。通过国际金融市场进行调剂，缓解了许多国家国际收支的不平衡。

（三）促进金融业的国际化

各国金融机构通过国际金融市场参与国际金融活动，在国际间建立了良好的信用关系，使世界各国的银行信用突破空间制约而成为国际间的银行信用，在更大程度上推动各国金融业务的国际化。

（四）导致大规模的国际资本流动

发达的国际金融市场便于国际资本在国际间的充分流动，促进资源在全球范围内的优化配置，并以此促进世界经济的增长。

当然，国际金融市场上巨额的国际资本流动，尤其是短期投机资本的快进快出会影响各国国内经济的稳定增长，造成国内金融市场动荡，还对世界性的金融危机起到了推波助澜的作用。为此，近年来西方各国在推行金融自由化的同时，都不同程度地加强了对国际金融市场的干预与管理。

第二节 国际货币市场和国际资本市场

一、国际货币市场

（一）国际货币市场的概念

国际货币市场主要是指期限在一年以下的短期资金融通的国际市场，与国内货币市场相对应。国际货币市场主要满足国内外资金需求者临时性或周转性的资金需求。国际货币市场又可分为传统的国际货币市场和新型国际货币市场。前者是在居民与非居民之间从事短期金融工具交易或短期借贷的场所；后者则是非居民与非居民之间进行短期资金融通的场所，属于欧洲货币市场的一部分。国际货币市场的主要参考者包括各国政府机构、国际商业银行、证券交易商、跨国公司、保险公司及其他跨国机构等。国际货币市场一般包括银行间同业拆借市场、国际短期借贷市场、大额可转让存单、国际短期债券、国际商业票据、国际回购市场、贴现市场等。

（二）国际货币市场的种类

国际货币市场种类很多，下面介绍几种规模较大的市场。

1．国际银行同业拆借市场

同业拆借市场亦称同业拆放市场，是指金融机构之间以拆借方式进行融资的短期资金市场。它是货币市场中重要的子市场，其发生量大，拆借交易频繁，能敏感地反映资金的供求状况和中央银行的意图，影响货币市场率。

国际银行同业拆借市场是与国内银行同业拆借市场相对而言的，其参与主体主要为一些国际大银行，特别是欧洲银行（主要经营离岸业务）。目前，欧洲银行同业拆借市场出现了向发达国家集中的趋势。据 BIS 统计，在美国、加拿大、德国、法国、日本及英国之间发生的同业拆借业务约占全球一半以上，拆借资金的币种主要为美元、日元、英镑、欧元和瑞士法郎等。国际银行同业拆借市场的特点是：

（1）交易规模大

银行同业拆放交易规模巨大，少则几百万美元，多则上亿美元。银行同业拆放交易往往以 100 万美元为一个交易单位。

（2）期限短

由于拆放资金主要解决临时性的资金需求或者头寸调剂的需要，所以拆借期限一般很短，最短为一天，最长不超过 6 个月，大量交易的期限集中在 1 天、7 天、1 个月和 3 个月。

（3）手续简便、无须担保

同业拆放仅凭银行的信用放款，不需要任何担保或抵押，并且交易手续简单，只通过电话或电传进行，事后加以书面确认即可。银行拆入同业资金后，很多又转手将其贷给其他银行，从中获取利差收益。据统计，境外银行同业拆放资金再贷放的比率高达 40%以上，大银行的这一比例更高。

（4）利率浮动、双向报价

国际银行同业拆放利率不是一个单一的利率，在一个国际金融市场上往往有许多银行有资格报出自己的拆放利率，不同银行的报价不同。每家银行都会同时报出拆入利率（bid rate）和拆出利率（offer rate），当然为了获取收益，拆入利率要低于拆出利率。利率通常以伦敦同业拆借利率（LIBOR）为基准，根据市场供求关系而自由浮动。

2．国际短期证券市场

国际短期证券市场是从事一年以下的短期证券发行或流通的市场。短期证券包括国库券、大额可转让银行定期存单（CDs）、银行承兑汇票、商业承兑汇票和商业票据等。这些短期金融工具具有信誉高、流动性大、安全性高的优点，因而在国际货币市场上的交易十分活跃。

国库券是西方国家政府为满足财政资金临时性困难而发行的短期政府债券，期限一般为 3 个月至半年。国库券一般不记名、不附息票、以折扣方式发行，到期按票面金额偿还。国库券有低风险、高流动性、投资收益免税的优势，在国际货币市场上颇受投资者青睐。

可转让银行定期存单是商业银行等金融机构为吸收大额定期存款而发行的存单，期限一般不超过一年，通常为3～6个月。该存单不能提前支取，但可在二级市场流通转让。定期存单一般有最低起点金额限制，在纽约货币市场，通常以面值100万美元为定期存单的单位。利率与LIBOR大致相当。大额可转让存单是跨国银行在国际金融市场上获取资金的一种重要途径。

银行承兑汇票是由企业签发、银行承兑的汇票。商业承兑汇票则是企业签发与企业承兑的汇票。比较而言，银行承兑汇票比商业承兑汇票在国际货币市场上更具吸引力，原因在于，银行承兑汇票加入了银行信用，因此，安全性高、流动性强。

商业票据是指由金融公司或某些信用较高的企业开出的无担保短期票据。商业票据的可靠程度依赖于发行企业的信用程度，可以背书转让，但一般不能向银行贴现。商业票据的期限在9个月以下，由于其风险较大，利率高于同期银行存款利率。商业票据可以由企业直接发售，也可以由经销商代为发售，但对出票企业信誉审查十分严格。

3．票据贴现市场

贴现是指持票人以未到期票据向银行兑换现金，银行将扣除自买进票据日（即贴现日）到票据贴现日的利息（即贴现息）后的余额付给持票人。从本质上看，贴现也是银行放款的一种形式，这种方式与一般放款的差别在于是在期初本金中扣除利息，不是在期末支付利息。

贴现在西方国家是货币市场的一项重要融资活动。贴现市场并不是指各银行和其他金融机构之间买卖票据或银行直接与客户进行贴现的行为，而是指银行与票据经纪人成立的公共的贴现市场。如英国伦敦贴现市场银行所持有的票据，主要是从经纪人那里买进的。票据经纪人或以自己的资金或从银行取得资金对票据进行贴现，然后再将所贴现的票据向银行转贴现。银行还可将持有的已贴现票据向中央银行申请再贴现，再贴现利率是中央银行进行货币调控的重要工具。

4．回购协议

回购协议是由借贷双方签订协议，规定借款方通过向贷款方暂时售出一笔特定的金融资产而换取相应的即时可用资金，并承诺在一定期限后按预定价格购回这笔金融资产的安排。其中的回购价格为售价另加利息，这样就在事实上偿付融资本息。回购协议实质上是一种短期抵押融资方式，那笔被借款方先售出后又购回的金融资产即融资抵押品或担保品。

回购协议分为债券回购和股票回购，都是融资的手段，都被认为是比较安全且回报高而快的方式。回购协议有两种：①正回购协议，是指在出售金融资产的同时，和购买商签订协议，协议在一定期限后按照约定价格回购所出售的证券，从而及时获取资金的行为；②逆回购协议，是指买入金融资产一方同意按照约定期限和价格再卖出金融资产的协议。回购协议的期限一般很短，最常见的是隔夜拆借，但也有期限长的。此外，还有一种“连续合同”的形式，这种形式的回购协议没有固定期限，只在双方都没有表示终止的意图时，合同每天自动展期，直至一方提出终止为止。

（三）国际货币市场的特点

国际货币市场具有以下特点：①交易的目的是为了满足经济主体暂时性的资金不足，因此一般期限很短，最短的只有一天；②该市场上流通的信用工具具有很强的流动性与安全性，该市场形成的利率能及时反映资金供求状况；③对市场参与者的要求较高。由于融资数量巨大，期限很短，一般不需要抵押或担保，所以对市场参与者的信誉要求高。这个市场的主体还是政府或跨国商业银行等金融机构。

二、国际资本市场

（一）国际资本市场的概念及构成

国际资本市场也称长期资本市场，是对期限在一年或者一年以上的金融工具进行跨境交易的市场。国际资本市场有广义和狭义之分。广义的国际资本市场是由国际银行中长期信贷市场和国际证券市场构成。狭义的国际资本市场仅指国际证券市场。

在国际资本市场上，资金供应者主要是商业银行、储蓄银行、保险公司、投资公司、信托公司、各种基金和个人投资者，而资金需求方主要是企业、社会团体、政府机构等。其交易对象主要是中长期信用工具，如股票、债券等。

（二）国际中长期信贷市场

信贷市场是信贷工具的交易市场，贷款是信贷市场上最主要的工具。对于属于货币市场范畴的信贷市场交易工具的期限是在一年之内，属于资本市场范畴的信贷市场交易工具的期限在一年以上。

信贷市场的主体可以划分为资金供应者和资金需求者两大类，其中资金供应者包括商业银行、非银行金融机构和企业等。资金需求者包括企业、金融机构和个人等。另外，中央银行和金融监管机构也是信贷市场的重要参与者。信贷市场的客体为货币头寸，货币头寸是指商业银行收支相抵后的差额。

国际中长期信贷市场是指国际商业银行、国际金融机构、政府对不同国家的客户提供期限一年以上贷款的市场。其中，期限在1～5年的贷款为中期贷款；5年以上的贷款为长期贷款，长期贷款期限有时可达40～50年。国际中长期信贷市场根据贷款主体可分为政府贷款、国际金融机构贷款和国际商业银行贷款。

1．政府贷款

政府贷款是各国政府利用财政资金相互提供的带有援助性质的贷款。与商业贷款相比，政府贷款利率比较优惠，但贷款用途上有一定限制。政府贷款期限较长，平均期限在20～30年，最长可达50年。该贷款由政府专门机构办理，且需要经过立法加以批准。该贷款往往发生在两个外交关系比较友好的国家之间，具有官方援助性质。

政府贷款主要有三种形式：①赠款与商业贷款结合，即贷款中有一部分属于赠款，这部分不需还本付息。②优惠贷款与出口信贷相结合。贷款中有一部分实行比较优惠的贷款条件，其余则为一般性贷款。③全部为优惠贷款。贷款利率低于市场利率，有时甚至无息。

2．国际金融机构贷款

国际金融机构贷款是国际货币基金组织、世界银行集团、亚洲开发银行等全球性或区域性国际金融机构为其成员国提供的各种形式的优惠贷款。这些贷款主要面向会员国的政府部门或由政府担保的机构，其目的是促进会员国基础设施建设及本国经济发展。国际金融机构贷款一般期限长、利率低，有时甚至免息，带有援助开发性质，它是发展中国家加快本国经济发展的一条重要的资金来源。

3．国际商业银行贷款

国际商业银行贷款是一国商业银行单独或联合其他银行向另一国企业发放的期限在一年以上的商业性贷款。国际商业银行贷款的特点是：期限长、金额大，银团贷款可达几十亿美元。贷款实行浮动利率，一般在伦敦同业拆借利率（LIBOR）上加一个固定利差（spread），在贷款存续期内，每3个月或半年根据LIBOR的实际变动调整利率。

国际商业银行贷款形式包括单个银行贷款和银团贷款两种：

（1）单个银行贷款。

单个银行贷款又叫双边贷款，是指某个国家的银行向另一国家的银行、企业或政府机构提供的贷款。这种贷款形式较为简单，金额一般不大，期限也不长，多为中期贷款，贷款用途相对比较灵活。

（2）银团贷款。

银团贷款又叫辛迪加贷款，是指由一家或多家银行牵头，组织多家银行向某个借款人提供金额巨大的贷款。银团贷款的特点有：贷款规模较大，最多可达几十亿美元；贷款期限较长，一般为7～10年，最长可达到20年；币种选择灵活，但欧洲货币为其主要贷款币种；贷款成本相对较高，除借款利息外，借款人还须承担一些管理费用。该贷款的优点是可以分散银行贷款风险、减少银行同业竞争、满足客户巨量资金的需求及带动银行其他业务的发展。

银团贷款有两种形式：①直接银团贷款，即参加贷款银团的各成员银行直接向借款人提供贷款，贷款的具体工作由贷款协议中指定的代理银行统一进行；②间接银团贷款，即由一家或几家大银行为牵头银行向借款人作出贷款安排，具体方式是由牵头银行将贷款分别转售给其他参与银行，他们按各自承担的份额提供贷款，贷款工作由牵头银行负责管理。

国际银团贷款通常采取牵头经理银行具有代表权的银团结构、贷款权便于推销甚至转让的组织方式。国际银团贷款的当事人主要包括借款人、担保人、贷款银团、专业顾问。

国际银团贷款的借款人可以是直接运用贷款资金的企业组织，也可以是接受建设单位委托对外作为借款人的金融机构，如拟建项目所在国的银行机构。

国际银团贷款的担保指的是以确保银团贷款协议项下借款人义务的履行或清偿为目的的保证行为，它是借款人对银团贷款参与行提供履行债务的特殊保证，是保证债权实现的一种法律手段，是银团参与行是否愿意提供贷款的重要条件。

银团贷款主要由安排行、牵头行、经理行、参加行、代理行、协调行等成员共同组成，各个成员按照合同约定或各自的放款比例履行职责、享受权益和承担风险。银团成员行主要分三个层次：安排行（牵头行）、经理行、参加行。安排行是指一家或一组接受客户委托筹组银团并安排贷款分销的银行，是银团贷款的组织者和安排者。牵头行是指包销银团贷款份额较大的银行，在经理团成员中居于最高位置，通常牵头行即是安排行。经理行是指在金额较大、参加行众多的银团贷款中，由牵头行根据各家银行所承诺的贷款金额和级别给予的地位，是银团组团阶段承担组团任务的银行。参加行是指接受安排行邀请参加贷款银团，并按照协商确定的份额提供贷款的银行。与经理团成员的区别是，认购相对较少的贷款份额，不承担任何包销责任与其他实质性筹组工作。

除上述当事人之外，在国际银团贷款中通常须有专业性中介机构介入，其中，借款人和贷款银团的法律顾问最为重要，在项目性贷款中，通常还须有财务顾问和工程专业人员提供咨询服务。

国际银团贷款程序主要包括以下几个环节：选择并确定牵头经理银行，贷款准备，贷款谈判，贷款推销与银团组织，提款安排等。

（三）国际证券市场

证券市场是证券发行和交易的场所，证券市场通过自由竞争的方式，根据供需关系来决定有价证券价格，其交易对象主要是股票和债券。证券市场主要包括证券市场参与者、证券市场交易工具和证券交易场所等三个构成要素。

证券市场参与者包括证券发行人、证券投资者、证券市场中介机构、自律性组织、证券监管机构。

证券市场交易工具主要包括：政府债券（包括中央政府债券和地方政府债券）、金融债券、公司（企业）债券、股票、基金及金融衍生证券等。

证券交易场所包括场内交易市场和场外交易市场两种形式。场内交易市场是指在证券交易所内进行的证券买卖活动，这是证券交易场所的规范组织形式；场外交易市场是在证券交易所之外进行证券买卖活动。

国际证券市场是有非居民参与的股票与债券发行和买卖的场所。按证券的种类来划分，国际证券市场可分为国际股票市场和国际债券市场。

1．国际股票市场

股票市场是指股权发行和交易的市场。当出现股票跨国发行及交易时就形成了国际股票市场。国际股票市场是指在国际范围内发行并交易股票的场所或网络。国际股票市场有两种存在形态：①有形市场，股票在证券交易所进行交易；②无形市场，是由各种现代化通信工具联系起来的交易网络。国际股票市场根据交易次序分为发行市场和流通市场，其中发行市场是发行公司自己或通过证券承销商（信托投资公司或证券公司）向投资者推销新发行股票的活动场所。流通市场是已发行的股票在投资者之间转让买卖的场所或网络。

（1）国际股票发行市场

股票发行市场又称一级市场或初级市场。股票发行大多无固定的场所，而在证券商品柜台上或通过交易网络进行。发行市场的交易规模反映一国资本形成的规模。股票发行主要目的是为新设立的公司筹措资金或者为已有的公司扩充资本。当然也有出于其他目的而发行股票，比如为了维护公司的经营权而增资扩股。公司（股份有限公司或有限责任公司）首次向社会公众公开招股称为 IPO（initial public offerings），即首次公开募股。其后，为了解决资金短缺问题，会再次增加发行股票或者配股。

股票发行有私募和公募两种形式。私募是指面向少数特定对象发行股票。国际股票私募对象主要是国内外机构投资者及与发行公司联系紧密的其他公司等。公募是指面向社会公众公开发行股票。比较而言，公募难度大、程序复杂、发行费用高。公募发行又分直接发行和间接发行两种方式。直接发行是指发行公司不通过中介直接将股票销售给投资者；间接发行是发行公司委托投资银行或证券公司代理发行和销售股票。大多数公司在国外进行 IPO，通常采用间接发行方式，这种方式具体可分为三种形式：包销、推销与助销。

（2）国际股票流通市场

国际股票流通市场又称二级市场，是指已发行的国际股票投资者之间流通转让股票的场所或网络。国际股票流通市场由证券交易所、证券经纪人、证券交易商、投资者、证券交易报价与清算系统及证券监管部门等组成。目前国际股票流通市场可分为四个市场：证券交易所市场、场外交易市场、第三市场和第四市场。

证券交易所市场是专门经营股票、债券交易的有组织的市场，根据规定只有交易所的会员、经纪人、证券商才有资格进入交易大厅从事交易。进入交易的股票必须是在证券交易所登记并获准上市的股票。目前，世界上著名的证券交易所包括纽约证券交易所、东京证券交易所、伦敦证券交易所、巴黎证券交易所、阿姆斯特丹证券交易所、香港证券交易所等。它们位于不同时区，交易时间相互衔接，形成一个 24 小时不间断的股票交易市场，方便全球投资者进行股票交易。

场外交易市场（over-the-counter market，OTC），又称证券商柜台市场或店头市场。主要交易对象是未在交易所上市的股票。店头市场股票行市价格由交易双方协商决定。店头市场都有固定的场所，一般只做即期交易，不做期货交易。投资者在 OTC 市场买卖股票时，可委托证券经纪人或直接通过电话、电报、电传、网络等形式与证券交易商进行交易。目前，美国的场外交易市场是世界上最大的。

第三市场是原在证券交易所上市的股票移至场外交易而形成的市场。随着股票投资的机构化，场内交易要求机构投资者在大额交易时付出大笔佣金，于是一些证券商为吸引这部分业务，将已上市的股票拉到场外进行交易。第三市场原与 OTC 市场融合在一起，后来逐步从 OTC 市场独立出来。

第四市场也从 OTC 市场中脱离出来，是投资者直接进行股票交易的市场。随着计算机通信技术的发展，投资者为了节约交易费用，摆脱证券商进行交易。第四市场的产生也与机构投资者的大额交易需求相关。

近年来，股票市场创新不断，为解决国内居民很难投资外国公司股票的难题，国际股票市场出现一个新的投资工具——存托凭证（depository receipts，DR），它是发行地银行向投资者开出的代其保管外国公司股票的凭证。投资者通过购买股票存托凭证而间接地投资于外国上市的股票。股票存托凭证最早出现在美国。美国股票存托凭证（ADR）是指主要面向美国投资者发行并在美国证券交易市场交易的代表外国公司股票的可转让凭证。从事 ADR 业务的机构包括：存券银行，ADR 的发行人；托管银行，负责保管 ADR 所代表的基础证券；存券信托机构，负责 ADR 的保管与清算。ADR 交易有两种方式：①ADR 的投资者之间相互进行交易；②当客户需要卖出 ADR 时，美国经纪人委托基础证券所在国经纪人出售证券，并由存券银行注销 ADR。ADR 是一种重要的金融创新，它解决了美国与其他国家在证券法规、交易规则、管理制度等方面不同而带来的交易困难，成为美国投资者广泛接受的一种投资工具，并且被其他国家证券交易市场所效仿。

2．国际债券市场

国际债券是一国政府、金融机构、企业为筹集外资，在国外发行的以国外货币计价的债券。国际债券的发行人和投资人所形成的金融市场亦称国际债券市场（international bond markets），具体可分为发行市场和流通市场。发行市场组织国际债券的发行和认购。流通市场安排国际债券的上市和买卖。这两个市场相互联系、相辅相成构成统一的国际债券市场。

国际债券发行成员一般包括发行人、投资人、主干事、承购集团、销售集团、受托机构、登记代理机构、支付代理机构、律师等。

国际债券的发行条件由发行人和主承销商协商确定，一般包括发行额、票面利率、偿还期限、发行价格、偿还方式、付息方式、信用评级。债券发行过程中的主要文件包括销售说明书、有价证券申请书、承销协议和其他一些信托或财务代理协议等。债券的发行程序因发行方式和债券的种类不同而异，并随着市场条件的改变而不断发展变化。

与股票发行一样，国际债券发行方式也包括公募和私募。公募发行是新发行的债券，由证券承销商和银行等机构共同组成，承揽全部发行工作，认购后再向不特别指定的投资者进行分销。如果没有分销完毕，则由承销集团包销。私募发行是债券仅向与发行人有特定关系且数量有限的投资者出售。私募债券一般不能上市，不超过一定时间不能转让他人。公募可在短期内筹措大量资金，但是费用较高。私募可以节省发行费用，但是筹资数量有限。

公募与私募在欧洲市场上区分并不明显，可是在美国与日本的债券市场上，这种区分是很严格的，并且也是非常重要的。在日本发行公募债券时，必须向有关部门提交《有价证券申报书》，并且在新债券发行后的每个会计年度还要向日本政府提交一份反映债券发行国有关情况的报告书。在美国，发行公募债券时必须向证券交易委员会提交《登记申报书》，其目的是向社会上广泛的投资者提供有关债券的情况及其发行者的资料，以便投资者监督和审评，从而更好地维护投资者的利益。

国际债券发行种类有外国债券和欧洲债券两种。外国债券是在一国国内市场发行的以该国货币发行、受该国法律管辖的外国政府或外国公司债券。欧洲债券是借款人在本国以外市场发行的，以第三国的货币为面值的国际债券。欧洲债券并不是指在欧洲发行的债券，它并非局限于地理概念上的欧洲范围。

外国债券市场是传统的国际债券市场，美国、日本、德国、瑞士是最主要的几个外国债券市场。许多国家发行的外国债券都有特定的俗称，扬基债券是非美国主体在美国市场上发行的债券，武士债券是非日本主体在日本市场上发行的债券，类似的债券包括英国的猛犬债券、西班牙的斗牛士债券、荷兰的伦勃朗债券和中国的熊猫债券。目前，欧洲债券市场的规模已经远大于外国债券市场。欧洲债券市场由银团或财团控制，欧洲债券使用的货币最主要的是美元，其他货币有日元、欧元、加拿大元等。

无论哪一国发行外国债券，都需通过债券评级机构的资信评级。投资者购买债券是要承担一定风险的。如果发行者到期不能偿还本息，投资者就会蒙受损失，这种风险称为信用风险。债券的信用风险因发行后偿还能力不同而有所差异，对广大投资者尤其是中小投资者来说，事先了解债券的信用等级是非常重要的。由于信息不对称，投资者无法对众多债券进行分析和选择，因此需要专业机构对准备发行的债券还本付息的可靠程度进行客观、公正和权威的评定，也就是进行债券信用评级，以方便投资者决策。债券信用评级的另一个重要原因，是减少信誉高的发行人的筹资成本。一般来说，资信等级越高的债券，越容易得到投资者的信任，能够以较低的利率出售。而资信等级低的债券，风险较大，只能以较高的利率发行。

目前国际上公认的最具权威性的信用评级机构，主要有美国标准·普尔公司和穆迪投资服务公司。上述两家公司负责评级的债券很广泛，包括地方政府债券、公司债券、外国债券等，由于它们占有详尽的资料，采用先进科学的分析技术，又有丰富的实践经验和大量专门人才，因此，它们所做出的信用评级具有很高的权威性。标准·普尔公司和穆迪投资服务公司都是独立的私人企业，不受政府的控制，也独立于证券交易所和证券公司。它们所做出的信用评级不具有向投资者推荐这些债券的含义，只是供投资者决策时参考，因此，它们对投资者负有道义上的义务，但并不承担任何法律上的责任。

（四）国际资本市场的特点

与国际货币市场相比，国际资本市场的特点主要有：①融资期限长。至少在 1 年以上，也可以长达几十年，甚至无到期日。②流动性相对较差。在国际资本市场上筹集到的资金多用于解决中长期融资需求，故流动性和变现性相对较弱。③风险大而收益较高。由于融资期限较长，发生重大变故的可能性也大，市场价格容易波动，投资者需承受较大风险。同时，作为对风险的报酬，其收益也较高。

第三节　欧洲货币市场

一、欧洲货币市场概述

（一）欧洲货币市场的概念

欧洲货币（eurocurrency）又称境外货币（off-shore currency），是在货币发行国境外被存储和借贷的各种货币的总称。

欧洲货币市场是指非居民间以银行为中介在某种货币发行国境外从事该种货币借贷的市场，又称为离岸金融市场。欧洲货币市场起源于 20 世纪 50 年代末的英国伦敦，最早为欧洲美元，因而也叫欧洲美元市场。欧洲美元（eurodollar），是指储蓄在美国境外的银行而不受美国联邦储备系统监管的美元。此种美元储蓄比相似的美国境内的储蓄受到更少的限制而有更高的收益。后来这个市场逐渐扩大，其主要借贷货币不仅有欧洲美元，还有其他国家的货币，如英镑、马克、法国法郎、瑞士法郎和日元等。这些货币和美元一起形成范围广泛的欧洲货币市场。由于欧洲美元在欧洲货币市场的交易量中所占比重最大，所以一直是欧洲货币市场交易的主体。

（二）欧洲货币市场的特点

欧洲货币市场既不同于各国的国内金融市场，也不同于传统的国际金融市场，它的经营活动表现出很多不同的特点。

1. 欧洲货币市场的交易客体是欧洲货币

要判断一笔货币资金是不是欧洲货币，可以简单地看这笔存款是否缴纳存款准备金，一般来说，只有非居民的外币存款不用缴纳存款准备金。因此，狭义上的欧洲货币是指银行对非居民的境外货币负债。1981 年美国设立国际银行业务设施（international banking facility，IBF），允许银行在境内从事欧洲货币业务，而且以回流的美元为主，这种在美国进行的非居民之间的美元交易也是欧洲货币，从而扩展了欧洲货币的范围。因此，在非居民与非居民之间借贷的境内货币也是欧洲货币。

2．欧洲货币市场的交易主体主要是市场所在地的非居民

传统的国际金融市场以国内金融市场为依托，主要从事居民与非居民之间的借贷，而欧洲货币市场主要从事非居民与非居民之间的借贷，成为与国内金融市场相分离的离岸金融市场。可以这样说，传统的国际金融市场是各国金融市场的对外部分，而欧洲货币市场是各国金融市场的在外部分。

3．欧洲货币市场的交易中介是欧洲银行

欧洲银行（eurobank）专指那些经营欧洲货币业务的银行。它们拥有全球性的分支机构和客户网络，利用现代化的通信工具等手段，依赖其先进的业务技术和严格的经营管理，将世界各地的欧洲货币供求者联系在一起，形成一个以若干著名的离岸金融中心为依托、高效且高度全球一体化的欧洲货币市场整体。因此，欧洲货币市场基本上是以运营网络形式存在的无形市场。

4．欧洲货币市场有独特的利率结构

欧洲货币市场基本上不受管制。其原因在于：一方面，由于在发行国境外进行该货币借贷，使货币发行国管理当局鞭长莫及，从而有效地逃避其管制；另一方面，由于非居民的外币借贷对市场所在国的国内市场几乎没有什么影响，即使存在影响也可以通过采取一定措施加以隔离，而且欧洲货币市场还可以给当地市场带来就业、税收和知名度等方面的好处，所以市场所在国一般也不加以限制，有些国家反而采取种种优惠措施鼓励其发展。

由于不受管制的欧洲货币存款不须缴纳存款准备金，并且不受存款利率上限的限制，再加上欧洲货币交易的制度费用很低，所以其存款利率可以略高于货币发行国国内存款利率，而其贷款利率则可以低于国内贷款利率，从而形成了欧洲货币市场独特的利率结构。同许多其他金融市场利率一样，欧洲货币市场的利率也是以伦敦市场的同业拆放利率为基础再加一定幅度利差确定的。

（三）欧洲货币市场的类型

1．内外混合型

内外混合型是指离岸金融市场业务和所在国的在岸金融市场业务不分离。这一类型的市场允许非居民在经营离岸金融业务的同时也可以经营在岸业务和所在国的国内业务。内外混合型离岸金融市场是典型的国内市场和国际金融市场一体化的市场。这一点无论在货币市场还是证券市场或是外汇市场上表现都非常明显。随着管制的放松，不同市场的界限被打破，各类市场日益互相依存，它们中间的界限日趋模糊。内外混合型离岸金融市场的目的在于发挥两个市场资金和业务的相互补充和相互促进作用。这一类型市场典型的地区是伦敦和中国香港。

2．内外分离型

内外分离型是指离岸市场业务与在岸市场业务严格分离，这种分离可以是地域上的分离，也可以是账户上的分离，目的在于防止离岸金融交易活动的影响或冲击本国货币金融政策的实施。美国纽约的离岸金融市场是一个典型代表，其主要特征是存放在离岸银行账户上的美元视同境外美元，与国内美元账户严格分开。此外，东京、新加坡也接近美国离岸市场的类型。

3．分离渗透型

分离渗透型与内外分离型有相似的特征，它在严格内外分离的基础上，允许部分离岸资金渗透到国内金融市场上来，目的在于利用地理优势更好地利用外资。典型的市场是马来西亚的纳闽岛和泰国的曼谷，但渗透到国内市场的离岸资金应取消作为离岸资金的一切优惠，以防止扰乱国内金融市场。一般来说，该类型的市场有较大管理难度，若管理不善，将会带来负面影响。1997 年泰国金融危机的发生，离岸资金的过于放松是原因之一。

4．避税港型

避税港型是指在不征税的地区，只是名义上设立机构，通过这种机构在账簿上中介境外与境外交易。实际上资金的提供和筹集并不在那里进行，一些国际银行只是在那里开立账户，目的是为了逃避管理和征税，所以称为避税港型的离岸市场，又称“账面上的离岸金融市场”。避税港型离岸金融市场大多位于北美、西欧、亚太等经济发达或投资旺盛的地区附近，大多数原系发达国家的殖民地或附属国。这些国家多为岛屿，与大陆分离，资源贫乏，制造业非常有限，经济发展较困难。为发展本国经济，改善国际收支状况，这些国家挖掘自身有利的条件，通过向非居民提供税收优惠，吸引非居民开展离岸金融业务。它们共同的特点，就是虽然政治经济不发达，但国家的政治经济稳定，一般都有较充分的商务基础设施，特别是有较先进的交通设施和通信设施。同时这些国家或地区汇集了一大批银行、保险公司、外汇及证券交易机构，形成了较完善的金融机构门类，而且还具有一大批有经验的专业金融服务人才，高效率地为非居民提供各种金融服务。另外，当地政府还对离岸金融市场业务提供一种较为宽松的管理制度和优惠政策。比如，对非居民外汇交易没有外汇管制，资金自由转移。这类离岸金融市场的典型地区是加勒比海的巴哈马、开曼、百慕大、巴拿马和西欧的海峡群岛。

二、欧洲货币市场的构成和作用

（一）欧洲货币市场的构成

欧洲货币市场可划分为欧洲信贷市场和欧洲债券市场。

1．欧洲信贷市场

欧洲信贷市场按期限可以分为短期信贷市场和中长期信贷市场。

（1）短期信贷市场

短期信贷市场主要进行 1 年以内的短期资金拆放，借贷业务主要靠信用，无需担保，一般通过电话或电传即可成交，成交额以百万或千万美元以上为单位。这个市场的存款大多数是企业、银行、机关团体和个人在短期内的闲置资金。这些资金又通过银行提供给另一些国家的企业、银行、私人和官方机构作短期周转。例如，英国政府多年来就是从该市场借入欧洲货币，换成英镑，用于正常开支。欧洲货币短期信贷市场的业务特点是：①期限短，一般多为 3 个月以内；②具有批发性质，一般借贷额都比较大，有 1 亿美元甚至更大的交易；③灵活方便，即在借款期限、借款货币种类和借款地点等方面都有较大的选择余地，这也是欧洲货币市场对借款人的最大吸引力之一；④利率由双方具体商定，一般低于各国专业银行对国内大客户的优惠放款利率，但比伦敦银行同业拆放利率高，由经营欧洲货币业务的大银行于每个营业日根据伦敦银行同业拆放利率商定公布。

欧洲货币市场中存在一个庞大的银行同业市场，银行同业间的资金拆借占整个市场总额的比重很大。欧洲货币市场拥有发达的银行同业市场的原因有：各国商业银行常常在欧洲货币市场上借款以满足本国对准备金的要求；资金由拥有过剩存款的欧洲银行流向最终客户，需要经过一系列的银行中介；银行在各货币间进行短期套利。事实上，大多数套利资本的运动都是通过欧洲货币市场，而且欧洲货币市场上大多数存款资金也是短期的。

银行同业拆借实行双向报价制，即同时报出价和要价利率，双方可以根据需要选择是存款还是借款。出价利率（bid interest rate）是指报价银行从其他银行吸收存款的利率。要价利率（asked interest rate）是指对其他银行贷款的利率。要价和出价利率之差是银行从事交易的收益。

并不是所有的银行都有能力充当报价银行。例如，在伦敦市场上从事欧洲货币业务的银行有几百家，但能报出这种存放款利率的银行只有几十家。这几十家大银行被称为“主要银行”，是伦敦欧洲货币市场的主要经营者。

（2）欧洲中长期信贷市场

期限不足五年、金额较低的中期贷款一般只由一家银行提供，这种形式的贷款被称为双边贷款（bilateral loan），或独家银行贷款（sole bank loan）。在欧洲货币市场上进行的借贷活动一般金额较大、期限较长，一家银行很难单独提供，银团贷款便应运而生了。

银团贷款（consortium loan），也称辛迪加贷款（syndicated loan）。银团贷款是指由两家或两家以上的金融机构通过一个共同的借贷文件向某一借款人提供的信贷。从银行法的有关规定来看，各国为维护金融市场的稳定，减少贷款风险，多禁止一家商业银行向同一借款人贷款过度集中，如《中华人民共和国商业银行法》限制商业银行对同一借款人的最大贷款数额不得超过该银行注册资本的 10%。中国香港《银行条例》限制商业银行对同一借款人的贷款数额不得超过银行注册资本的 15%。银团贷款方式则解决了大额贷款和法律限制的矛盾。

2. 欧洲债券市场

（1）欧洲债券的含义

从债券的发行人身份来看，债券分为国内债券和国际债券两大类。国内债券是指市场所在地的本国发行人发行的债券；国际债券（international bond）是指市场所在地的非居民发行人发行的债券。

国际债券分为外国债券和欧洲债券。外国债券（foreign bond）是指非居民在异国债券市场上以市场所在地货币为面值发行的国际债券。例如，中国政府在日本东京发行的日元债券、日本公司在纽约发行的美元债券就属于外国债券。外国债券的发行主要集中于世界上几个主要国家的金融中心，最主要的有瑞士的苏黎世、美国的纽约、日本的东京、英国的伦敦和荷兰的阿姆斯特丹等。

欧洲债券（euro bond）是指在某货币发行国以外，以第三国货币为面值发行的债券。例如，墨西哥政府在东京发行的美元债券就属于欧洲债券。特别提款权不是任何国家的法定货币，因此以其为面值的国际债券都是欧洲债券。

欧洲债券与外国债券存在下面的差别：

1）外国债券一般由市场所在地的国内金融机构组成的承销银团承销，欧洲债券则由来自多个国家的金融机构组成的国际性承销银团承销。因此，国外一些教科书将由一国金融机构承销的国际债券称为外国债券，而由多个国家金融机构承销的国际债券称为欧洲债券。

2）外国债券受市场所在地国家证券主管机构的监管，对公募发行的管理比较严格，需要向证券主管机构注册登记，发行后可申请在证券交易所上市。私募发行无需注册登记，但不能上市挂牌交易。欧洲债券发行却不必向债券面值货币国或发行市场所在地的证券主管机构登记，不受任何一国的管制，通常采用公募方式发行，发行后可申请在某一证券交易所上市。

3）外国债券的发行和交易必须受当地市场有关金融法律法规的管理和约束；欧洲债券不受面值货币国或发行市场所在地的法律的限制，因此债券发行协议中必须注明一旦发生纠纷应依据的法律标准。

4）外国债券的发行人和投资者必须根据市场所在地的法规缴纳税金；欧洲债券采取不记名债券形式，投资者的利息收入是免税的。

5）外国债券的付息方式一般与当地国内债券相同；欧洲债券通常都是每年付息一次，以减少投资者国际分散化付息带来的不便。

（2）欧洲债券市场的结构

欧洲债券市场是欧洲债券发行与流通的市场。其中，欧洲债券的新发行市场，即实现债券由发行人流向投资者的市场叫做一级市场。已发行的欧洲债券在不同投资者之间买卖形成的市场叫做二级市场。

欧洲债券市场主要由以下三类参与者组成：①发行人。欧洲债券发行人主要有国际金融机构、各国政府和政府机构、跨国公司、银行与非银行金融机构、国有企业等，其中大多数发行人来自发达国家。发行欧洲债券需要很高的资信等级，发行人进入市场的目的是筹集中长期资金。②投资者。欧洲债券的投资者包括个人投资者和机构投资者。其中机构投资者的力量已远远超过个人投资者而起主要作用，主要有国际组织、各国政府、中央银行、养老金、投资基金、跨国公司和国际性大银行等。在欧洲债券市场上，投资的主要动机是获得高收益，减少甚至逃避税收也是一个重要动机。③中介机构。中介机构是指债券承销和买卖中介的金融机构，其中承销是其主要职能。欧洲债券的发行一般没有固定的场所，主要由中介机构代理发行。中介机构大多是来自发达国家信誉卓著的金融机构，包括证券公司、投资银行和商业银行及其分支机构。

（二）欧洲货币市场对世界经济的影响

1．积极影响

（1）欧洲货币市场推动了二战后世界经济的恢复和发展

首先，欧洲货币市场资金充足，规模巨大，资本流动速度快，为战后欧洲经济的复兴，日本经济的高速增长，以及发展中国家民族经济的起飞注入了大量资金。其次，欧洲货币市场大规模的融资活动，加速了战后国际贸易的发展。

依托欧洲货币市场而形成的国际资本流动，一方面极大地促进了国际贸易增长，另一方面缓解了全球国际收支失衡的状况。据国际货币基金组织统计，仅1960～1987年间，国际贸易进出口总额就增长了近20倍，从1973年开始，国际贸易增长的速度一直大于世界生产的增长速度。国际贸易的快速增长与欧洲货币市场的资金支持是密不可分的，国际贸易的发展又推动了整个世界经济的发展。同时欧洲货币市场对缓解全球性的国际收支不平衡发挥了很大作用。欧洲货币市场为资金的短期流动提供了方便的途径，使资金盈余国家和资金短缺国家可以通过欧洲货币市场调剂资金需求，也促进了石油美元的回流，从而缓解了许多国家的国际收支状况。

（2）欧洲货币市场推动了国际金融市场一体化

欧洲货币市场的产生和发展打破了传统的国际金融市场相互分割的状态，遍布世界的离岸金融市场通过现代化通信设备使不间断的交易活动联系起来，适应了世界经济一体化及生产国际化发展的需要，并促进了国际金融市场全球一体化的进程，使国际金融市场的各种潜力得到最大程度的发挥。

（3）欧洲货币市场加速了金融创新的过程

欧洲货币市场的产生本身就是20世纪最重要的金融市场创新，同时欧洲货币市场由于不受管制，交易自由，为金融创新提供了良好的外部环境。20世纪50年代至今欧洲货币市场的金融创新都非常活跃，金融工具创新层出不穷，如欧洲债券、平行贷款、浮动利率票据、票据发行便利和远期利率协议等都出现在欧洲货币市场。

2．消极影响

（1）欧洲货币市场对国际金融体系的稳定带来负面影响

欧洲货币市场具有独特的运作机制，国际信贷方式主要是借短贷长，利率不受任何国家政府法令限制，资本流动不受任何管制，资金通过银行的多次转存，形成极为复杂的连锁关系，若个别欧洲银行发生清偿困难或倒闭时，就会引起连锁反应，但是欧洲货币市场没有一个中央银行作最后融资的支持者，这对国际银行体系的安全运转埋下了隐患。

（2）欧洲货币市场在一定程度上削弱了各国货币政策的效力

欧洲货币市场的基准利率是LIBOR，完全由市场供求关系决定。各国在实施货币政策时，重要工具之一是调整利率，但措施往往因欧洲货币市场利率的影响受到很大干扰。例如，当国内为抑制通货膨胀而采取货币紧缩政策，调高国内利率时，国内银行和企业都可以容易地从利率低的欧洲货币市场获得资金。同时，欧洲货币市场上的国际游资也会大量涌入国内进行套利，从而削弱了国内货币政策的效力。

（3）欧洲货币市场的外汇投机活动加剧了汇率波动

欧洲货币市场资金流动不受管制，非常自由，这为外汇投机活动提供了方便，容易造成国际金融市场汇率的波动，影响国际金融市场和各国货币金融的稳定。

本章小结

国际金融市场是指从事各种国际金融业务活动的场所。国际金融市场按照性质的不同可分为传统国际金融市场和新兴离岸国际金融市场；按资金融通期限的长短可以将国际金融市场分为国际货币市场和国际资本市场；按经营业务的种类划分可以将国际金融市场分为国际资金市场、国际外汇市场、证券市场及国际黄金市场；按金融资产交割的方式不同可以将国际金融市场分为现货市场、期货市场和期权市场。国际金融市场具有推动世界各国经济的发展、调节国际收支、促进金融业的国际化和导致大规模的国际资本流动的作用。欧洲货币市场是非居民与非居民之间运用境外货币进行资金融通的市场。欧洲货币市场有特定的交易客体、交易主体和交易中介等；欧洲货币市场分为欧洲信贷市场和欧洲债券市场。

【关键概念】

国际金融市场（international financial market）

货币市场（monetary market）

资本市场（capital market）

欧洲货币（eurocurrency）

欧洲美元（eurodollar）

国际债券市场（international bond markets）

银团贷款（bank group loan）

复习思考题

一、判断题

1．传统国际金融市场主要从事市场所在国金融业务，交易主要发生在所在国的居民与非居民之间，并受市场所在国政府的约束管辖。（　　）

2．国际资本市场主要满足国内外资金需求者临时性或周转性的资金需求。（　　）

3．同业拆借市场亦称同业拆放市场，是指金融机构之间以拆借方式进行融资的短期资金市场。它是货币市场中重要的子市场，其发生量大，拆借交易频繁，能敏感地反映资金的供求状况和中央银行的意图，影响货币市场率。（　　）

4．欧洲货币是指欧洲国家发行的货币。（　　）

5．欧洲货币市场是相对欧洲资本市场而言的，期限通常在一年以下。（　　）

6．香港的欧洲货币市场类型是内外混合型。（　　）

7．LIBOR 是国际金融市场的中长期利率。（　　）

8．美国股票存托凭证（ADR），是指主要面向美国投资者发行并在美国证券交易市场交易的代表外国公司股票的可转让凭证。（　　）

9．银团贷款又叫辛迪加贷款，是指由一家或多家银行牵头，组织多家银行向某个借款人提供金额巨大的贷款。该贷款的优点是可以分散银行贷款风险、减少银行同业竞争、满足客户巨量资金的需求及带动银行其他业务的发展。（　　）

10．从本质上看，贴现也是银行放款的一种形式，这种方式与一般放款在利息支付方式没有任何差别。（　　）

二、不定项选择题

1．华信公司在新加坡市场上发行的以日元标明面值的债券为（　　）。

A．武士债券　　B．扬基债券　　C．欧洲债券　　D．外国债券

2．欧洲货币市场上的存贷利差比传统国际金融市场上的要（　　）。

A．小　　B．大　　C．一样　　D．无法确定

3．欧洲美元是指（　　）。

A．欧洲地区的美元　　B．美国境外的美元

C．各国官方的美元储备　　D．世界各国美元的总称

4．欧洲中长期借贷市场的主要贷款形式是（　　）。
A．政府贷款　　B．银团贷款
C．同业拆借　　D．福费廷
5．欧洲债券利率通常比同期银行存款利率要（　　）。
A．高　　B．低　　C．一样　　D．无法确定
6．欧洲货币市场的币种交易中比重最大的是（　　）。
A．欧洲美元　　B．欧元　　C．欧洲英镑　　D．欧洲日元
7．下列属于欧洲债券的是（　　）。
A．中国信托投资公司在德国市场上发行的以美元标明面值的债券
B．中国信托投资公司在新加坡市场上发行的以日元标明面值的债券
C．武士债券和扬基债券
D．中国信托投资公司在德国市场上发行以欧元标明面值的债券
8．与传统国际金融市场相比，欧洲货币市场的优势有（　　）。
A．存贷利差大　　B．资金调拨非常灵活方便
C．借贷活动不受政府法令管辖　　D．经营货币单一
9．国际债券发行种类有（　　）。
A．外国债券　　B．欧洲债券　　C．美元债券　　D．亚洲债券
10．按资金融通期限的长短可以将国际金融市场分为（　　）。
A．国际货币市场　　B．国际资本市场
C．国际黄金市场　　D．国际外汇市场

三、简答题

1．国际金融市场如何分类？
2．简述欧洲债券与外国债券的差别。
3．简述欧洲货币市场的特点。
4．简述国际货币市场与国际资本市场的特点。
5．简述欧洲货币市场对世界经济的影响。

综合技能训练

欧洲货币市场的产生和发展

第二次世界大战后，美国对西欧提供的大量经济援助和军事援助，使得大量的美元流入西欧。当时英国政府出于振兴战后经济和恢复英镑地位的考虑，准许伦敦的商业银行接受美元存款和办理美元信贷业务。

在朝鲜战争中，美国冻结了中国存放在美国的资金，苏联和东欧国家为了本国资金的安全，将原来存在美国的美元转存到苏联开设在巴黎的北欧商业银行和开设在伦敦的莫斯科国民银行及设在伦敦的其他欧洲国家的商业银行。美国和其他国家的一些资本家为避免其“账外资产”公开暴露，从而引起美国管制和税务当局追查，也把美元存在伦敦的银行。

当时，欧洲美元总额不过10亿多美元，而且存放的目的在于保障资金安全。

1957年发生英镑危机，英国政府为保卫英镑加强了外汇管制，禁止英国商业银行用英镑对英镑区以外的国家和地区进行贸易融资，致使英国商业银行纷纷转为经营美元，大量地吸收美元存款，利用美元存款贷给国际贸易商，这就使欧洲美元的数量大大增加。这样，一个在美国境外经营美元存放款业务的新兴欧洲美元市场即后来的欧洲货币市场便形成了。

1958年以后，美国国际收支逆差逐渐扩大，对外负债逐年增加，获得国际收支盈余的国家将大量美元存放在西欧各国的银行，为欧洲美元市场提供了大量资金。同时，20世纪50年代末，西欧一些国家取消了外汇管制，恢复了货币的自由兑换和资本的自由流动，于是不但美元在欧洲可以自由买卖，欧洲的境外货币种类也大为增加。这就为欧洲货币市场的顺利发展铺平了道路。

除了以上欧洲货币市场形成的原因之外，生产的国际化和资本的国际化发展，也是推动欧洲货币市场形成的重要原因。第二次世界大战后，国际贸易和国际直接投资迅猛发展，跨国公司和跨国银行的活动范围日益扩大，资本的国际化迅速发展。在跨国公司的经营活动中，一方面有大量的暂时闲置资金要获得收益，另一方面又有大量地筹集资金以满足国际经营和投资的需要。这就要求货币的国际化和金融市场的国际化，以便资金可以在国际间灵活地运用和相互调拨，而不受一国政府的管制。这是欧洲货币市场产生和发展最深厚的经济根源。

进入20世纪60年代，美国的国际收支逆差越来越大，美国为了平衡国际收支，采取了一系列限制资本外流的措施，如1963年7月实行的利息平衡税，规定美国购买国外有价证券所获得的高于本国证券利息的差额，必须作为税款上缴。1965年1月的“自动限制贷款计划”限制美国银行对外国人的贷款数额。1968年1月美国政府又对对外投资实行强制性控制。这些都使美元通过跨国公司和外国公司转向欧洲货币市场，以逃避管制。此外，美国联邦储备银行的“Q条例”对银行定期存款利率规定了上限，但此项措施不适用于境外银行，境外银行的利率水平完全随市场的供求而浮动，不受任何法规的管制。

在20世纪60年代中期，市场利率上升后，大量存款便从美国银行提出，转存于欧洲货币市场。美国联邦储备银行的“M条例”规定，美国商业银行对国外银行的负债必须缴纳存款准备金，而美国国外分行不受此项条例的约束，国外的欧洲美元不必缴纳任何存款准备金，这又使大量的国内存款变成欧洲美元存款，而美国的海外企业也不愿意将海外经营利润汇回国内，而投向欧洲货币市场。

20世纪60年代末70年代初，由于投机性短期资本的冲击，西德、瑞士等国曾采取对非居民存款不付利息，甚至倒收利息的限制性措施，导致大量资金涌向欧洲美元市场。有的国家为遏制通货膨胀，采取鼓励持有外币的措施，以减少本国货币的流通和供应，从而造成境外居民的本币户改成境外居民的外币户，助长了欧洲美元市场的扩大。

20世纪70年代以后，一些新的因素推动欧洲货币市场继续扩张。①美国持续巨额的国际收支逆差，使国际市场美元供给增多。1971年美国宣布停止黄金与美元兑换，使各国中央银行及商业银行的美元大部分流入欧洲货币市场。②1973年后，国际市场石油大幅提价，石油输出国获得巨额盈余资金，即石油美元，石油美元大量地投入到欧洲货币市场生息获利，使欧洲货币市场存款总额急剧增加，市场规模迅速扩大。③跨国公司巨额资金的借贷活动继续成为欧洲货币市场发展的推动力。④发展中国家和社会主义国家为发展民族经济，也到欧洲货币市场筹措资金。

进入 20 世纪 80 年代，欧洲货币市场的资产总额继续成倍增长。但从 20 世纪 80 年代中期到 90 年代初，欧洲货币市场的增长速度因金融自由化的影响稍有回落，但 90 年代中期以后，其增长规模又有所扩大。欧洲货币市场经过几十年的发展，已从开始的欧洲地区扩展到世界各地。分布在西欧、加勒比和中美洲、中东、亚洲和美国等主要区域的离岸市场已有 40 多个，经营的币种已扩展到 20 多个可自由兑换货币。

根据上述材料，试分析：

1. 欧洲美元市场形成和发展的原因是什么？
2. 欧洲货币市场存在的条件是什么？

第九章 国际融资

学习目标

通过对本章的学习，了解国际融资的基本概况；理解国际贸易短期融资及国际贸易中长期融资的操作；掌握基于商业信用及银行信用的融资方法；掌握出口信贷、项目融资及租赁融资的方法。

新闻导读

中国进出口银行信贷支持造船业应对国际金融危机

在“2009 船舶工业应对金融危机高峰论坛”上，中国进出口银行副行长诸鑫强表示，愿意授信 1 600 亿元给我国最大的两家造船企业——中国船舶工业集团公司和中国船舶重工集团公司，以支持中国造船业挺过本轮金融危机，并实现再度复苏。据了解，这是银行业为支持船舶工业调整和振兴规划发放的最大一笔贷款。

中国进出口银行除了安排信贷资金之外，还通过办理贷款展期、保函延期等措施为国内造船企业应对危机提供支持。同时，他们还积极联系国外船东，为企业在窘困时期争取订单。

此外，中国进出口银行还准备在贷款、保函、结算等方面为造船企业量身打造金融解决方案，将陆续研究开办船舶研发贷款、船舶租赁融资、船舶企业并购贷款等一系列新业务，打造完整的船舶融资产品链。

中国进出口银行是我国船舶工业的主要贷款商。截至 2008 年年末，进出口银行累计发放船舶贷款 1 024.62 亿元人民币和 74.45 亿美元。进出口银行还开立出口船舶预付款退款保函 203 亿美元。

中国船舶工业经济研究中心分析师刘伟表示，进出口银行所发放的贷款主要用于帮助两家大型船企完成目前手中的订单，以确保按时交船，由于未来利润有保障，因此该贷款潜在的信贷风险不会太大。但是由于中国造船业约八成的造船量用于出口，而国外船东主要依赖欧美大银行贷款，在当前各西方银行银根紧缩的条件下，预计中国造船业还要经历一段较长艰难时期。

2008 年，我国造船完工量、新订单量、手持船舶订单量三大指标全面超越日本，位居世界第二。但受国际航运市场衰退影响，中国造船业连续 6 年来的迅猛发展势头被冷却。根据中国船舶工业行业协会对 60 户重点造船企业的最新监控报告，2009 年1月，我国造船企业完工量为 178.6 万载重吨，同比增加 151.9%，而新接船舶订单同比下降 92.4%，造船业面临严重产能过剩。此外，撤单量也大增，前两个月共撤销订单 13 艘。

中国船舶工业行业协会会长张广钦在会上表示，受全球金融危机的影响，船舶企业的新船订单急剧减少，2008 年 12 月和 2009 年前 3 个月成交量萎缩，新船价格呈下降走势，撤单、延期交船现象开始显现。交船难、接单难、融资难将成为船舶企业今后 3 年面临的突出问题。

（摘自中国工业报，作者：吴文坤，2009 年 4 月 15 日）

点评：近年我国造船业发展非常迅速，单从规模上讲已位居世界前列。由于造船业的订单 80%左右来自国外，其受国际金融危机的影响非常严重。为扶持造船业发展，国家出台了一系列支持政策，信贷支持为其中之一。中国进出口银行为我国三大政策性银行之一，为支持我国企业出口做出了很大贡献。这笔来自中国进出口银行 1 600 亿元的授信，为我国两大造船公司应对金融危机的挑战带来了信心。通过本章的学习，你将了解到国际贸易的发展离不开金融业的大力支持。

第一节　国际贸易短期融资

一、国际贸易短期融资概述

（一）国际贸易短期融资的概念和特点

1．国际贸易短期融资的概念

国际贸易融资（international trade financing）是指国际贸易各环节中对进出口商提供的资金融通和信用支持。根据融资期限的不同，可分为国际贸易短期融资和国际贸易中长期融资。国际贸易短期融资是指期限一年以内，主要用于满足商品周转、成交金额不大的进出口需要的贸易融资。

根据融资提供方的不同，可分为商业信用和银行信用。在进口商或出口商之间互相提供的信贷属于国际贸易商业信用。进口商与出口商中一方信贷资金的获得是由银行或其他金融机构提供的，就构成国际贸易银行信用。

根据融资对象的不同，可分为对出口商的融资和对进口商的融资。

常见的国际贸易短期融资方式有打包放款、进出口押汇、贴现、国际保理业务、预付款、抵押贷款、透支等。

2．国际贸易短期融资的特点

（1）期限短。国际贸易短期融资的期限以三个月和六个月为主，最长不超过一年。

（2）方式多。国际贸易融资方式既有商业银行或贴现行向进出口方提供的放款、押汇、贴现等业务，又有保理商提供的融资保付代理业务，还有基于商业信用的进出口双方相互提供的延期付款、预付款等。

（3）多与国际结算相结合。无论是基于商业信用、银行信用所取得的短期融资，还是保理商提供的保理业务，都与国际结算业务相结合。

（4）提供融资方对债权的可控性强。由于国际贸易短期融资大多以国际贸易单据、货物作抵押，提供融资方得以掌控风险主导权。一旦发生接受融资的一方无法偿还债务的情况，提供融资方即可对单据和货物进行处理，用以抵偿债务。

（二）国际贸易短期融资的主要内容

国际贸易短期融资根据发生在国际贸易的不同阶段可分为装运前融资和装运后融资或进口前融资和进口后融资。国际贸易短期融资的主要内容为装运出口前对出口方的资金融通、装运出口后对出口方的资金融通、货物进口前对进口方的资金融通、货物进口后对进口方的资金融通。

1．装运出口前对出口方的资金融通

装运出口前对出口方的资金融通，又称装船前融资，主要为出口方提供出口货物所需要的资金。出口方为了出口货物，需要大量资金充当费用，这些费用包括生产费用、采购费用、包装费用、检验费用、运输费用、港口费用、海关及航运代理费用、出口税、运输保险费等。如果出口方发生资金缺口，那么就需要依靠融资解决，对于出口方而言，这种装船前融资比装船后融资更重要，而对资金提供者来讲，其风险要高于装船后融资。

2．装运出口后对出口方的资金融通

装运出口后对出口方的资金融通主要为出口方提供从装船到收到货款这段时间所需要的资金。这种融资主要从出口方银行取得，出口方银行凭抵押的单据对出口方放款，即出口押汇融资方式。此外，也可以从保理商处以出售应收账款方式取得，或从贴现公司以出售已承兑远期汇票方式取得。

3．货物进口前对进口方的资金融通

货物进口前对进口方的资金融通主要从进口方银行以开证额度方式取得。出口方发货要以收到进口方银行开来的与贸易合同规定相符的信用证，才能进行一笔采取信用证方式结算的国际贸易活动。进口方为取得开立信用证的资格，必须向开证行交纳高比例甚至全额的保证金，这会使进口方的资金周转受到影响。有了开证行核定的开证额度，进口方在申请开证时就可少交或免交保证金。

4．货物进口后对进口方的资金融通

货物进口后对进口方的资金融通主要为进口方提供自货物进口到货物销售回笼所需资金。这种融资方式可以从出口方以赊账、票据信贷或承兑方式取得，还可从进口方银行以信托收据、进口代收押汇、进口信用证押汇、担保提货等方式取得。

二、基于商业信用的国际贸易短期融资

在国际贸易的交易和结算过程中，从商业信用的角度出发，既有出口方对进口方提供的融资方式，也有进口方对出口方提供的融资方式。

（一）出口方对进口方提供融资方式

出口方对进口方提供的融资方式主要有赊账、票据信贷和承兑交单三种。

1．赊账

赊账是建立在出口方对进口方完全信任基础上的一种融资方式。出口商在没有得到全部货款或者是根本没有收到任何货款的情况下将货物发送给进口商，在约定的期限内，一般是1～3个月，进口商才将货款交付给出口商。在这种情况下，进口方在付款前已经掌握了货物，占有极大的主动权，而对出口商而言则有很大风险。

2. **票据信贷**

票据信贷是出口方向进口方提供的延期付款的融资方式。当国际贸易双方签约后，出口商发货，取得货运单据，并签发远期汇票，然后将单据和汇票通过银行或直接寄交进口商，进口商收到票据即进行承兑，并于汇票到期日支付货款。票据融资的期限取决于远期汇票的付款期限。融资期限取决于商品的性质和进口商的声誉。

3. **承兑交单**

承兑交单是在跟单托收结算方式下出口方对进口方提供的一种融资方式。在跟单托收结算业务中，代收行在收到托收行发来的托收委托书和跟单汇票后，即按照托收委托书指示向进口商提示跟单汇票，在进口商承兑后，把货运单据交给进口商，进口商即可凭单提货，然后根据货物性质销售或用于生产消费。在承兑交单方式下，进口商直至汇票到期之前都无需占用自己的资金。如果出口方为了保证安全放款，要求由银行承兑汇票后再向进口方交单，则称为银行对进口方的融资。

（二）进口方对出口方提供融资方式

进口方主要通过预付款方式向出口方提供融资。预付款是进口方先将全部或部分货款交给出口方，出口方在收到款后再发送货物的一种融资方式。预付款是一种完全建立在商业信用基础上的融资方式，对进口方来说，预付款不仅占用自己的资金，而且还在承受对方不履约和不按期履约的风险。

预付有两种情况：①作为进口商执行合同的保证，称为定金，一般预付款的期限很短，占交易金额的比重不大；②进口商对出口商提供信贷，一般预付款期限较长，金额较大。

此外，还有经纪人对出口商或者进口商的融资，通常以无抵押采购商品贷款、货物单据抵押贷款、承兑出口商汇票等方式提供。

三、基于银行信用的国际贸易短期融资

（一）银行对进口方的融资方式

在国际贸易中，采取托收结算或信用证结算时，进口方可从银行处获得融资。

1. **托收项下的融资**

托收是出口人在货物装运后，开具以进口方为付款人的汇票（随附或不随附货运单据），委托出口地银行通过它在进口地的分行或代理行代出口人收取货款的一种结算方式。

（1）信托收据

信托收据是在跟单托收的远期付款交单结算方式下，进口方向代收行开立的书面保证文件，用来表示愿意以代收行的受托人身份代为提货、报关、存仓、保险、出售并承认货物所有权仍属于银行。跟单托收是银行受出口商委托，凭汇票、发票、提单、保险单等商业单据向进口商收取货款的结算方式，卖方以买方为付款人开立汇票，委托银行代其向买方收取货款。进口方凭信托收据在付款前向托收行借出货运单据，从而在远期汇票到期前先行提货，待汇票到期时进口方将货款付给代收行，换回信托收据，代收行再将收到的货款付给托收行。这一过程实质上是进口方未使用自己的资金实现了进口，所以是代收行对其提供的融资。

如果没有信托收据，银行自行向进口方借出提单，这是代收行自己向进口人提供的信用便利，而与出口人无关。因此，如代收行借出单据后，汇票到期不能收回货款，则代收行应对委托人负全部责任。在必要时，代收银行承揽这种业务，会要求进口商提供一定的担保或抵押品。但若出口人指示代收行借单，就是由出口人主动授权银行凭信托收据借给进口人，即所谓远期付款交单凭信托收据借单方式，日后如果进口人在汇票到期时拒付，则与银行无关，应由出口人自己承担风险。

（2）进口代收押汇

进口代收是指银行接受国外代理行委托，按照代理行的指示向进口商收取进口款项，并向进口商交付有关商业单据。进口代收可分为付款交单和承兑交单两种方式。进口代收押汇指在进口代收业务中，代收行根据进口代收委托书向进口商递交进口代收项下的单据和文件，进口商同意支付进口代收项下的货款但因资金短缺向代收行申请融资，代收行同意予以融资并按进口商指示将融资款用于支付进口代收项下的货款。

进口代收押汇通过将付款期限由远期改为即期，或相应缩短远期付款的期限，可以帮助进口商提高对境外出口商的议价能力。如果进口方在代收行收到托收行的代收单据时，由于资金周转无法付款赎单，即可向代收行提出申请，在向代收行开立信托收据的同时与代收行签订进口押汇协议，一方面由代收行先行垫付货款，另一方面进口商凭信托收据取得物权单据，提货，转卖，然后再用货物的回笼款偿还代收行的垫款。

进口代收押汇是进口方在代收行提供融资的情况下实现了进口，与信托收据融资不同的是，在信托收据融资中，代收行不垫付货款。

2．信用证项下的融资

信用证（letter of credit，L/C），是指开证银行应申请人的要求并按其指示向第三方开立的载有一定金额的，在一定期限内凭符合规定的单据付款的书面保证文件。信用证是国际贸易中最主要、最常用的支付方式。在国际结算中，信用证之所以被广泛接纳和采用，除了它的保障性强之外，与其能提供灵活的融资便利也是分不开的。信用证是一种结算工具，同时也是融资工具，在从信用证开证到付款的全部过程中，为买卖双方提供了多种融资途径。

（1）进口开证授信额度

进口开证授信额度是指银行信贷部门或统一授信评审机构给客户核定的减免保证金开证的最高限额。具有外贸业务经营资格，在银行有一定外贸结算业务，业务情况及收付汇情况良好、资信可靠、具备一定经济实力，能够提供银行接受的可靠担保、抵押、质押的客户，可以向银行申请并由银行核定进口开证授信额度。

进口商，即信用证的申请人，在申请开证时，可向开证行申请以授信额度抵扣部分保证金。比如，某企业在一家银行拥有 500 万美元的开证授信额度，他向这家银行申请开立 500 万美元的信用证时，可以只向开证行缴纳 150 万美元的开证保证金，再提取 350 万美元的开证授信额度作为保证。这样，开证申请人可减少 350 万美元的资金占用。

（2）进口信用证押汇

进口信用证押汇是指开证行收到出口方提交的信用证项下单据并审核无误后，开证申请人出现资金困难无力按时对外付款时，由开证银行先行代其付款，使客户取得短期的资金融通。

客户申请办理进口押汇，须向银行出具押汇申请书和信托收据，将货物的所有权转让给银行，银行凭此将货权凭证交予客户，并代客户付款。可见，办理了进口押汇后，信用证项下的货物所有权即归银行所有，进口商作为银行的受托人代银行保管有关货物，同时保证在规定期限内用销售收入归还全部银行垫款。进口押汇是短期融资，期限一般不超过 90 天。

（3）提货担保

提货担保（delivery against bank guarantee）是指在货物先于信用证项下提单或其他物权凭证到达的情况下，为便于进口商办理提货，尽快实现销售和避免货物滞港造成的费用和损失，银行根据开证申请人的申请向船公司出具书面担保。银行在担保书中承诺日后补交正本提单，换回有关担保书。

提货担保占用授信额度一般仅限于信用证项下使用，提货担保的适用对象必须是在银行办理进出口贸易结算一定年限的基本客户。进口商办理提货担保，必须向银行提交提货担保申请书、船公司到货通知、致船公司的预先提货保证书、提单和发票等的复印件。银行对上述文件进行审核，以确保所指货物确属该信用证项下的货物。申请人还应在提货担保申请书上保证承担船公司所收一切费用和赔偿可能由此遭受的一切损失。

（二）银行对出口方的融资方式

银行对出口方的融资方式主要有短期贷款、打包放款、出口票据押汇、出口贴现等。

1．短期贷款

信用贷款也称无抵押贷款，是银行为了支持出口，专门给出口商提供的贷款。这类贷款仅在出口商获得订单之后，有订单作保证，银行才愿意提供无抵押的贷款。

2．打包放款（packing loan）

打包放款是指出口地银行为支持出口商按期履行对外合同义务和出运货物而向出口商提供的以正本信用证为抵押品的贷款。这种贷款是专向受益人提供采购商品和包装费用的，是短期流动资金贷款的一种。

打包放款的还款来源是出口商品的货款收入，要求出口单据交由承办打包放款的银行审单议付，可以有效地跟踪回笼货款，保证贷款的安全。由于银行对于限制在它行议付的信用证无法办理议付手续，申请打包放款时，要求作抵押的信用证必须是贷款行可以凭以议付、付款或承兑的，贷款行才能有效地控制收汇风险。

由于出口货物一般要经长途运输，容易出现损失，再加上出口商有时也会被授予溢短装的权利，常常导致发货的金额与实际信用证金额不符，所以银行承做打包放款时金额一般不超过信用证金额的 80%。贷款期限一般不超过信用证有效期，因为超过信用证有效期的单据很容易被开证行拒付而产生风险。

3．出口票据押汇（outward bill/outward documentary bills/outward bill credit/bill purchased）

出口押汇是指企业（信用证受益人）在向银行提交信用证项下单据议付时，银行（议付行）根据企业的申请，凭企业提交的全套单证相符的单据作为质押进行审核，审核无误后，参照票面金额将款项垫付给企业，然后向开证行寄单索汇，并向企业收取押汇利息和银行费用并保留追索权的一种短期出口融资业务。这种融资适用于跟单信用证和跟单托收结算方式。

出口信用证押汇是指根据信用证受益人（即押汇申请人）的要求，以其提交的银行可接受的符合信用证条款的全套单据为质押，扣除利息及银行费用后，将资金付给申请人，银行保留追索权，然后凭单向开证行或保兑行或承兑行收款，以归还出口信用证押汇的一种融资业务。

出口托收押汇是指采用托收结算方式的出口商在提交单据，委托银行代向进口商收取款项的同时，要求托收行先预支部分或全部货款，待托收款项收妥后归还银行垫款的融资方式。此项融资额为贸易货款减去手续费和押汇利息所得余款。与信用证出口押汇相比，出口托收押汇的风险较大。

4．出口贴现

出口贴现指银行保留追索权地买入已经银行承兑、未到期的远期票据，为出口商提供短期资金融通的业务。银行同意承兑出口商提出的汇票即为银行承兑汇票，在承兑信用证项下，远期汇票被银行承兑后，出口商如遇临时资金周转困难而需要短期资金融通时可选择出口贴现。出口贴现业务是目前商业银行最愿意提供的贸易融资业务，其手续也最简便。出口贴现是远期信用证项下的融资业务，只有在开证行对远期汇票承兑后方能办理。

[案例 9-1]

虚假贸易骗取银行融资案

1．基本案情

2005 年年底，保险公司连续接到 A 银行代理被保险人 B 公司提交的关于其澳大利亚、英国、中国香港三个买方拖欠货款的通报，相关损失涉及被保险人 2005 年 6 月到 9 月的出口，拖欠总金额近 400 万美元。在此之前，B 公司、保险公司及银行 A 三方于 2005 年 1 月签署了《赔款转让协议》，银行 A 就 B 公司向三个买方的出口做了保险项下的贸易融资业务，本案件中，银行 A 向被保险人 B 公司提供了近 320 万美元的贸易融资。

2．案件处理

（1）贸易背景疑点重重

从历史经验来看，同一保单项下三个分布在不同国家（地区）的买方同时出现货款逾期属于极其异常的情况。在收到相关损失通知后，保险人首先调取了最新的买方资信报告。报告显示，涉案的三个买方都属于当地知名企业，具有一定规模，资信状况良好，未发现明显的风险异动信号。带着种种疑问，保险公司仔细审查了相关贸易单证。从贸易合同表面审核，其中部分合同注明的买方名称和签章企业的名称不符。数十笔出运的提单均由同一家货运代理出具，所有提单上都未注明集装箱箱号。贸易单证本身也体现出一定的异常。

（2）调查发现：贸易出口为虚，骗取银行融资为实

保险公司分别向三个买方进行了调查，三个买方皆郑重声明从未与被保险人进行过交易，相关贸易单据皆属伪造。保险公司就此与被保险人联系，希望被保险人提供进一步的信息，结果发现被保险人因涉嫌进口走私已被司法机关提起公诉，法定代表人失踪，企业已陷入停业状态。为进一步核实案情，保险公司与出口地海关取得了联系，海关确认从 2005 年 6 月起，被保险人从未有过任何出口记录。

综合多方面调查信息，保险人最后确定，本案涉及的出口贸易背景不真实，被保险人贸易出口为虚，骗取银行融资为实，保险公司承保的风险事件事实上并未发生，对银行的融资损失无法承担赔偿责任。

上述案例说明，银行在进行贸易融资时必须认真审核各种单证，确保外贸业务的真实性，以免出现不必要的风险。

5．国际保理业务

保付代理业务（factoring），简称保理业务，又称承购应收账款，是商业银行或专业代理融通公司参与国际贸易短期融资的业务方式。国际贸易更多地使用国际保理业务（international factoring）这一术语。

（1）国际保理业务的概念

根据国际保理商联合会颁布的《国际保理业务惯例规则》（code of international factoring customs，简称 IFC），一般认为国际保理业务是一项集贸易融资、结算、代办会计处理、资信调查、账务管理和坏账风险担保等于一体的综合性金融服务业务。一般在国际贸易中赊账或承兑交单的结算方式下，由商业银行或者专业保理商（多为大银行的附属机构）从出口商那里购进以单据表示的对进口商的应收账款，从而为出口商贸易融资，并且同时提供资信调查、销售分账户管理、货款回收和信用风险担保等服务。当然，出口商可以根据本公司的实际情况选择要求保理商提供全套服务或者部分服务。

（2）国际保理业务的发展

保理业务起源于 5 000 年前的巴比伦，兴起于 19 世纪末的美国，20 世纪中期以后，它在全球范围内获得了迅速发展。目前，各国都比较重视保理业务对国际贸易的促进作用，尤其在一些欧洲发达国家（如德国、意大利、比利时和荷兰），国际保理业务相当发达。20 世纪 90 年代以来，国际保理业务总额平均每年近 3 000 亿美元，而且保持着相当高的增长率。对国际贸易的交易双方而言，保理业务能够提供许多便利，保理商提供的商业信用和资金融通，能够使出口商放心采用赊销方式来促进出口，而把售后的账款管理、货款回收，甚至会计处理都交给保理商。对进口商来说，国际保理业务的发展意味着他们有更多机会获得以赊销方式成交的业务，从而大大降低业务成本。另外，由保理商这种专业机构来处理账款回收、财务管理、资信调查等业务，有利于进出口商集中精力用于生产和销售，符合社会经济向专业化、分工化发展的趋势，因此，有利于提高经济的整体运行效率，促进国际贸易的发展。

我国国际保理业务起步较晚，不过发展很快，前景广阔。1987 年，中国银行与德国贴现和贷款公司签署了保理总协议，为我国企业开辟了一条新的国际贸易融资渠道。1992 年，中国银行正式加入国际保理商协会。此后，中国银行北京、上海和广州地区的分行相继开办了保理业务。

（3）国际保理业务的类型

国际保理业务中涉及的保理商有进口保理商和出口保理商两种。前者在进口方所在地，后者在出口方所在地。

国际保理业务根据参与的保理商的多少，分为单保理模式和双保理模式：

1）单保理模式是只涉及一方保理商的国际保理业务，又分为直接进口保理商和间接出口保理商两种模式。在直接进口保理商模式下，出口方与进口保理商联系，由其核定进口方的信用额度，负责收取应收账款和提供坏账担保服务等，该形式适用于出口方的客户集中在某一个国家或地区的情形，目前在国际贸易中用得不多；间接出口保理商形式下，出口方与本国的出口保理商联系，并由此获得全部保理业务。

单保理模式主要用于国内保理业务，国际贸易中单保理模式是早期的产物，目前单保理模式逐渐为双保理商模式所取代。

2）双保理模式是涉及进出口双方保理商的保理业务。在这种模式下，出口方与出口保理商签订保理协议，将其国外的应收账款转让给出口保理商，由出口保理商与进口保理商签订代理协议，向进口保理商转让有关的应收账款，并委托其直接与进口方（债务人）联系，由进口保理商提供坏账担保、债款催收和核定销售额度等服务。这是大多数国家在国际保理业务中采取的做法。

（4）国际保理业务的流程

国际保理业务的流程分为申请信用销售额度阶段、发货取得相关单据阶段和进口方支付货款三个阶段。

1）申请信用销售额度阶段。出口方接到进口方的订单后向保理商提出保理业务申请，并将需要核定信用额度的进口方清单及有关信息提供给出口保理商，由保理商对进口方的资信进行调查，确定有关的信用额度并通知出口方。

2）出口方发货取得有关单据阶段。出口方向进口方发货，一方面将货运单据寄交进口方，另一方面把销售发票副本交保理商。保理商整理销售分户账，向出口方支付不超过发票金额80%的预付款。

3）进口方支付货款阶段。保理商定期（一般每月一次）向进口方发送应收账款清单，付款期限到期时，要求进口方支付货款。进口方支付合同货款后，保理商整理销售分户账，扣除相应的融资利息和管理费后，将余款付给出口方。

[案例 9-2]

贸易扩大的融资对策

经营日用纺织品的英国 Tex UK 公司主要从中国、土耳其、葡萄牙、西班牙和埃及进口有关商品。当该公司首次从中国进口商品时，采用的是信用证结算方式。采用这种结算方式对初次合作的公司是有利的，但随着进口量的增长，他们越来越感到这种方式的不适合，必须向开证行提供足够的抵押才能将国际贸易进行下去。为了继续保持业务增长，该公司开始谋求至少 60 天的赊销付款方式。虽然他们与中国出口商已建立了良好的合作关系，但是考虑到这种方式下的收汇风险过大，中国供货商没有同意这一条件。

为了加大与中国供货商的贸易来往，该公司转向英国国内保理商 Alex Lawrie 公司寻求解决方案。英国的进口保理商为该公司核定了一定的信用额度，并通过中国银行通知了中国出口商。通过双保理制，进口商得到了赊销的优惠付款条件，而出口商也得到了 100%的风险保障及发票金额 80%的贸易融资。目前 Tex UK 公司已将保理业务推广到了 5 家中国的供货商及土耳其的出口商。

由于实行了双保理业务，英国的进口商有着极好的无担保延期付款条件，使其拥有了额外的银行工具，帮助其扩大了从中国的进口量，而中国的供货商对此也受益匪浅。

第二节　国际贸易中长期融资

国际贸易中长期信贷融资是指期限在一年以上的贸易融资，主要形式有出口信贷、国际项目融资和国际融资租赁等。第二次世界大战以后，在日益开放的世界里，无论是发达国家还是发展中国家都致力于经济增长与对外贸易。随着国际贸易的迅速增加，客观上产生了对国际贸易中长期融资的需求。

一、出口信贷

（一）出口信贷的概念

出口信贷（export credit）是一种国际信贷方式，是一国政府为支持和扩大本国大型设备等产品的出口，增强国际竞争力，对出口产品给予利息补贴、提供出口信用保险及信贷担保，鼓励本国的银行或非银行金融机构对本国的出口商或外国的进口商（或其银行）提供利率较低的贷款，以解决本国出口商资金周转的困难，或满足国外进口商对本国出口商支付货款需要的一种国际信贷方式。

（二）出口信贷的特点

1．出口信贷是一种相对优惠的贷款，期限长

出口信贷的贷款利率低于国际金融市场利率，提供出口信贷的银行所损失的利差由出口国政府补贴，期限一般为5年以上。

2．出口信贷是一种官方资助的政策性贷款

一般而言，国家成立专门发放出口信贷的机构，制定政策，管理并分配出口信贷资金。对一些特定类型的对外贸易中长期贷款，由专设的出口信贷机构直接发放贷款，以弥补商业银行资金的不足，改善本国的出口信贷条件，扩大本国产品出口。

3．出口信贷与信贷保险相结合

出口信贷支持的出口商品多是大型的、成套的机器设备，贷款金额大、期限长，因而存在较大的风险，为了减少银行发放出口信贷的后顾之忧，发达国家一般都设有国家信贷保险机构，对银行发放的出口信贷给予担保。如发生贷款无法收回的情况，则由信贷保险机构给予赔偿，即风险由国家承担。在我国主要由中国出口信用保险公司承保此类风险。

4．出口信贷目的明确，附有采购限制

出口信贷虽然既有对出口商的融资，也有对进口商的融资，但它的目的非常明确，那就是必须用于支持本国资本性货物、技术或有关劳务的出口。如果这类货物的制造、技术的研发是由多个国家完成的，则贷款国制造或研发部分必须占50%以上，有些国家只对本国制造、研发部分提供此项融资。

（三）出口信贷的主要形式

目前国际上出口信贷主要有买方信贷、卖方信贷、中长期票据收买业务和混合信贷四种形式。

1．买方信贷（buyer credit）

买方信贷是指由出口商国家的银行向进口商或进口商国家的银行提供的信贷，用以支付进口货款的一种贷款形式。其中，由出口方银行直接贷给进口商的，出口方银行通常要求进口方银行提供担保。如由出口方银行贷款给进口方银行，再由进口方银行贷给进口商或使用单位的，则进口方银行要负责向出口方银行清偿贷款。

目前，我国银行提供的买方信贷分为两种：①用于支持本国企业从国外引进技术设备而提供的贷款，即进口买方信贷；②为支持本国船舶和机电设备等产品的出口而提供的贷款，即出口买方信贷。这两种买方信贷的利率、期限、偿还期等都不相同。

进口买方信贷有两种形式：①由出口商国家的银行向进口商国家的银行提供一项总的贷款额度，并签订一项总的信贷协议，规定总的信贷原则。进口商欲进口技术设备而资金不足需要融资时，可向国内银行提出出口信贷要求，银行审查同意后，按总的信贷协议规定，向出口商国家的银行办理具体使用买方信贷的手续。②不需签订总的信贷协议，而是在进出口商签订进出口商务合同的同时，由出口商国家的银行和进口商国家银行签订相应的信贷协议，明确进口商品的贷款由国内银行从出口国银行提供的贷款中支付，贷款到期由国内银行负责偿还。

经济合作与发展组织（OECD）在 1978 年制定了《关于官方支持出口信贷指导原则的协定》，即“君子协定”，该协定逐渐地成为国际出口信贷领域一项重要的国际惯例。买方信贷一些基本的条款包括：①专款专用，贷款方会严格要求进口商将这笔款项用于购买贷款银行所在国制造的货物；②贷款比例，“君子协定”把贷款额占该项进口所需资金的比例最高额限定在 85%；③定金，15%现汇要求作为定金付给出口商，而且合同中常要求付清定金，才能提取贷款用于支付货款；④利率，“君子协定”将不同的国家区分为低收入、中等收入、富有三类，并分别规定了利率的最低限；⑤还款期，富国为 5 年，中等发达国家为 8.5 年，相对贫穷的为 10 年；⑥费用，包括但不限于管理费、承担费、保险费等，承担费用的人一般是进口商，有时也不排除出口商承担一些信贷业务中的费用。

2．卖方信贷（supplier credit / supplier’s credit）

卖方信贷是出口方银行向本国出口商提供的商业贷款。出口商（卖方）以此贷款为垫付资金，允许进口商（买方）赊购自己的产品和设备。出口商（卖方）一般将利息等资金成本费用计入出口货价中，将贷款成本转移给进口商（买方）。这种贷款协议由出口厂商与银行之间签订。

卖方信贷通常用于机器设备、船舶等出口。由于这些商品出口所需的资金较大、时间较长，进口厂商一般都要求采用延期付款的方式。出口厂商为了加速资金周转，往往需要取得银行的贷款。出口厂商付给银行的利息、费用有的包括在货价内，有的在货价外另加，转嫁给进口厂商负担。因此，卖方信贷是银行直接资助本国出口厂商向外国进口厂商提供延期付款，以促进商品出口的一种方式。

卖方信贷与延期付款的区别在于：①当事人不同，前者是银行与工商企业之间的关系，后者是工商企业之间的关系；②两者之间伴随的标的物不同，前者伴随的是货币资本，后者伴随的是商品资本；③两者之间的信用性质不同，前者是银行信用，后者是商业信用。

卖方信贷一般有以下程序：①出口商（卖方）以延期付款的方式与进口商（买方）签订贸易合同，出口大型机械设备。②出口商（卖方）向所在地的银行借款，签订贷款，以融通资金。③进口商随同利息分期偿还出口商的货款后，出口商再偿还银行贷款。

3．中长期票据收买业务（forfeiting）

中长期票据收买业务的英文原词为 forfeiting，译为福费廷。福费廷是指在延期付款的大宗贸易交易中，出口商把经进口商承兑的，并按不同定期利息计息的，通常由进口商所在银行开具远期信用证，无追索权地售予出口商所在银行或大金融公司的一种资金融通方式。它是一种为出口商贴现已经承兑的、通常由进口商方面的银行担保的远期票据服务，属票据融资。通过以无追索权的方式买断出口商的远期债权，融资银行或大金融公司对已经信用证开证银行承兑的远期汇票向信用证受益人（出口商）提供票据贴现，这样出口商能够立即回笼资金，使出口商在获得出口融资的同时，消除了出口商远期收汇风险及汇率和利率变动带来的潜在风险。中国也将这种方式称为包买票据业务，而融资商通常被称为包买商。

对银行而言，福费廷业务是一项高风险、高收益的业务，但对企业和生产厂家来说，货物一出手，可立即拿到货款，占用资金时间很短，无风险可言。第二次世界大战后瑞士苏黎世银行协会首先开办福费廷业务，自 1965 年以后，从西欧国家开始推行，目前在大型设备贸易中得到迅速发展。

福费廷业务的主要流程为：①签订进出口合同与福费廷合同，同时进口商申请银行担保；②出口商发货，并将单据和汇票寄给进口商；③进口商将自己承兑的汇票或开立的本票交给银行要求担保，银行同意担保后，担保函和承兑后的汇票或本票由担保行寄给出口商；④出口商将全套出口单据（物权凭证）交给包买商；⑤收到开证行有效承兑后，包买商扣除利息及相关费用后贴现票据，无追索权地将款项支付给出口商；⑥包买商将包买票据经过担保行同意向进口商提示付款；⑦进口商付款给担保行，担保行扣除费用后把剩余货款交给包买商。

福费廷与一般贴现业务的主要区别是：①在福费廷业务中包买商放弃了追索权，这是它不同于一般贴现业务的典型特征。在一般的贴现业务中，银行或贴现公司在有关票据遭到拒付的情况下，可向出口商或有关当事人进行追索。②贴现业务中的票据可以是国内贸易或国际贸易往来中的任何票据，而福费廷业务中的票据通常是与大型设备出口有关的票据。由于它涉及多次分期付款，福费廷业务中的票据通常是成套的。③在贴现业务中票据只需要经过银行或特别著名的大公司承兑，一般不需要其他银行担保。在福费廷业务中包买商不仅要求进口方银行担保，而且可能邀请一流银行的担保。④贴现业务的手续比较简单，贴现公司承担的风险较小，贴现率也较低。福费廷业务则比较复杂，包买商承担的风险较大，出口商付出的代价也较高。

4．混合信贷（mixed credit）

混合信贷是出口国银行发放卖方信贷或买方信贷的同时，从政府预算中提出一笔资金，作为政府贷款或给予部分赠款，连同卖方信贷或买方信贷一并发放。由于政府贷款收取的利率比一般出口信贷要低，这更有利于出口国设备的出口。

混合信贷是卖方信贷、买方信贷和政府贷款相结合而形成的贷放方式，目的也是扩大本国产品的出口。混合信贷通过运用政府贷款来降低传统银行贷款的利率，延长还款期限，进而达到促进贷款国资本货物的出口，以及提高其出口资本货物在国际市场上的竞争能力的目的。

1978 年经济合作与发展组织（OECD）制定的“君子协定”只适用于官方支持的商业出口信贷，对政府提供的低息信贷和对外援助不作明确规定，并且允许结合出口信贷给予部分政策援助、赠与。西方各国为了避开君子协定的约束，开始采用政府贷款和出口信贷按一定比例混合使用的手段来降低原来出口信贷的利率，延长贷款的使用和偿还期限，从而实现支持本国商品出口的目的。

混合信贷的提供方式通常有无政府间贷款协议方式、贷款总协议或专项贷款协议方式、政府贷款协议与银行贷款协议并存方式。

无政府间贷款协议方式是出口方政府利用两国银行已签订的买方信贷协议及贷款额度参与贷款，使借款国在利率和期限等方面获得优惠，具体优惠办法由两国政府银行议定。此种方式利用了原有的买方信贷协议，两国政府无需再洽谈贷款协议及手续问题，具有省时省力的优点。

贷款总协议或专项贷款协议方式是出口方政府授权本国银行与进口方政府授权的该国银行签订混合贷款的总协议或专项协议，以“混合利率”提供贷款，利差由政府从其预算中拨款补贴。其特点是两国银行之间需为特定的项目签订专门的混合贷款协议。信贷资金来源和用款形式与买方信贷相同，手续仍较简便，利率则比一般贷款低。

政府贷款协议与银行贷款协议并存方式是出口方政府和银行分别按一定比例向进口方提供政府贷款和商业贷款，并分别签订各自的贷款协议。在这种方式下，项目的信贷资金来源不同，贷款的申请渠道不同，批准程序也不同。因此，手续较为复杂。

二、国际项目融资

建设一个新项目或者收购一个现有项目，或者对已有项目进行债务重组所进行的一切融资活动都可以被称为项目融资。项目融资始于 20 世纪 30 年代美国油田开发项目，后来逐渐扩大范围，广泛应用于石油、天然气、煤炭、铜、铝等矿产资源的开发，如世界最大的、年产 80 万吨铜的智利埃斯康迪达铜矿，就是通过项目融资实现开发的。

（一）国际项目融资的含义

国际项目融资是以境内建设项目的名义在境外筹措资金或吸引其他形式投资，以项目预期收益、自身资产与权益偿还的融资方式。

国际项目融资必须拥有一个经济实体，即项目公司。项目公司是为开发项目而设立的公司，由公司来承担融资的活动。项目公司偿还融资的来源必须明确，还款主要来源于项目运行所得收益。如果因管理不善或者其他原因导致项目运行效益不佳，收益不足以偿还所融资金，债权人只能从项目本身资产或者其他信用中收回贷款，而不能涉及项目之外的资产。

（二）国际项目融资的特征

与传统的国际贷款融资相比，国际项目融资通常具有以下基本特征：

（1）国际项目融资以特定的建设项目为融资对象。尽管项目融资的借款人可以为独立从事项目开发的项目公司，也可以为并非单纯从事项目开发的项目主办人，但在通常情况下，贷款人要求对项目资产和负债（包括股东投入的股权资产和贷款人投入的项目贷款资产）独立核算，并限制将项目融资用于其他用途。在项目主办人作为借款人的情况下，贷款人将要求主办人将项目融资仅投向该特定项目或项目公司，并要求将项目资产与主办人其他资产相分离，由此形成主办人资产负债表之外的融资。这一特征表明，国际贷款人提供项目融资并非依赖于借款人（包括主办人或项目公司）的信用，而更主要依赖于项目投资后将形成的偿债能力和项目资产权利的完整性。在此情况下，贷款人显然不希望项目资产中除项目融资之外仍含有复杂的对第三人的负债。

（2）国际贷款人的债权实现主要依赖于拟建项目未来的现金流量及该现金流量中可以合法用来偿债的净现值。国际项目融资的贷款人在决定贷款前必须对项目未来的现金流量做出可靠的预测，并且须通过复杂的合同安排确保该现金流量将主要用于偿债，同时往往要求取得东道国政府关于加速折旧、所得税减免等方面的优惠批准或特许。

（3）国际项目融资通常以项目资产作为附属担保，但根据不同国家法律的许可，又可通过借款人或项目主办人提供有限信用担保。国际项目融资的资产担保并不以资产变价受偿为目的，贷款人要求此项担保意在获得资产控制权，它仅为项目融资信用保障结构中的一环。国际项目融资中的有限担保是在项目未来的现金流量不足以确保偿本付息的情况下，由借款人或项目主办人向贷款人提供的补充性信用担保，它使得贷款人取得了补充性的有限追索权，如果贷款人依项目具体情况不要求提供此种有限担保，则构成所谓“无追索权的项目融资”。由此可见，在国际项目融资中，项目资产担保和有限担保并不是主要的信用保障手段，它们的作用与保障项目未来的收益能力相联系。

（4）国际项目融资具有信用保障多样化和复杂化的特点。针对不同融资项目的具体风险状况，国际贷款人往往提出不同的信用保障要求，其目的在于分散项目风险，确保项目未来的现金流量可靠地用于偿还贷款。实践中通常采用的手段包括：要求项目主办人或投资者对项目首先进行一定的股权投资，使项目融资仅占到项目资产总值的一定比例（通常为60%以上），以分散贷款风险；通过项目完工担保合同（turn key）锁定工程工期、工程价格和工程质量，以避免完工风险；通过签署原材料长期供应合同，以锁定项目运营成本，避免项目运营风险；通过签署旨在以稳定价格售买项目产品的长期销售合同，以确保现金收入总量，避免市场风险；此外，国际项目融资通常要求取得项目所在国政府的特许和保证，并且通常须设立旨在按约付款和收款的信托受托人（trustee），以确保项目融资的法律条件和偿债能力可靠。

（5）与上述特征相联系，国际项目融资具有融资额大、风险高、周期长、融资成本相对高的特点。由于国际项目融资以对项目未来的现金流量预测为基础，以旨在提高偿债效率的法律安排为条件，因而此类融资的准备工作成本、贷款利率和未来风险均较传统的国际贷款融资为高。

（三）项目融资与公司融资的区别

项目融资有别于公司融资，公司融资是公司利用自身的资产、信用等条件对外进行的融资，包括发行股票、公司债、贷款等。

1. 融资主体不同

在项目融资中，融资的主体是项目单位，是项目的发起人为建设这一项目而组成的承办单位。贷款人是根据项目单位的资产状况及该项目的预期收益来作为发放贷款的依据。在传统的公司融资中，贷款人以现有的公司信誉和资产状况及外来担保作为贷款依据。因此，公司融资比较看重借款人的历史而项目融资比较看重借款人的未来。

2. 有限追索或无追索

在其他融资方式中，投资者向金融机构的贷款尽管是用于项目，但是债务人是投资者而不是项目，整个投资者的资产都可能用于提供担保或偿还债务。也就是说，债权人对债务有完全的追索权，即使项目失败也必须由投资者还贷，甚至负无限责任，因而贷款的风险对金融机构来讲相对较小。而在项目融资中，投资者只承担有限的债务责任，贷款银行一般在贷款的某个特定阶段（如项目的建设期）或特定范围可以对投资者实行追索，而一旦项目达到完工标准，贷款将变成无追索。无追索权项目融资是指贷款银行对投资者无任何追索权，只能依靠项目所产生的收益作为偿还贷款本金和利息的唯一来源，最早在 20 世纪 30 年代美国得克萨斯油田开发项目中应用。

3．风险承受程度不同

传统融资的项目风险往往集中于投资者、贷款者或担保者，风险相对集中，难以分担。项目融资的利益主体也较传统的融资方式要多。概括起来主要包括以下几种：项目公司、项目投资者、银行等金融机构、项目产品购买者、项目承包工程公司、材料供应商、融资顾问、项目管理公司等。

项目融资投资风险高，另外还涉及政治风险、法律风险，一般由多家金融机构参与提供资金，并通过书面协议明确各贷款银行承担风险的程度，会形成结构严谨而复杂的担保体系。比如澳大利亚波特兰铝厂项目，由 5 家澳大利亚银行以及比利时国民银行、美国信孚银行、澳洲国民资源信托资金等多家金融机构参与运作。

4．融资成本不同

项目融资主要考虑项目未来能否产生足够的现金流量偿还贷款以及项目自身风险等因素，对投资者投入的权益资本金数量没有太多要求，因此绝大部分资金是依靠银行贷款来筹集的，在某些项目中甚至可以做到100%的融资。由于项目融资风险高，融资结构、担保体系复杂，参与方较多，因此，前期需要做大量协议签署、风险分担、咨询顾问的工作，需要发生各种融资顾问费、成本费、承诺费、律师费等。另外，由于风险的因素，项目融资的利息一般也要高出同等条件抵押贷款的利息，这些都导致项目融资同其他融资方式相比融资成本较高。

5．会计处理不同

传统公司融资均表现在资产债表之内，项目融资的债务不表现在投资者公司的资产负债表中，是资产负债表外融资，故项目融资也称为非公司负债型融资。当一个公司在从事超过自身资产规模的投资时，项目融资方式的价值就会充分体现出来。这一点对于规模相对较小的我国矿业集团进行国际矿业开发和资本运作具有重要意义。由于矿业开发项目建设周期和投资回收周期都比较长，如果项目贷款全部反映在投资者公司的资产负债表上，很可能造成资产负债表失衡，影响公司未来筹资能力。

三、国际租赁融资

融资租赁（financial leasing）又称设备租赁（equipment leasing）或现代租赁（Modern Leasing），在不同的国家和地区有着不同的理解和不同的定义。

（一）融资租赁的定义与特征

融资租赁业务，是指出租人根据承租人对出卖人、租赁物的选择，向出卖人购买租赁物件，提供给承租人使用，向承租人收取租金的交易，它以出租人保留租赁物的所有权和收取租金为条件，使承租人在租赁合同期内对租赁物取得占有、使用和受益的权利。

融资租赁的主要特点有：

（1）融资租赁具有融资和融物的双重职能，是资金运动与物资运动相结合的形式。融资租赁是由出租方融通资金为承租方提供所需设备，它不同于一般借钱还钱、借物还物的信用形式，而是通过借物达到借钱，借物还钱，它使融资与融物相结合。租赁公司兼有金融机构（融通资金）和贸易机构（提供设备）的双重职能，因此，融资租赁比银行信用具有更强的约束力。由于融资租赁一头连着设备的生产厂商，一头连着设备的实际使用单位，有利于促进产销结合。

（2）融资租赁具有三方当事人，并且同时具备两个或两个以上的合同。融资租赁的三方当事人包括出租方、承租方和供货方，三方之间需签订并且履行租赁合同与购货合同，从而构成一笔租赁交易的整体。租赁合同与购货合同的关系是：租赁合同的签订和履行是购货合同签订与履行的前提，购货合同的履行是一笔租赁业务完成的不可缺少的组成部分。

（3）承租方有对租赁物及供货方进行选择的权利，而不依赖于出租方的判断和决定。出租方不能干涉承租方对租赁物的选择，承租方还有权选择供货方。如果出租方是应承租方的要求，或是出于提供更为周到的服务，可以向承租方推荐租赁物件或推荐供货方，但是决定权仍在承租方。因此，出租方也不对承租方的选择所造成的后果承担责任。

（4）在租赁期间，租赁物的所有权归出租方，但承租方享有使用权，这时，财产的所有权与使用权呈分离状态。所有权与使用权的分离，摆脱了传统的财产占有观念，所有权因素被淡化，有利于确定现代化的经营方式，以适应社会化大生产的要求。

（5）出租方在一个较长的租赁时期内，通过收取租金来收回全部投资，即租金采用分期归流的形式。租金的性质实为承租方对物件使用权的获得而按期所付出的代价。由于租赁期是一个连续的、不间断的期间，加之融资租赁的承租人的特定性和租赁物件的被指定性，决定了租赁合同的不可解约性。

（6）租赁期满后，承租方对租赁物件有按合同规定决定如何处置的权利。

（二）融资租赁的功能

1．融资功能

融资租赁从其本质上看是以融通资金为目的，是为解决企业资金不足的问题而产生的。需要添置设备的企业只需付少量资金就能使用到所需设备，进行生产，相当于对企业提供了一笔中长期贷款。

2．促销功能

融资租赁可以用“以租代销”的形式，为生产企业提供金融服务。一方面保障企业贷款的及时回收，加快企业资金周转速度；另一方面可以扩大产品销路，加强产品在国内外市场上的竞争能力。

由于融资租赁这种服务比直接销售具有更大的优势，在这种情况下，许多大的制造厂商纷纷拿出部分专门资金用于开展以促进本企业销售为主旨的融资租赁服务，如IBM信贷公司、AT&T资本公司、美国考莫蒂斯克公司和贝尔太平洋三环租赁等都是世界著名的租赁公司。

3．投资功能

租赁业务也是一种投资行为。租赁公司对租赁项目具有选择权，可以挑选一些风险较小，收益较高以及国家产业倾斜的项目给予资金支持。同时一些拥有闲散资金、闲散设备的企业也可以通过融资租赁使其资产增值。

4．资产管理功能

融资租赁将资金运动与实物运动联系起来。因为租赁物的所有权在租赁公司，所以租赁公司有责任对租赁资产进行管理、监督，控制资产流向。随着融资租赁业务的不断发展，还可利用设备生产者，为设备的承租方提供维修、保养和产品升级换代等特别服务，使其经常能使用上先进的设备，减少使用成本和避免设备淘汰的风险，尤其是对于售价高、技术性强、无形损耗快或利用率不高的设备有较大好处。

正因为上述四种功能，融资租赁将工业、贸易、金融紧密地结合起来，引导了资本的有序流动。既为企业以较少的投入而迅速获得设备的使用权提供了便利，又为工业生产的各种产品提供了广阔的市场，还为银行及其他资金提供了一条安全的放款渠道。

[案例 9-3]

中航租赁融资案

2009 年 6 月 5 日，重庆市武隆县铁矿乡鸡尾山发生山体垮塌，当地矿场及许多居民和路人被埋。“灾情就是命令，时间就是生命。”2009 年 6 月 7 日，一架米-26 直升机被紧急调用到重庆抢险。由于天气原因，这架米-26 直升机辗转内蒙、陕西，于 9 日 18 时飞抵重庆江北机场。为了尽快实施救援，这架米-26 直升机在天气多变、山区地形复杂的恶劣条件下独立作业，成功吊运抢险救援大型设备到现场，确保了救援工作的及时开展。米-26 直升机此次抢险历经八天，共计飞行 48 小时，行程 6 000 多公里，吊运装备 60 吨，创造了中国直升机作业的新纪录。

米-26 飞机租赁项目是中航租赁公司成立后与通用航空公司的首次合作。这架米-26 直升机是中航租赁公司以融资租赁方式为中国飞龙专业航空公司引进的，是目前国内载荷量最大的直升机，现已广泛应用于抗震救灾、森林防火、应急救援等方面。

中航租赁于 2007 年 7 月 18 日与奥凯航空公司签订 10 架国产支线飞机“新舟 60”融资租赁合同，通过租赁销售模式大大提升了新舟 60 飞机的竞争力和市场开拓能力，而且对国产飞机的销售起到了较好的示范作用。除了飞机租赁项目外，该公司还涉足船舶租赁项目。早在 2008 年 5 月 27 日，中航租赁公司与浙江宇大航道工程有限公司签订了“宇大 1 号”4 500 立方米非自航绞吸式工程船舶融资租赁合同。该船舶的主要设备均选用原装进口的最先进设备，在国内乃至亚洲同类型疏浚船舶中处于领先水平。该船舶价值 3.84 亿元人民币，实际融资额 2.3 亿元人民币。

（三）国际融资租赁的程序

在多数国家中，国际融资租赁的工作主要包括：设备与供货商选定、融资租赁结构与有关文件协商、供货协议与租赁协议签署、交货与租赁协议履行等几部分内容。但是在实行贸易管制和外汇管制的国家中，国际融资租赁工作程序往往还要复杂。通常情况下，承租人在开始国际融资租赁过程之前已经进行了大量的前期准备工作，开始了国内申请程序，并已初步形成了国际融资租赁意向，其后的工作主要包括以下几部分。

1．选定租赁设备和供货商

在国际融资租赁工作开始后，承租人首先需在初步协商的基础上选定供货商，并与供货商洽谈拟定设备的品种、规格、交货期和价格等事项。尽管在这一过程中，承租人通常也委托租赁公司协助选定设备和供货商，但在法律上，承租人可独立作出决定和选择。

2．申请立项批准并委托租赁

承租人在与供货商和租赁公司初步协商的基础上，应向有关管理部门申报租赁设备项目建议书，取得立项批准，以保障其后续融资租赁工作的顺利进行。在我国，承租人在取得立项批准后，通常须向中国的租赁公司提出申请，填写《租赁委托书》或《租赁申请书》，明确拟租赁设备的品种、规格、型号、制造商、供货商等内容。租赁公司在对拟进行的国际融资租赁进行经济技术可行性分析后，将以书面签章方式接受委托。

3．融资租赁结构的磋商与协议谈判

在国际融资租赁的出租人确定后，该出租人在对融资租赁项目进行现金流量分析和相关国家税收会计制度分析的基础上，通常须与承租人就计划中的国际融资租赁进行结构磋商，以确定该融资租赁所采取的法律结构和资金结构，这一工作实际上是相关协议谈判的基础。

在国际融资租赁结构确定的基础上，相关当事人将就租赁设备购买协议和租赁协议的内容进行协商谈判。其中，租赁设备购买协议的当事人不仅包括出租人和供货商，而且包括承租人（收货人），承租人有权参与该谈判并商定该协议的主要内容。在我国目前的实践中，承租人在商定拟租赁设备的技术性条款和价格条款方面具有重要的作用。融资租赁协议的当事人虽为出租人与承租人，但同时也为供货商规定了义务，如交货义务、技术服务义务及主从合同关系条款下规定的义务等。根据当事人商定的国际融资租赁结构，出租人和承租人还可能需参与其他相关协议的谈判。

4．签署租赁协议与供应协议

根据当事人确定的国际融资租赁的结构，出租人和承租人可能需签署一系列协议和法律文件，但其中最重要和最通常的是供货协议和融资租赁协议。根据《国际融资租赁公约》和国际惯例的做法，供货协议和融资租赁协议无论签署顺序如何，两者均具有相关性和制约性，其中供货协议为融资租赁协议的从属合同，在融资租赁协议生效后，供货协议原则上将不可变更。但在我国的“对外融资租赁协议”中，出租人往往排斥这一条款，甚至要求供货商与承租人就租赁设备的维修和技术服务另外签署独立的协议。在融资租赁的这一准备工作阶段，出租人和承租人还须完成我国法律要求的进口手续申报、用汇手续申请和外债登记程序。

5．供货协议的履行

在国际融资租赁中，供货协议的履行是租赁协议履行的前提。依据协议，出租人有义务开立付款信用证、组织运输、购买运输保险、付款赎单等。而供货商有义务向承租人交货并提供安装与技术服务，承租人则负责办理报关手续、支付进口关税及其他税费，并在规定期限内对承租设备进行验收，向出租人出具验收证书等。原则上，自承租人完成验收之日起，供货协议的履行即基本完毕，租赁协议则开始履行。

6．租赁协议的履行

依据国际融资租赁协议，出租人在承租人验收设备后，应当向承租人发送租赁期起始的通知书，承租人则应支付首期租金，实践中称之为“起租”。在其后的租赁有效期内，出租人有权对承租人租赁使用设备的情况进行监督。而承租人则有义务在出租人通知其缴纳租金后按约支付租金，并有义务按约使用该设备。在融资租赁协议期满后，承租人在租赁标的处理上一般有三种选择权：退租、续租或留购。

退租是租赁期满，承租方负责把处于良好状态下的租赁标的物按出租方要求的运输方式运抵出租方指定地点退回出租方，由此而产生的一切支出如包装、运输、途中保险等费用均由承租方负担。

续租是指租赁期满后，承租方与出租方重签合约，继续承租该租赁标的物，或租赁期满承租方未退回租赁标的物，出租方同意合同继续生效。其租金双方重新拟定。

留购是指租赁期满时，承租方支付给出租方一笔双方商定的残值费而取得租赁标的物的所有权。

本章小结

国际贸易融资是指国际贸易各环节中对进出口商提供的资金融通和信用支持。根据融资期限的不同，可分为国际贸易短期融资和国际贸易中长期融资。根据融资提供方的不同，可分为商业信用和银行信用。

出口方对进口方提供的融资方式主要有赊账、票据信贷和承兑交单。进口方主要通过预付款方式向出口方提供融资。采取托收结算，进口方从银行处可获得的融资有信托收据及进口代收押汇。采取信用证结算，进口方从银行处可获得的融资有进口开证授信额度、进口信用证押汇、提货担保。银行对出口方的融资方式主要有短期贷款、打包放款、出口票据押汇、贴现等。国际保理业务是一项综合性金融服务业务，分为单保理模式和双保理模式，其流程分为申请信用销售额度阶段、发货取得相关单据阶段和进口方支付货款阶段。

出口信贷是政府为解决本国出口商资金周转的困难，或满足国外进口商对本国出口商支付货款需要而补贴的一种国际信贷方式，主要有买方信贷、卖方信贷、中长期票据收买业务和混合信贷四种形式。

项目融资有别于公司融资，区别在于融资主体不同、有限追索或无追索、风险承受程度不同、融资成本不同、会计处理不同等方面。

国际融资租赁具有融资和融物的双重职能，具有融资、促销、投资、资产管理功能，它将工业、贸易、金融紧密结合，引导资本的有序流动。既为企业以较少的投入而迅速获得设备的使用权提供了便利，又为工业生产的各种产品提供了广阔的市场，还为银行及其他资金提供了一条安全的放款渠道。

【关键概念】

国际贸易融资（international trade financing）
商业信用（commercial credit）
银行信用（bank credit）
信用证（letter of credit）
国际保理业务（international factoring）
出口信贷（export credit）
买方信贷（buyer credit）
卖方信贷（supplier credit / supplier’s credit）
项目融资（project finance）
融资租赁（financial leasing）

复习思考题

一、判断题

1. 出口信贷是一种限制性贷款，这种贷款除了用于购买贷款国的出口商品外，不能用于购买其他国家的出口商品。（　　）

2. 买方信贷一般限于资本货物的进口，不能进口原材料和消费品等，一般提供贸易合同金额的15%。（　　）

3. 西方国家对进口商利用买方信贷购买资本货物均没有规定提供买方信贷的最低点。（　　）

4. 银行承做打包放款时金额一般不超过信用证金额的80%。贷款期限一般不超过信用证有效期，因为超过信用证有效期的单据很容易被开证行拒付而产生风险。（　　）

5. 混合信贷中，政府贷款收取的利率比一般出口信贷利率更低，以利于促进该国设备出口。（　　）

6. 租赁公司兼有金融机构（融通资金）和贸易机构（提供设备）的双重职能，因此，融资租赁比银行信用具有更强的约束力。（　　）

7. 福费廷业务的风险最后承担者是进口商。（　　）

8. 出口信贷不是全额贷款。（　　）

9. 在托收情况下，承兑交单比付款交单更具风险。（　　）

10. 保理业务的主要特点是出口商将赊销后应收账款的信贷风险转移给保理组织。（　　）

二、不定项选择题

1.（　　）的利率一般低于相同条件资金贷方的市场利率，利差由国家补贴。

A. 进口押汇　B. 福费廷　C. 出口信贷　D. 保付代理

2. 在保理业务中，（　　）承担了信贷风险。

A. 出口商　B. 银行　C. 保理组织　D. 进口商

3. 在（　　）形式下，出口商开具的汇票对出口商无追索权。

A. 买方信贷　B. 卖方信贷　C. 福费廷　D. 混合信贷

4. 利用买方信贷，可以从提供买方信贷的国家进口（　　）。

A. 原材料　B. 机械设备　C. 消费品　D. 石油产品

5. 在使用买方信贷时，出口商与进口商所签订的合同应规定（　　）。

A. 即期付款　B. 延期付款　C. 分期付款　D. 三者皆可

6. 在（　　）业务中，出口商必须事先同进口商商量，取得一致的意见。

A. 贴现　B. 保付代理　C. 福费廷　D. 买方信贷

7. 以下关于出口信贷描述正确的是（　　）。

A. 是一种国际信贷方式　B. 是各国争夺销售市场的一种手段

C. 国家直接给出口商资金补贴　D. 通常支持的是本国大型设备的出口

8. 从性质上看，卖方信贷和买方信贷都属于（　　）。

A. 商业信用　B. 银行信用　C. 国家信用　D. 无法确定

9．下列对外贸易出口融资中，属于商业信用的是（　　）。

A．预付货款　　B．出口押汇　　C．打包放款　　D．赊账

10．出口信贷是一种对外贸易中长期信贷，它包括（　　）。

A．买方信贷　　B．卖方信贷　　C．福费廷　　D．保付代理

综合技能训练

中国甲公司在东南亚某国拿到建电站的 5 亿美元大单，但要真正完成项目须解决以下难题：①电站业主资金紧张，且在当地融资成本很高，希望甲公司带资承建，同时业主准备采用延期付款的方式进行结算；②该国银行的信用评级不佳；③尽管甲公司在该国有十多年承建工程的经验，但涉足如此大规模的电站项目还是第一次，相关风险难以预知；④受自身资产规模限制，甲公司在国内无法取得承建工程所需的银行贷款。

基于以上信息，中国银行为甲公司设计如下解决方案：①以银行保函为甲公司争取部分预付款；②争取延期收款在信用证项下实现，从而以银行信用替代商业信用，并且可以利用信用证取得多种贸易融资。之后中国银行专家又陪同甲公司两赴该国，参与了该公司与业主、当地银行的一系列谈判，将以上解决方案逐一细化落实。

① 当地银行开立 5 年期延期付款信用证，某外资银行加具保兑；②甲公司在该电站项下投保出口信用险、营运险、完工险等，分散转移风险；③在甲公司银行授信额度不足的情况下，中国银行利用保函风险专项资金出具预付款保函及履约保函，使甲公司即期收到部分工程款，能够迅速启动项目；④收到信用证后，中国银行为甲公司做打包贷款；⑤信用证下出单后，中国银行为甲公司办理押汇用以归还打包贷款；⑥收到开证行/保兑行承兑后，中国银行为甲公司开通“福费廷”业务，买断甲公司在该项目下的长期应收账款，用以归还押汇。

根据上述材料，试分析：

1．该公司采用了哪些融资方法？

2．通过这些融资方法，解决了哪些问题？

第十章　国际金融风险与防范

学习目标

了解国际金融风险管理的含义、目标及意义；理解债务危机、银行危机、货币危机的含义及成因；掌握国际金融危机的含义、特征及防范对策。

新闻导读

债务危机让欧洲进退两难

2009 年年末，希腊政府宣布，国家负债高达 3 000 亿欧元。这相当于该国 2 375 亿欧元国内生产总值的126%，远超欧盟设定的 60%警戒线。起初，德国、法国、英国等欧盟大国还漫不经心，特别是德国某些要人出于国内政治因素考虑，扬言“不会给希腊白出一分钱!”这就释放了一个错误信号，使危机迅速恶化。全球三大评级公司不仅下调了希腊的主权债务等级，而且对葡萄牙和西班牙的主权债务等级也大幅下调。

通过一系列讨价还价，5 月 10 日，欧盟各国首脑与财政部长紧急磋商，终于推出了 7 500 亿欧元的救助计划，旨在力挽狂澜。未曾想，欧盟的救市行动虽说力度不小，但速度慢了。2009 年年底就出现的问题，折腾了好几个月才出台解决方案，最佳时机早已错过。危机迅速发酵，欧元对美元比价一跌再跌，创下 4 年来的新低；多国股市一荡再荡，重现次贷危机时的惊心之局；不只是南欧的西班牙、葡萄牙、意大利“风紧”，英、德、法三大国也开始感到压力。

根据《马斯特里赫特条约》，欧盟各成员国财政赤字不得超过 GDP 的 3%，而实际情况却是，欧盟 27 国的财政赤字相当于欧盟 GDP 的 6.8%，欧元区 16 国 2009 年的财政赤字达到欧元区 GDP 的 6.3%，与2008 年 2%的水平相比大幅提高。就连光景不错的德国、法国也没有循规蹈矩，英国的财政赤字也占到了 GDP 的 11%，整个欧盟没有一个成员实现财政盈余。有经济学家惊呼：欧盟面临的这场主权债务危机不仅是一场病，而且是一场大病。欧元区能否稳住？欧元还能不能存在？欧盟会不会分崩离析？那个曾经灿烂的“欧洲梦”还能圆吗？

（摘自环球人物杂志，作者：王如君，2010 年 6 月 25 日）

点评：美国次贷危机引发全球性金融危机，希腊主权债务危机可说是这次金融危机的余震。如果说“冰岛国家破产”、“爱尔兰经济危机”、“雷曼兄弟破产”让欧盟经济备受冲击，那么，2010 年 5 月迅速升级的“希腊主权债务危机”，仿佛产生了滚雪球效应，使得西班牙、葡萄牙、意大利等国，无不惊呼“主权债务危机‘狼来了’”！欧盟多国财政吃紧，欧元急速下跌，股市剧烈动荡，整个欧盟“风声鹤唳，草木皆兵”。可见经济全球化是柄双刃剑，不仅带来利益，也会带来金融风险。通过本章的学习，你将了解国际金融风险、国际金融危机的发生机理及相应的应对策略。

第一节　国际金融风险

随着金融自由化和全球化进程的加快，各国金融业务联系也愈加紧密，这有效地促进了经济的快速发展，但随之而来的各种金融风险呈现出了全球蔓延的趋势。国际金融风险如果不加以防范和控制，最终将会演变成国际金融危机，对世界经济造成严重破坏。

一、国际金融风险的含义

风险源于事物的不确定性，并由此带来获益或损失的可能。由于人们对待损失和收益的感受是不一样的，对于损失更加敏感，也更加关注，因此，通常人们将风险理解为损失的可能性，认为只要存在损失的可能性，就存在风险。

金融是一种典型的信用活动，而信用活动本身就存在预期的不稳定性，因而，金融风险是金融市场的一种内在属性。所谓金融风险，就是金融主体在其经营活动中由于某些因素发生变动造成损失的可能性。例如，银行的贷款风险、经营风险、利率风险等。在国际金融一体化的环境下，当金融主体从事国际贸易和国际投融资过程中，由于一系列不确定因素（如利率、汇率等）致使其实际收益与预期收益或实际成本与预期成本发生背离，从而有蒙受经济损失的可能性就称之为国际金融风险。例如，出口企业以外币计价签订出口合同，从签订合同开始到实际备货、装船出运，将制作的全套单据到银行议付结汇，直至最后收到本币货款为止，这笔出口交易的本币资金额始终是不确定的，这期间汇率的波动直接影响到最后收款的核算和企业的经济效益，这就是汇率波动给出口企业带来的国际金融风险。

虽然同属风险的范畴，但国际金融风险与一般意义上的金融风险还是有所区别，它限于国际资金借贷和经营过程中存在或发生的风险，而后者包括了金融领域中存在和发生的一切风险，因此它的外延要比一般金融风险范围小。具体可以从以下两个方面把握：

（1）国际金融风险主要研究的是国际贸易和国际投融资过程中存在或发生的风险，并分析由此导致的对贸易行为、投资行为和资金运用的影响。因此，风险的承担者也即国际金融行为的主体，主要是从事国际贸易、跨国资金筹集和经营活动的经济实体，包括居民个人、企业、银行、非银行金融机构甚至政府等。

（2）国际金融风险研究的是开放经济条件下的金融风险。在全球化的大背景下，国与国之间相互影响，社会经济运行错综复杂，国际金融风险的产生涉及许多不确定因素，同时也刺激了投机和保值性资本在全球范围内的大规模流动，所引致的后果也更加难以预料。因此，有必要从宏观视角对国际金融风险进行研究并加强监管，并有意识地采取相应措施，防范其消极影响的破坏作用。

二、国际金融风险的特征

1. 客观性

金融是一种信用活动。《新帕格尔雷夫经济学大辞典》中，对信用的解释是："提供信贷（credit）意味着把对某物（如一笔钱）的财产权给予让渡，以交换在将来的某一特定时刻对另外物品（如另外一部分钱）的所有权。"信用实际上就是指"在一段限定的时间内获得一笔钱的预期"。既然是预期，就存在着不确定性，即风险。因此，国际金融风险是不以人的意志为转移而客观存在的。

2. 复杂性

引发国际金融风险的因素涵盖了政治、经济、文化等各个领域，各国的宏观经济状况、经济政策与法律法规的出台，资金使用者的经营状况，政权的交替，国际争端与战争的爆发，甚至自然因素引起的整个国民经济的状况恶化都能引发国际金融风险。这些因素已经超出了一国范围，造成了各种金融主体经营环境的日益复杂化。技术的进步能带来管理方式的创新，同时也会产生新的风险，对于风险的认识和控制随着环境的改变和技术的变化愈加难以掌握。

3. 破坏性

经济一体化和金融全球化的发展，使得世界各国的金融机构紧密相连，各种机构主体之间每时每刻都发生着复杂的债权、债务关系，一家金融机构出现问题，会诱发出现挤兑风潮波及其他多家金融机构，从而出现"多米诺骨牌"效应。小则会使该国所在地区金融体系运行不畅乃至诱发信用危机，大则可能造成局部的或全球性的经济危机。因此，国际金融风险一旦出现，不管是发达国家还是发展中国家，无论是经济、政治，还是社会领域，都会受到影响。这种破坏力短则持续数个月，长则数年才能平复，带来的损失难以估量。

4. 可控性

国际金融风险从孕育到爆发、从波动到延展、从规模到后果，由于其成因复杂从而表现出明显的差异性，但可以通过加强管理来进行有效的预测和控制。随着金融理论的发展、金融市场的规范、政府宏观管理能力的提高，对于国际金融风险的识别和防范能力不断增强，各市场参与主体可以利用一定的方法、制度对风险实施事前预测、识别，事中防范和事后化解。这虽然不能从根本上消除国际金融风险的存在，但能将风险控制在一定的范围和区间内，从而减少风险损失。

三、国际金融风险的类型

国际金融风险复杂多变，为加强预测和监管，有必要按照不同的标准对其进行划分，大致有以下几种：

（1）按照国际金融风险产生的根本原因，可以分为系统风险和非系统风险。系统风险是在经济运行过程中随机性、偶然性的变化或不可预测的趋势，如宏观经济的走势、市场资金供求状况、政治局势、自然灾害、技术的变革等，以及国外金融市场上不确定性的冲击所带来的风险。这种不确定性对整个市场都会带来影响，它所引致的风险是市场行为主体所不能控制的，因此称之为系统风险。非系统风险源自经济体系内部，它是由行为人主观决策或受投机因素的干扰，以及获取信息的不充分性等原因造成的不稳定带来的金融风险。这种风险可以通过设置合理的规则加以规避。我们讲的国际金融风险管理，主要针对非系统风险。

（2）根据遭遇风险的主体不同，国际金融风险可包括四大类：①国家金融风险，它是指政府以国家代表的身份从事国际金融业务时承担的金融风险；②金融企业部门（如银行）在从事国际金融业务时所面临的风险；③非金融企业单位和公司在从事国际贸易、投资和金融活动时所面临的风险；④居民个人在从事外汇交易、投资及拥有外汇资产或负债时所面临的风险。

（3）按照风险涉及的范围划分，可分为微观国际金融风险与宏观国际金融风险。前者是指一国某一经济实体在其跨国资金筹措和资金经营过程中，存在与发生的风险；后者指国与国之间的所有微观金融风险的总和。

（4）按照金融风险的对象划分，可分为外汇风险、利率风险、流动性风险、政治风险等。汇率风险又称外汇风险，是指由于汇率的变动而使某一经济活动主体蒙受损失的可能性。由于利率与汇率一样是浮动的，金融市场上的利率风险是指利率变动对经济主体以外币标价的收入和净资产价值的潜在影响。流动性风险是指国际金融业务中，一个仍有盈利能力的银行或公司，可能会因其手头缺乏足够的资金偿付即将到期的外币债务而破产。政治风险是指一国对外关系发生重大变化，或者一国发生的政治事件对某一经济主体可能造成损失的风险。

第二节　国际金融风险管理

一、国际金融风险管理的含义

风险管理是指在不确定的环境中，各种经济单位通过对风险的识别、衡量、评估，并在此基础上采取经济措施将风险减至最低的管理过程。相应地，国际金融风险管理是指各经济活动主体在筹集和经营资产（主要指货币资金）的过程中，对国际金融风险进行识别、衡量和分析，并在此基础上有效地控制与处置金融风险，用最低成本即最经济合理的方法，实现最大安全保障的科学管理方法。

由于遭遇国际金融风险的主体不同，国际金融风险的管理也包含了宏观和微观两个层面，既有各涉外经济主体采取的防范措施，也有各国监管机构采取的一系列监管措施，还包括了国际间、国际组织等的相互协调。

国际金融风险管理最先发端于西方国家，目前已经形成了一套比较完整、科学的国际金融风险管理体系。近几年来，随着对国际金融风险的逐渐重视，我国的各类实务部门和金融监管部门也在不断加强国际金融风险管理。但和西方国家相比，我国起步晚、避险工具少、经验缺乏，因此，如何提高国际金融风险管理水平，是一个重要而严峻的课题。

二、国际金融风险管理的意义

国际金融风险管理通过消除和减轻国际金融风险的不利影响，从而对微观经济活动主体的经营管理和整个宏观经济的稳定和发展都有促进作用。具体来看，国际金融风险管理的意义主要表现在以下几个方面：

（一）国际金融风险管理对微观经济层面的意义

（1）国际金融风险管理能使各经济主体以较少的成本避免或减少国际金融风险可能造成的损失。不论是单个的市场参与者，还是金融机构或企业，都是“经济人”，在进行决策的过程中都进行成本与收益的衡量。国际金融风险管理需要花费一定的成本，但和国际金融风险带来的损失相比，它是一种有效地规避和减少风险损失的手段。例如，债权人可以通过严密的资信评估体系对借款人进行筛选来回避事前的信用风险，还可以凭借完备的风险预警机制及时发现问题并采取措施。

（2）国际金融风险管理能稳定经济活动的现金流量，保证生产经营目标的顺利实现，并提高资金使用效率。通过实施金融风险管理，经济主体能够在经济、金融变量发生变动的情况下，及时提供预先准备的补偿基金，从而直接或间接地减少费用开支，保持相对稳定的收入和支出，获得预期利润率。例如，经济活动主体通过对未来不确定性的分析和预测，保留适量的备付金或提取一定的风险损失准备金，既可避免突发事件导致流动性不足，又无需占用大量资金，在保证资金正常周转的同时提高了资金的使用效率。

（3）国际金融风险管理能促进经济主体作出合理决策。一方面，实施国际金融风险管理需要市场主体在风险和收益之间作出理智的权衡，着眼于提高资金使用效率，促使资金筹集和经营合理化和科学化，避免将资源投入到存在重大风险、缺乏现实可行性的项目之中，从而起到了警示和约束的作用，减少了决策的风险性。另一方面，国际金融风险管理也有助于经济主体把握市场机会。风险意味着不确定性，而不确定性又为市场参与者带来了机遇。在采取了科学有效的措施控制和防范风险的同时，经济主体可以果断决策，把握市场机会，从而获得良好的收益。

（二）国际金融风险管理对宏观经济层面的意义

（1）国际金融风险管理有助于维护金融秩序，保障金融市场安全运行。在现代市场经济环境下，金融处于核心地位，在生产要素的优化配置中起着关键作用。货币资金的跨国流动，必然引起其他资源的相应跨国流动。但由于金融体系本身的脆弱性，国际金融风险的发生会对本国的金融安全形成巨大冲击。国际金融风险管理能大大降低整个金融市场的整体风险水平，避免国际金融风险逐渐积累、日益膨胀，从而避免爆发金融危机。在促进货币资金国际间流动的同时，也能引起其他社会资源的合理流向，避免或减少社会资源的浪费，提高其利用率。

（2）国际金融风险管理有助于保持经济的稳定与健康发展。国际金融风险一旦发生，极易引发金融危机，所带来的损失往往比一般金融风险造成的损失大几倍甚至十几倍。除了经济强烈震荡外，其后果往往还将在相当长的时期内延续，导致社会投资水平、消费水平下降，整个经济结构的扭曲，甚至造成国家、地区甚至全球经济衰退。因此，伴随国际金融风险而来的是失业率的急剧上升、经济增长率的急速下降，经济发展严重受阻。有效的国际金融风险管理能够防患于未然，为经济运行创造良好的环境。即使金融风险的发生不可避免，也能最大程度地减少它所带来的经济损失，促进经济的健康发展。

三、国际金融风险管理的目标

国际金融风险管理的目标是指对国际金融风险管理所要达到的目的。根据事件发生的过程与阶段，国际金融风险管理的目标包括三个层次：①在风险损失产生以前，通过有效的管理途径，尽可能减少风险损失发生的可能性。②在国际金融风险管理方案确定后，必须付诸实现，并对其实施进行监控。在环境发生变化的时候，风险管理决策者可以对方案进行必要的调整，以降低国际金融风险管理的成本，增强管理的效果。③在风险损失发生以后，通过风险管理的种种努力，尽量减少经济主体所遭受的损失。无论采用哪种风险管理手段，只有在实现以最小的控制费用获得最大风险控制效益之后，才是真正实现了风险管理的目标。

根据管理对象的不同，国际金融风险管理的目标可分为微观金融风险管理目标和宏观金融风险管理目标。对金融机构、企业或个人而言，微观金融风险管理的目标是采用合理的、经济的方法使微观金融活动主体因国际金融风险的影响而受到损失的可能性降至最低。具体可以分为两个目标：①安全性目标。它是国际金融风险管理的基本目标。对经济主体而言，为了保障自身经营安全，包括防范风险的发生，防患于未然。风险发生之后采取亡羊补牢的补救措施，使之不至于危及自身的生存，防范和化解非系统性国际金融风险。一项成功的风险管理，有助于涉外经济主体在损失发生后承受住打击并渡过难关，继续生存下去。②收益性目标，它是国际金融风险管理的最终目标。追求利润最大化是市场主体的天然属性。安全性必须服从于并服务于这个目标。宏观金融风险管理的目标是保持整个金融体系的稳定性，避免出现金融危机，保护社会公众的利益。

简而言之，国际金融风险管理的最终目标是，在识别与衡量金融风险的基础上，对可能发生的金融风险进行控制和准备处置方案，以防止和减少损失，保障国际贸易与投融资等跨国经营活动的顺利进行。

第三节　国际金融危机及其防范

一、国际金融危机的含义与特点

《新帕尔格雷夫经济学大词典》对金融危机（financial crisis）的定义是："全部或大部分金融指标——短期利率、资产（证券、房地产、土地）价格、商业破产数或金融机构倒闭数的急剧、短暂和超周期的恶化。"从此定义中可以看出，金融危机的发生具有突发性（非周期性），在一个短暂的时间内表现为金融指标的急剧恶化。所谓国际金融危机，是指一国所发生的金融危机通过各种渠道传递到其他国家从而引起国际范围内金融危机爆发的一种经济现象。根据爆发的范围与程度，国际金融危机可分为地区性国际金融危机与全球性国际金融危机。国际金融危机不等于经济危机，但可能演变成经济危机。因此，通常人们用金融危机代替经济危机，两者混用，不加区别。历史上典型的金融危机包括：1929～1933 年金融危机，1982～1983 年的拉美债务危机，1997～1998 年亚洲金融危机，2008 年爆发的全球性金融危机。

一旦爆发金融危机，人们对于经济未来的预期将更加悲观，整个区域内的货币币值出现幅度较大的贬值，经济总量与经济规模出现较大的损失，经济增长受到重创。同时伴随着企业的大量倒闭，失业率提高，社会普遍的经济萧条，甚至有些时候伴随着社会动荡或国家政治层面上的动荡。除此之外，国际金融危机还具有以下特征。

（1）国际金融危机的混合性。金融危机可以分为货币危机、债务危机、银行危机等类型。

20 世纪 90 年代之前，金融危机通常只表现为某一种单一形式。例如 20 世纪 60 年代的英镑危机为单纯的货币危机，20 世纪 80 年代美国储贷协会危机是典型的银行业危机，但 20 世纪 90 年代以来的国际金融危机越来越呈现出某种形式混合的危机。较为典型的是从外汇市场的超常波动发展成货币危机，进而引起短期货币市场和证券市场的动荡，并引发程度不同的外债偿付危机，最终影响到实体经济的正常运行。例如，在 1994 年的墨西哥金融危机和 1997 年的亚洲金融危机中，危机国家在货币大幅贬值放弃固定汇率制度的同时，均出现了银行危机的征兆，银行坏账率非常严重。

（2）国际金融危机的传导性。尽管历史上一度出现过大范围的竞争性货币贬值，但金融危机并没有明显扩大。随着全球经济一体化的加快，任何一个国家和地区都不可能独善其身，金融动荡会通过国际贸易、恐慌性心理和预期、国际资金抽调等渠道由一个国家向其他国家传递，并且最终发展成为全球性的金融危机。例如，在 1994 年的墨西哥金融危机期间，比索贬值不仅引起了阿根廷、巴西等周边国家货币汇率的大幅度波动，也影响到了基本经济因素与墨西哥相像的菲律宾和南非。在亚洲金融危机期间，货币贬值首先起源于泰国，迅速蔓延到印度尼西亚、菲律宾、马来西亚，随即波及新加坡、中国台湾和香港，后又扩展到东北亚的韩国和日本。在货币危机横扫除中国以外的全部亚洲地区后，俄罗斯和巴西也经历了金融危机的冲击。

（3）国际金融危机的破坏性。由于各国联系的日趋紧密，再加上金融在国民经济中的作用和地位日益突出，国际金融危机的爆发就其破坏作用和影响较之从前也进一步增加。20 世纪 90 年代的金融危机普遍导致了严重的经济衰退。据国际货币基金组织统计，亚洲金融危机爆发后的 1998 年，印度尼西亚的经济增长率跌至–13.7%，马来西亚跌至–6.7%，韩国跌至–5.8%，泰国跌至–9.4%。亚洲金融危机仅在 1997 年给世界投资者造成的直接经济损失就高达 7 000 亿美元，是第一次世界大战经济损失的两倍多，其中亚洲共损失 5 160 亿美元。2008 年金融危机的扩散和蔓延，阻断了世界经济持续发展的进程，全球经济增长率从 2007 年的 3.8%，下滑到 2008 年的 2.5%，2009 年世界经济增长率则为–1.1%左右。不仅危机发源地的发达国家遭受打击，造成经济下滑或衰退，失业增加，生活水平下降，发展中国家尤其是贫困国家也成为危机的最大受害者，对贫困国家的民众来说，危机带来的则是生存问题。

二、国际金融危机的种类

（一）债务危机

政府和居民、企业一样会发生举债行为。国际货币基金组织、世界银行等国际组织对外债（又称国际债务）的定义是：在任何给定的时刻，一国居民欠非居民的、已使用而尚未清偿的、具有契约性偿还义务的全部债务。根据我国外汇管理局发布的《外债统计监测暂行规定》和《外债统计监测实施细则》的规定，中国的外债是指中国境内的机关、团体、企业、事业单位、金融机构或者其他机构对中国境外的国际金融组织、外国政府、金融机构、企业或者其他机构用外国货币承担的具有契约性偿还义务的全部债务。由这两个定义可知，①外债须是居民与非居民之间的债务。②外债具有契约性偿还义务关系，按此定义，外国直接投资和国际捐助都不属于国际债务。③外债是一个存量概念。④“全部债务”可以是货币表示的债务，也可以是实务形态的债务。一般认为，政府性对外负债和非政府性负债是“广义负债”，而“狭义负债”仅指政府性对外负债。

根据IMF的定义，债务危机是指一国不能偿付到期的国内外债务，包括政府债务和私人债务。本书认为国际债务危机是在国际借贷领域中大量负债，超过了借款者自身的清偿能力，造成无力偿还或必须延期还债的现象。20世纪70年代，发展中国家开始在国际金融市场上大量举借外债，形成巨额国际债务，并最终以1981年3月波兰政府宣布无力偿付到期债务的本息为起点，爆发了全球性债务危机。21世纪以来，国际债务危机出现了新的变化，一些国家甚至包括部分发达国家如美国、希腊等经历了主权债务危机的困扰，主权债务危机是国家以主权担保借取的外债出现了偿付困难而产生的。严重的国际债务危机会导致国际金融业（主要是银行业）陷入金融危机，并严重地影响国际金融和国际货币体系的稳定，无论对于债务国，还是对于发达国家的债权银行，乃至整个国际社会，都形成巨大的压力。

衡量一个国家外债清偿能力有多个指标，其中主要的有负债率和外债清偿率指标。负债率是外债余额与国民生产总值的比率，一般不超过20%。外债清偿率指标是一个国家在一年中外债的还本付息额占当年或上一年出口收汇额的比率。一般情况下，这一指标应保持在20%以下，超过20%就说明外债负担过高。20世纪80年代中期，拉丁美洲和非洲一些国家的负债率高达223%，1989年，发展中国家外债清偿率高达187%，撒哈拉以南非洲国家的这一比率高达371%。

[案例10-1]

阿根廷债务危机

继20世纪80年代的债务危机后，2001年12月底，阿根廷总统萨阿宣布暂停支付1 320亿美元的外债，标志着阿根廷再次陷入严重的债务危机。据官方公布的数字，2001年危机爆发前，阿根廷公私债务的总规模大约为2 110亿美元，其中公共债务1 444.5亿美元（外债约65%，内债占35%），90%以上为美元等外币债务。公共债务的总规模相当于贬值前国内生产总值（GDP）的40%左右。债务危机带来了金融动荡，股市暴跌，银行发生挤兑风潮，资金大量外逃，国际储备和银行储备不断下降，同时，政府财政形势极端恶化，已经濒临崩溃的边缘，并由此引发了政治危机和社会危机。虽然这次危机的影响是局部的，没有进一步扩散，但国际社会着实为之“捏了一把汗”，唯恐发生“羊群效应”。

国际债务危机的爆发是国内外多种因素共同作用的结果，但从根本上说，内因起着决定作用，具体表现为以下几方面：

（1）外债规模不断增大。发展中国家为了发展民族经济，急需大量资金引进新设备、新工艺，而国内外汇储备有限，因而对国际信贷的要求很高，从国际市场筹集的资金也逐年增加。由于外债需要偿还，因此，一国举债的规模应该与其偿还能力，也即一国的出口创汇能力相匹配。如果债务增长率持续高于出口增长率，就说明国际资本运动在使用及偿还环节上存在着严重问题。理论上讲，一国应把外债清偿率控制在20%以下，超过此界限，借款国应予以高度重视。

（2）外债结构不合理。不同的外债结构对债务的变化起着重要作用。发展中国家债务总额中私人银行贷款比重过大，贷款期限的缩短和浮动利率的流行，导致发展中国家借款条件的恶化。经济发展中一旦出现某些不稳定因素，国际银行不愿再贷新款，就会出现资金的短缺，从而影响到正常的生产经营，造成经济状况的恶化。期限结构不合理，短期外债比重过大，造成还债过于集中，国家财政无力承受。

（3）外债利用率低。外债的偿还短期内取决于它的出口创汇能力，从长期来看，则取决于一国的经济增长率。许多债务国在大量举债后，并没有把它应用于生产性和创汇盈利项目，而是用于不合理的消费需求，盲目地进口耐用消费品和奢侈品，或者进行非生产性投资，从而不能形成应有的偿债能力。

（4）贸易条件恶化，出口收入锐减。从国际分工的角度看，发展中国家出口的多是劳动密集型产品或低端技术产品，技术含量低，附加值低，容易遭受国外贸易壁垒的限制。一旦贸易条件恶化，出口收入就会大幅减少，从而严重影响其还本付息能力，使发展中国家的债务问题进一步恶化。

（二）银行危机

20 世纪 80 年代以来银行危机屡屡爆发，对世界经济的影响和冲击十分巨大。IMF 成员国中有 130 个发生不同程度的银行问题，其中，四分之三的银行危机集中在发展中国家。国际货币基金组织 1998 年对银行危机（banking crisis）下的定义为：实际的或潜在的银行挤兑与银行经营不善所引致的银行停业偿还负债，或为防止这一情况的出现，政府被迫提供大规模的援助。这里所指的银行是指除中央银行、各种保险公司、各种类型的基金以外的金融中介机构，其核心部分是商业银行。当一家银行的危机发展到一定程度，可能波及其他银行，从而引起整个银行系统的危机。

由于银行挤兑通常无法直接观测到，而且银行挤兑或大规模的政府干预一旦发生，表明之前银行所持有的资产质量已出现了长期恶化，而直接度量资产质量的市场化指标通常是无法获得的。因此，考虑到这些局限性，大多数的研究通过结合多个事件来确定银行危机的发生。这些事件通常包括：发生银行挤兑，并导致银行被迫停业、被兼并。政府干预银行的运营，或政府救助规模的扩大。一些学者通过采用一些具体的标准来识别、明确银行危机的发生，例如，国际货币基金组织专家 Kunt 和 Detragiache 通过对 1980～1994 年世界范围内银行部门进行研究，提出了判断银行业危机的界定依据：①银行系统的不良贷款占总资产的比重超过 10%；②政府援助经营失败银行的成本至少占国内生产总值的 2%；③银行业出现的问题导致了大规模的银行国有化；④出现范围较广的银行挤兑，或者政府采取了紧急措施，如冻结存款、延长银行假日或全面实行存款担保等措施以应付危机。他们认为，只要出现了上述四种情况中的任何一种即构成银行危机。

[案例 10-2]

20 世纪末的美国银行危机

20 世纪 80 年代末、90 年代初，美国金融界动荡不安。伴随着美国经济衰退，美国银行业也陷入危机。1982～1990 年平均每年倒闭 124 家。截止到 1990 年 6 月 30 日，由美国联邦存款保险公司（FDIC）保险的银行中，已有 103 家倒闭，140 家破产。1991 年 1 月，美国新英格兰六州的超级地区性银行——新英格兰银行宣布破产。这一消息再一次振荡了美国的银行系统。大量银行的倒闭是美国自 20 世纪 30 年代大危机以后所罕见的。这仅仅是危机的一面，银行信誉的下降、股票价格的下跌是危机的另一方面。1990 年在全美 10 大银行中有 8 家银行被美国信用评审机构——穆迪及标准普尔公司降级，中小银行信用下降更为严重。银行股票价格一向反映出人们对银行的信心程度。自美国经济衰退，银行危机以来，投资者对银行信心动摇，大银行的股价大幅下降。大量银行的倒闭使得 FDIC 资金损失殆尽，自身也陷入危机之中。

银行业是金融业的主体，在一国社会经济生活中具有非常重要的地位，也关系到广大民众的财产安全。资产配置的功能导致各金融机构之间形成复杂的债权债务关系，风险的传播也因此具有很强的传染性。一旦某个金融机构资产配置失误，不能保证正常的流动性头寸，出现支付困难，单个或局部的金融困难就会演变成全局性的金融动荡，银行危机由于具有“多米诺骨牌”效应，其影响之大也非一般行业危机可比，可能会波及到一国的社会、经济、政治等方面。

银行危机从表面上看源于支付危机的出现，但具体来看，由以下几方面共同作用：

（1）银行产生大量不良贷款，资产负债状况恶化。银行有信贷膨胀的冲动，一些金融单位经营管理存在失误，竞相放贷导致信贷急剧增长。同时，随着金融自由化程度的不断提高，银行为了盈利，会涉足一些高风险项目，如证券市场、房地产市场等。这些投机性项目贷款风险大，一旦市场低迷，极有可能转为不良贷款，从而影响银行的支付能力，使银行面临支付危机。

（2）公众信心危机。银行危机从某种角度上来讲是信心危机。银行的经营依赖于公众的信心。而信心又具有很强的传递性，一部分人的信心，通过示范作用和周边个体的从众心理，向外蔓延，形成公众信心。反之，一部分人信心的丧失，也会通过同样的机制，形成公众信心危机。一旦偶然事件改变了公众对未来的预期，就会产生信心危机。当公众对银行产生信心危机时，个人理性和集体非理性的矛盾就会凸显，银行挤兑不可避免，最终导致银行业危机。

（3）危机发生后的自我紧缩机制。银行危机产生后，由于受到不良资产的影响，银行的信贷往往会经历一个信贷紧缩的过程。信贷紧缩产生的动机在于金融机构的自我保护和稳健经营，目的是防止不良贷款的进一步恶化。然而，金融机构提高信贷标准之后，企业的银行贷款将有所减少，这会加剧企业的经营困难，原本盈利的企业盈利额下降或出现亏损，原本亏损的企业更加严重，这导致银行不良贷款的进一步增加，迫使银行紧缩贷款，正是银行的这种自我紧缩机制加剧了危机的程度。

（三）货币危机

对货币危机的研究至少可追溯至 1979 年克鲁格曼发表的重要论文《一种国际收支危机的模型》，在该论文中，将货币危机视为一种国际收支危机。他认为：在实行固定汇率制或钉住汇率制的国家，为防止货币贬值而消耗国际储备或提高国内利率而付出国内通货膨胀上升的成本，当政府放弃固定汇率制或钉住汇率制时，本币就会大幅度贬值，出现货币危机。20 世纪 90 年代以来所发生的金融危机都是从货币危机开始的，它在金融危机中扮演的角色越来越重要。在国际货币基金组织所下的定义中，把货币危机看作广义金融危机的表现形式之一。我们认为货币危机（currency crisis）就是指在固定汇率制度（或盯住汇率制度）下，当某种货币面临巨大的抛售压力，市场参与者对政府维持固定汇率的信心动摇，从而通过外汇市场的操作导致该国货币供给急剧增加，货币大幅度贬值或国际储备大幅下降的现象。它既包括对某种货币的成功冲击（即导致该货币的大幅贬值），也包括对某种货币的未成功冲击（即只导致该国国际储备大幅下降而未导致该货币大幅贬值）。当一国的货币危机蔓延开来，并导致相关地区乃至全球性的货币支付危机发生的时候就出现了国际货币危机。比较典型的货币危机有：1967 年年末的英镑危机，1969 年 8 月的法国法郎危机，1971～1973 年的美元危机，20 世纪 80 年代初对拉美部分国家盯住汇率机制的冲击，1994～1995 年的墨西哥货币危机和 1997 年的东南亚货币危机。

[案例 10-3]

墨西哥货币危机（1994～1995 年）

债务危机后的墨西哥实施了全面的经济改革，其中包括 1991 年 12 月推行移动目标区域汇率制，逐步扩大比索同美元允许波动的范围。改革收到了一定成效，国民经济稳定回升。但到了 1994 年 1 月 1 日，墨西哥的恰帕斯省发生了暴乱。紧接着 2 月 4 日美联储提高联邦基金利率 25 个基点，并随后 4 次提高官方利率，给墨西哥金融市场带来很大压力。随着国内政治局势日益紧张，比索贬值的预期和传闻也不断加强，资本纷纷外逃。1994 年 12 月 20 日墨西哥政府被迫宣布新比索对美元汇价的干预上限放宽 15%，这一举措引起了资本市场恐慌，外资大规模撤出，股市暴跌。中央银行的干预措施使市场利率急剧上升，同时国家外汇储备不断降低。12 月 30 日墨西哥政府不得不宣布比索贬值，然而贬值后的新汇率立即受到投机性冲击，墨西哥政府不得不转而实行浮动汇率制。此后的经济状况和政治局势使外国投资者极度恐慌，资金继续外逃，银行受到挤兑，经济陷入危机。到 1995 年，比索在外汇市场上连创新低，股票市场价格也持续下降。

货币危机体现的是货币供求关系平衡的打破和融资成本的大幅波动。导致货币危机的原因可能有很多种，包括汇率政策不当、外汇储备不足、银行系统脆弱、金融市场开放过快等因素。根据以往所发生的货币危机，经济学界出现了几种解释危机的理论：

（1）对应于 20 世纪 80 年代的拉美债务危机，出现了第一代货币危机理论。它阐明了固定汇率政策和国内经济过度扩张之间的矛盾，以及力图从这种政策矛盾中获利的私人部门是如何将整个汇率体系推向危机之中的。其理论根据是：某些国家国内的宏观经济有过度扩张的趋向，从而造成财政赤字的不断增加，但政府不从资本市场为赤字融资，而是不顾国际储备持续地进行信贷扩张。这种财政赤字“货币化”政策和维持汇率平价的责任是相互冲突的。财政赤字的增加将促使通货膨胀上升，进而造成出口品成本上升、贸易条件恶化、经常项目赤字增加，同时，还会促使该国居民采取对外投资、购买外国商品或直接持有外汇资产等方式来抵御或转嫁通货膨胀的压力。当国家外汇储备不断减少时，公众也能预见当局不能钉住汇率，实际货币余额需求降低。理性的投机者不会坐视国际储备被这样消耗殆尽，而是当储备减少到某个临界水平就展开投机性攻击，使政府的国际储备立刻耗尽而不得不放弃固定汇率。

这类模型的根本特点就是强调实际经济基础的变化决定了货币危机的发生，而且危机的发生是可以预见的。

（2）1992～1993 年的欧洲货币危机，催生了第二代货币危机理论。在这里，政府的经济政策目标是多元的、变化的，各项政策的选择都是权衡的结果。作为主动的行为主体，政府视维持固定汇率为一项有条件的义务，并与其他政策目标进行权衡，如果维持固定汇率的收益大于成本，就选择“维持”，反之则放弃。由此可见，放弃与否是政府在“维持”与“放弃”之间权衡之后作出的相机抉择，不一定是储备耗尽的不得已之举。即使在政府政策与固定汇率制相适应时，政府视还击与否也会改变政策。公众认识到政府的摇摆不定，如果公众丧失信心，金融市场并非天生有效的，存在种种缺陷。这时，市场投机以及羊群行为会使政府保卫固定汇率制度的成本大大增加。政府保卫固定汇率制的代价会随着时间的延长而增大，当其上升到一定水平，政府维持固定汇率的成本超过收益，政府就会放弃固定汇率。

这类模型强调了市场预期的变化会改变政府的政策目标权衡，从而导致“自我实现”的危机。

（3）国外游资的冲击导致货币危机理论，可以解释20世纪90年代中期墨西哥的货币金融危机。该理论认为，在实行资本项目自由兑换，但国内经济运行不健全的国家，往往会吸引大量的短期外国资本，这些外国资本主要是些专事货币与证券市场投机的游资。真正从事产业活动的跨国公司直接投资非常稀少。由此产生的后果是不言自明的。

（4）宏观经济政策失误导致货币金融危机。1997年的东南亚货币金融危机，是由于宏观经济政策不当或体制僵化使宏观经济的某些环节出现了问题，例如，金融过度加剧了一国金融体系的脆弱性，亲缘政治的存在增加了金融过度的程度等。当外部条件合适时，将导致泡沫破裂，进而导致汇市和股市暴跌引发危机。

理论界根据亚洲国家政府、企业及银行之间的关系，提出了道德风险引发的货币危机模型，以及流动性危机理论和羊群行为理论。这些学说可以看作对第一代和第二代货币危机理论的延伸。

各种理论从不同的角度回答了货币危机的发生、传导等问题，但是，货币危机作为一种复杂的经济现象，单一理论很难给出充分解释，这方面的研究还远不是以上理论所能解决的。

三、国际金融危机的防范

在经济日趋全球化的今天，任何一个国家都不可能封闭起来单独发展，在享受金融自由化和金融创新带来好处的同时，也有可能遭受金融风险和金融危机给经济带来的巨大冲击。世界各国尤其是发展中国家应加强对国际金融危机的防范与处理能力。防范金融危机的措施因时因地而异，归纳起来可以从以下几方面着手。

（一）健全金融体系、加强金融监管

反思历次的金融危机可以发现，资本项目的开放以及与之相伴的国际资本的流动、以期货市场为主的衍生金融工具市场是保证货币投机得手的必要条件。资本项目开放后，削弱了主权国家中央银行货币政策的自主性。政府在保持货币政策的独立性与固定汇率制之间存在着难以协调的冲突，是以牺牲货币政策的独立性换取固定汇率制，还是牺牲固定汇率制以换取货币政策的独立性。而在浮动汇率制下，资本项目的自由化会带来大规模的资本流动，从而很可能引起汇率的相应变动，对出口乃至整个国民经济产生不利影响，形成危机隐患。特别是对很多发展中国家而言，自20世纪80年代中期以来被新自由主义所引导盲目推行金融自由化。在物价不稳定、腐败严重、缺乏有效的金融监管、金融市场垄断等条件不具备的情况下，快速自由化加大了金融风险。再者，当代金融创新为投机活动创造出了大批“撼动”市场的先进手段，各种新型的金融交易也不在旧管制的框架之内。金融衍生工具的过度使用增加了整个金融体系的脆弱性。

为保证一国的金融安全，各国政府在继续推动金融机制改革的同时，在实行资本项目自由化和开放衍生金融工具市场方面须持审慎的态度，要有足够的监管。特别是发展中国

家经济一般都存在不少问题，对外部金融风险抵御力不够的情况下，在金融自由化方面不能操之过急。东南亚国家的实践证明：资本账户过早开放，会使国内经济极易遭受国际流动资本的冲击。

（二）充分发挥政府的宏观调控作用、保持经济的健康发展

金融制度改革在强调市场发挥主导作用的同时，政府的调控功能也不能或缺。特别是由于金融天生具有“不稳定性”，这也决定了政府调节的必要。历次危机告诉我们，市场参与者的预期和信心直接影响到危机的爆发和传播。因此，要建立稳健的宏观经济政策框架，实施富有弹性的货币政策与财政政策。各种政府工具要有力度、留有余地，特别是在关键时刻，政策有操作空间。当市场相信政策效用，对政府持有信心，就可能大大减少危机发展的可能性。反之，当市场发生问题时，如果政府工具无效或效用有限，即使政府出手相助，市场也会质疑政策作用的有效性。

金融危机是其能量在不断的积累过程中达到一定程度才爆发的，因此，要防止危机的产生，必须不断宣泄这部分能量。从根本上讲，确保国内经济处于健康、稳定和平衡的发展状态。保持一定的经济增长速度才能为抵抗危机提供物质基础。要在发展中消除金融体系的内在脆弱性，有意识的不断击破金融泡沫，保证金融体系的稳健性，维持国际收支的基本平衡，是维护一国货币安全的根本。

（三）建立应对金融危机的预警机制

金融预警是加强金融监管的基础性工作。经验告诉我们，只有重视基础性工作，才能防患于未然。1996 年，国际货币基金组织建立的金融市场预警系统要求 182 个成员国及时提供重要指标，其中包括国内生产总值、外汇储备、贸易逆差、通货膨胀率、货币供应增长率等。但这些指标并不完善，除了各国宏观经济指标外，还应该有反映金融体系变化的指标以及地区外部环境的指标，从而建立起比较完善的预警指标。除此之外，应在区域内建立起金融风险预警组织和监督机构，并健全法规形成预警制度体系，最后形成世界性预警网络。

（四）加强国际金融协调与合作

在现代社会里，随着金融市场全球一体化进程的加快，金融风险的跨境传导异常迅速。因此，在国际金融危机的预警和救助过程中，单靠一个国家的力量是不够的，只有加强国际合作与协调，才能及时而有效地切断金融风险的外部来源，也才能使发生金融危机的国家和地区尽早渡过难关，并为国际金融和经济更健康地发展创造良好的国际环境。为保证国际金融协调与合作的顺利实现，单个发达国家在制定金融和经济政策时不能仅考虑本国的利益而忽视对其他国家的影响。

（五）发展中国家要积极参与国际金融市场规则的制定，推动国际金融机构改革

国际金融市场的秩序与国际社会秩序一样，是由规则和制度构成的，其游戏规则主要是以金融自由化和金融全球化为基础，这是华盛顿共识的核心内容之一。这些秩序的制定是由强国主导的，并在全球范围内强制推行。在这个意义上，发展中国家确实处于制度和规则的“后发劣势”。面对新的国际经济金融形势，只有全球参与才是稳定全球经济和金融市场国际合作的长效机制。新兴国家新兴市场和发展中国家要积极参与全球经济金融治理规则的制定，特别要在国际金融监管新标准的制定中发挥应有作用，体现真正意义上的全球金融化。

（六）发展中国家要合理利用外资，保持适度的外债规模

外资是一把“双刃剑”，在促进经济增长的同时，也会带来一些负面效应。发展中国家由于资金短缺，在发展过程中往往遇到资金瓶颈。在推动金融深化的过程中，当国内出现储蓄不足的情况时，不是把主要精力用在如何提高国内储蓄的利用率上，而是过度依赖外资。尤其是一些发展中国家不是着重吸引外商直接投资，而是以吸收国外贷款为主，且多为短期商业贷款。直接投资通常会相应增加机器设备进口，而不会完全表现为货币形态，它的增加对于外汇市场供求平衡和汇率水平的直接影响较小，而证券和债务性资本通常是以货币形态流入的，对外汇市场供求的直接影响较大。在缺乏金融监管机制的情况下，大量短期国际投机资本纷纷流向高风险项目，引发金融恐慌和崩溃。总结历史的经验教训，发展中国家不仅要合理利用外资，而且必须将负债率控制在20%的国际警戒线以内。

本章小结

在国际金融一体化的背景下，金融主体从事国际贸易和国际投融资的过程中，有蒙受经济损失的可能性，称之为国际金融风险。国际金融风险的承担者主要是从事国际贸易、跨国资金筹集和经营活动的经济实体，其所引致的后果也难以预料。国际金融风险具有客观性、复杂性、破坏性大、可控性等特点。

国际金融风险管理是有效控制与处置金融风险的重要保障。国际金融风险管理的最终目标，是在识别与衡量金融风险的基础上，对可能发生的金融风险进行控制和准备处置方案，以防止和减少损失，保障国际贸易与投融资等跨国经营活动的顺利进行。

国际金融危机的发生具有突发性，表现为在一个短暂的时间内金融指标的急剧恶化。国际金融危机还具有混合性、传导性、破坏性大等几个特征。国际金融危机可以分为债务危机、银行危机和货币危机等类型。

防范金融危机的措施因时因地而异，归纳起来可以从加强金融监管、发挥政府的宏观调控作用、建立应对金融危机的预警机制、加强国际金融协调与合作、发展中国家要积极参与国际市场金融规则的制定及合理利用外资等方面入手。

【关键概念】

国际金融风险（international financial risk）

金融危机（financial crisis）

国际金融危机（international financial crisis）

国际金融风险管理（international financial risk management）

外债（international debt）

债务危机（debt crisis）

货币危机（currency crisis）

银行业危机（banking crisis）

复习思考题

一、判断题

1. 国际金融风险是客观存在的。（ ）

2. 国际金融风险是一种静态风险。（ ）

3. 国际债务危机只会出现在发展中国家。（ ）

4. 加强国际利率风险管理要选择有利的利率。（ ）

5. 国际金融风险管理的基本目标是安全性目标，最终目标是收益性目标。（ ）

6. 系统性风险对整个市场都会带来影响，它所引致的风险是市场行为主体所不能控制的，而非系统性风险则源于经济体系内部，可以通过一定手段加以规避。（ ）

7. 国际金融风险管理有助于保持经济与金融的稳定，保障金融市场安全运行，从而促进经济的健康发展。（ ）

8. 负债率是外债余额与国民生产总值的比率，一般不超过 30%。（ ）

9. 银行危机往往源于存款人对银行信心的丧失，即便银行财务状况良好，因恐慌性挤兑也可造成银行破产倒闭。（ ）

10. 发展中国家的货币危机很可能与实行僵化的汇率制度有关。（ ）

二、不定项选择题

1. （ ）是金融主体在其经营活动中由于某些因素发生变动造成损失的可能性。

A. 金融风险 B. 金融安全 C. 金融危机 D. 金融稳定

2. 按照国际金融风险产生的根本原因，可以分为（ ）。

A. 系统风险 B. 非系统风险 C. 外汇风险 D. 国家金融

3. 汇率风险、国际利率风险、政治风险都属于典型的（ ）。

A. 操作风险 B. 流动性风险 C. 国内金融风险 D. 国际金融风险

4. 导致货币危机的原因包括（ ）。

A. 汇率政策不当 B. 外汇储备不足

C. 银行系统脆弱 D. 金融市场开放过快

5. 国际债务危机的爆发是国内外多种因素共同作用的结果，具体表现为（ ）。

A. 外债规模不断增大 B. 外债结构不合理

C. 外债利用率低 D. 贸易条件恶化，出口收入锐减

6. 下列属于国际金融危机的有（ ）。

A. 债务危机 B. 银行危机 C. 货币危机 D. 房地产泡沫

7. 国际金融风险具有以下特征（ ）。

A. 客观性 B. 复杂性 C. 破坏性大 D. 可控性

8. 金融危机爆发时的表现主要有（ ）。

A. 股票市场暴跌 B. 资本外逃

C. 外汇储备激增 D. 银行支付体系混乱

E. 市场利率急剧下降 F. 本国货币升值

9. 国际金融危机的特征包括（　　）。

A. 混合性　　B. 传导性　　C. 破坏性　　D. 开放性

10. 国际金融风险管理对宏观层面的意义包括（　　）。

A. 有助于保持宏观经济稳定并健康发展

B. 稳定经济活动的现金流量，保证生产经营活动免受风险因素的干扰，并提高资金使用效率

C. 维护金融秩序，保障金融市场安全运行

D. 有利于金融机构和企业实现可持续发展

三、简答题

1. 简述国际金融危险的含义及特征。
2. 分析国际金融风险管理的意义和目标。
3. 国际金融危机的含义及特点是什么？
4. 简述债务危机、银行危机和货币危机的含义。
5. 解释货币危机的理论有哪些？

综合技能训练

后危机时期的风险事件

2009 年以来，在各国大规模刺激政策的推动下，全球经济和金融体系自 3 月份起逐步摆脱了国际金融危机的严峻局面，呈现企稳复苏的积极景象。与此同时，局部和个别风险事件仍时有发生，不仅涉及实体经济信用风险，还涉及主权风险，相关国家乃至全球的经济复苏和金融稳定进程受到影响。

美国汽车业财务危机：2009 年年初，随着国际金融危机不断深化，并向实体经济扩散蔓延，私人消费大幅下滑，汽车市场急剧萎缩，汽车业融资渠道受阻，美国大型汽车制造商现金流纷纷告急，急需重组。通用、福特和克莱斯勒汽车陷入财务危机，美国政府通过提供资金援助、购车优惠等措施救助三大汽车公司，但成效有限。2009 年年中，克莱斯勒、通用汽车分别通过快速破产程序完成重组，其中克莱斯勒将优质资产出售给由全美汽车工会、菲亚特以及美国、加拿大政府组成的集团，通用汽车将优质资产出售给由美国政府持股 60.8%的新通用汽车公司。

迪拜世界集团违约：受金融危机冲击，迪拜房地产、旅游、贸易、金融等支柱产业均陷入困境，导致依赖高债务杠杆发展、背负 590 亿美元高额债务的迪拜最大国有企业——迪拜世界集团（Dubai World）资金链断裂，于 2009 年 11 月宣布，其与下属子公司 Nakheel 全部债务的偿还期限将延至 2010 年 5 月 30 日以后，并要求债权人同意其停止偿付此前到期债务。随着阿布扎比政府和阿联酋中央银行出台相关救助政策、集团与其债权人债务重组谈判的推进，违约事件对全球特别是新兴市场的振荡影响逐步减弱。截至 2010 年 2 月初，迪拜政府已向迪拜世界集团注资 62 亿美元。

希腊主权评级降级事件：2009 年年底，由于希腊财政赤字高企、政府债务负担较重，且政府未能采取有效措施应对，希腊主权评级遭到惠誉、标普、穆迪三家评级机构的下调，成

为欧元区国家中首个被评级机构降至 A-以下的国家。降级事件大幅拉宽了希腊主权债利差，并加剧市场参与者对欧元区内同样面临高赤字、高债务、低增长、银行体系状况较差等问题的国家主权债务风险的担忧，评级机构接连对爱尔兰、西班牙、葡萄牙等国采取了负面评级行动，上述三国主权债利差大幅攀升。市场普遍担心欧元区国家主权债务风险的上升，可能引发连锁反应，拖累区内经济复苏的步伐。

此外，冰岛总统否决英、荷储户存款赔偿法案，亚洲最大航空公司日本航空、美国最大的中小企业商贷机构 CIT 集团破产重组等风险事件也对经济金融市场产生了不同程度的影响。

后危机时期的风险事件警示，在全球经济金融逐渐摆脱严峻局面的过程中，危机的后续影响将广泛而持久的显现，实体经济和金融市场仍存在相当风险和不确定性，特别是债务负担较重的国家、地区和发行体仍有可能发生违约或受到冲击，经济金融的个别和局部风险仍需密切关注。

（摘自中国人民银行 2009 年国际收支报告）

根据上述材料，试分析：

1．政府在处理金融风险时应发挥怎样的作用？

2．后危机时代的风险事件对中国有何启示？

参考文献

[1] 周红军．最新国际贸易结算管理与操作实务[M]．北京：中国金融出版社，2005.
[2] 王应贵，甘当善．外汇市场透视[M]．北京：清华大学出版社，2006.
[3] 郭红蕾，孙海洋．国际金融实务[M]．北京：北京师范大学出版社，2009.
[4] 黄志强．国际金融实务[M]．2 版．北京：高等教育出版社，2008.
[5] 田文锦．国际金融实务[M]．北京：机械工业出版社，2009.
[6] 方洁，刘燕．国际金融概论[M]．北京：中国金融出版社，2008.
[7] 戴建中．国际银行业务[M]．北京：清华大学出版社，北京交通大学出版社，2008.
[8] 苏宗祥，徐捷．国际结算[M]．4 版．北京：中国金融出版社，2008.
[9] 原擒龙．商业银行国际结算与贸易融资业务[M]．北京：中国金融出版社，2008.
[10] 杨胜刚，姚小义，吴志明，等．国际金融[M]．北京：高等教育出版社，2006.
[11] 何泽荣，邹宏元．国际金融原理[M]．成都：西南财经大学出版社，2004.
[12] 刘舒年，温晓芳．国际金融[M]．4 版．北京：对外经济贸易大学出版社，2010.
[13] 王丹．国际金融理论与实务[M]．北京：清华大学出版社，2008.
[14] 邵学言，肖鹞飞．国际金融[M]．3 版．广州：中山大学出版社，2010.
[15] 杨继玲．国际金融与结算[M]．北京：对外经济贸易大学出版社，2008.
[16] 史燕平．国际金融市场基础[M]．北京：清华大学出版社，2007.
[17] 刘金波．国际金融实务[M]．北京：中国人民大学出版社，2009.
[18] 周浩明，龚志国，肖蓉．国际金融理论与实务[M]．北京：电子工业出版社，2009.
[19] 吕红军，张华．国际金融实务[M]．北京：中国对外经济贸易出版社，2003.
[20] 程丽萍．国际金融实务[M]．上海：立信会计出版社，2005.
[21] 蒋琳．国际金融实务[M]．重庆：重庆大学出版社，2004.
[22] 鲁细根．外汇交易实验教程[M]．北京：中国金融出版社，2006.
[23] 樊祎斌．外汇交易实务[M]．北京：中国金融出版社，2009.
[24] 涂永红．外汇风险管理[M]．北京：中国人民大学出版社，2004.
[25] 高扬．构建人民币汇率的避风港[M]．北京：中国经济出版社，2006.
[26] 布赖恩·科伊尔．货币风险管理：上册[M]．亓丕华，译．北京：中信出版社，2002.
[27] 肖东生，岳桂宁，高小萍．国际金融[M]．武汉：武汉理工大学出版社，2006.
[28] 刘克．国际金融[M]．北京：北京语言大学出版社，2005.
[29] 谢振中．国际金融理论与实务[M]．长沙：国防科技大学出版社，2005.
[30] 胡云祥．国际金融教程[M]．上海：立信会计出版社，2005.
[31] 王仁祥，胡国晖．国际金融学[M]．武汉：武汉理工大学出版社，2005.
[32] 刘园．国际金融风险管理[M]．北京：对外经济贸易大学出版社，2007.
[33] 陈汇生．国际金融危机论[M]．北京：北京大学出版社，2004.
[34] 姜爱林．3 次代表性国际金融危机对中国的若干启示与思考[J]．珠江现代建设，2010（2）：35-38.
[35] 王勇．世纪之交的国际金融风险及其防范[J]．金融理论与实践，2010（4）：38-40.

[36] 孙秀兰．国际金融危机的反思[J]．大连干部学刊，2010（2）：33-35．

[37] 王建华，陈晓．美国银行危机及其改革前景[J]．汕头大学学报，1992（1）：48-52．

[38] 沈安．阿根廷债务危机的形成及启示[J]．拉丁美洲研究，2003（3）：15-18．

[39] 经济专业技术资格考试用书编委会．经济基础知识[M]．沈阳：辽宁人民出版社，2010．

[40] 姜波克．国际金融新编[M]．4版．上海：复旦大学出版社，2008．

[41] 杨胜刚．国际金融学[M]．长沙：中南大学出版社，2010．

[42] 梁峰．国际金融[M]．北京：经济科学出版社，2010．

[43] 韩民春．国际金融[M]．2版．北京：中国人民大学出版社，2010．